KB143034

혼공 초등영문법 기초구문편

혼공 초등영문법

기초구문편

HG

혼공북스

## 혼공 훗짜!

여러분들은 영어를 좋아하나요? 쌤은 영어를 너무너무 좋아했었고 지금도 영어를 좋아해요. 어쩌면 영어를 좋아하다보니 자연스럽게 영어를 잘할 수 있게 된 거 같아요. '에이, 어떻게 영어를 좋아할 수 있어요?' 이렇게 말하는 친구들이 분명히 있을 거예요. 하지만, 선생님은 분명히 말할 수 있어요. 영어를 재미있게 공부한다면 영어가 점점 좋아질 수 있다고요.

흔히, 영어 단어 많이 외우고 영어로 된 글만 많이 읽고, 문제를 많이 풀면 영어를 잘할 수 있을 거라고 믿는 친구들이 의외로 많더라구요. 절대 그렇지 않아요. 단어를 많이 알더라도 문장에서 그 단어가 어떻게 쓰이는지 잘 모른다면 잘못된 뜻으로 해석할 수 있어요. 그렇게 한 문장 한 문장 잘못된 뜻으로 해석한다면 전혀 엉뚱한 내용으로 이해하게 된답니다.

다시 돌아와서 생각해 봅시다. 단어를 제대로 안다는 것은 문장 속에서 어떤 뜻으로 쓰이는지 제대로 안다는 것이죠. 그래서 문장을 제대로 보는 눈을 키워야 해요. 원서나 영어로 된 영상을 통해서 그 눈을 키울 수도 있겠지만, 그렇지 못한 경우에는 어떻게 그 눈을 키울 수 있을까요?

바로 '구문' 공부를 통해서 문장 구조를 이해하면 돼요. 사실 구문은 중학교, 고등학교에서 접할 수 있는 것이지만 혼공쌤이 특별히 초등학생들도 쉽게 공부할 수 있도록 만들었어요. 삽화를 통해 문장 구조를 익힐 수 있도록 했어요. 잠깐! 지금 바로 책을 넘겨보고 싶겠지만 이 글을 끝까지 읽어주세요.

삽화와 함께 세분화된 문장 구조를 익힌다면 머릿속으로 더 쉽게 문장을 그려볼 수 있어요. 그리고 문장을 그려볼 수 있다는 것은 여러분이 영어로 말하기, 쓰기, 듣기, 읽기를 할 때도 큰 도움이 될 거예요.

또한 여러분들의 학습에 도움이 되고자 유튜브 혼공TV에서 무료 강의를 준비했어요. 우리 친구들이 책과 강의를 동시에 보면서 '혼공 패밀리'가 되었으면 좋겠어요. 다 같이 혼공 훗짜!

Thanks to...

이 책이 나오기까지 전적으로 도와준 아내 김효정 님, 두 아들 현서, 지후, 그리고 저를 늘 걱정해주시고 사랑해주시는 부모님, 장인, 장모님께 큰 감사를 표합니다. 마지막으로 몇 개월을 꼬박 같이 고생한 혼공스쿨의 유하영, 김수정, 이재영, 김혜림, 권재범, 석정은, 이태경, 박은솔, 오유나, 이시화, 진현경, 최민정 크루에게 ─ 그대들은 까만 하늘 속 빛나는 별입니다.

혼공 **허준석**

이 책의 차례

이 책의 구성과 특징

★ 초등영문법의 기초구문을 한 권으로 정리 ★

기초구문의 중요 용법들을
총 62개의 혼공개념으로
이해하기 쉽게 정리했어요.

초등영어의 문장 구조를
이해할 수 있는 기초구문을
한 권으로 끝낼 수 있어요.

객관식, 서술형(영단어 쓰기,
문장완성) 등 다양한
문제연습으로 초등영문법
실력을 향상시킬 수 있어요.

개념학습 → 기본·실전문제 →
종합문제로 구성되어
체계적인 공부를 할 수 있어요.

★ 체계적인 학습으로 초등영문법 기초구문 완전 정복 ★

책속 〈Day별〉
영단어장을 이용하여
미리 영단어를 익히면 이 책을
공부하기가 훨씬 쉬워요!

〈Day별〉로 2개씩 구성된
문장 구조를 꼼꼼하게
학습하고 확인문제를 통해
문법 이해력을 키울 수 있어요!

기본문제, 실전문제,
그리고 종합문제에 수록된
다양한 문제를 통해
문법 실력을 향상시켜요!

## Day 01 주어+일반동사(1)

공부한 날
월 일

**혼공개념 001** 주어+일반동사(현재)

'나는 간다.'처럼 '주어 + 일반동사'로만 구성되는 것이 가장 쉽게 만들 수 있는 영어 문장이지요. 즉, 'I(나는) + go(가다)'를 합쳐서 I go.(나는 간다.)라고 나타내요.

---

### 기본문제  배운 개념 적용하기

정답과 해설 21쪽

Ⓐ 다음 영어 문장에 알맞은 우리말 해석을 고르시오.

(1) I was a teacher in 2015.
　① 나는 2015년에 선생님이었다.
　② 나는 2015년에 선생님이 아니었다.

(2) You weren't a nurse in the hospital.
　① 너는 병원에서 간호사였다.
　② 너는 병원에서 간호사가 아니었다.

(3) She will be a singer in Korea.
　① 그녀는 한국에서 가수가 될 것이다.

(4) He will be a friend.
　① 그는 친구가 될 것이다.

---

### 실전문제  배운 개념 응용하기

정답과 해설 21쪽

Ⓐ 다음 밑줄 친 부분을 우리말 의미에 알맞게 고치시오.

(1) I am a teacher in 2017.　→ _____
　나는 2017년에 선생님이었다.

(2) You was not a nurse in the hospital.　→ _____
　너는 병원에서 간호사가 아니었다.

(3) The boy will is a cook.　→ _____
　그 소년은 요리사가 될 것이다.

---

### 혼공 종합문제(2)

| 1-3 | 다음 영어 문장에 알맞은 우리말 해석을 고르시오.

**1** She is not tall.
　① 그녀는 키가 크다.　　② 그는 키가 크지 않다.
　③ 그녀는 키가 컸다.　　④ 그녀는 키가 크지 않다.
　⑤ 그는 키가 컸다.

---

### 《Day별》 영단어 정리 및 3회 써보기

이 책에 등장하는 영단어를 순서대로 정리하고 우리말 발음과 뜻을 제시했어요. 영단어 철자, 우리말 발음 그리고 뜻을 익힌 후 영단어를 직접 세 번씩 쓰면서 익혀보세요. 영단어와 미리 친해지면 이 책을 공부하기가 훨씬 쉬울 거예요.

| Day | 단어 | 발음 | 뜻 | 1회 쓰기 | 2회 쓰기 | 3회 쓰기 |
|---|---|---|---|---|---|---|
| | I | 아이 | 때 나 | | | |
| | go | 고우 | 통 가다 | | | |
| | get up | 겟업 | 통 일어나다 | | | |
| | you | 유 | 때 너 | | | |

---

**혼공개념**

Day별로 각각 2개의 혼공개념이 다양한 삽화, 표, 예문 등을 통해 쉽고 재미있게 설명되어 있어요. 중요한 내용은 색글씨로 표시하였으므로 이것에 유의해서 공부하면 기본 개념을 확실하게 이해할 수 있어요.

**기본문제**

혼공개념에서 배운 문장 구조가 적용된 알맞은 해석을 고르는 선택형 문제를 다루고 있어요. 영어 문장과 일치하는 우리말 해석을 확인하여 기초구문 실력을 탄탄하게 다질 수 있어요.

**실전문제**

Day별 학습을 마무리할 수 있는 다양한 문제가 수록되어 있어요. 특히 문장의 틀린 부분 고치기 및 주어진 문장을 〈보기〉처럼 고쳐 쓰는 문제를 통해 기초구문 이해력을 확실하게 향상시킬 수 있어요.

**혼공 종합문제**

Part별 학습을 최종 마무리하는 5지선다형, 단답형 쓰기, 문장 완성 등 다양한 문제가 수록되어 있어 각종 초등 진단평가 및 시험에 대비할 수 있어요. 틀린 문제는 체크해서 복습하면 기초구문 실력이 완성될 수 있어요.

**책속 〈Day별〉 영단어장 / 정답과 해설**

이 책의 본문에 등장하는 단어를 순서대로 정리해서 별책으로 제공하여 철자와 뜻을 익히고 세 번씩 써 볼 수 있도록 구성했어요. 아울러 정답과 해설을 통해 문제 해결 방법을 이해하고 터득할 수 있어요.

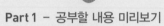

Part 1 - 공부할 내용 미리보기

❶ **주어**(문장의 주인이 되는 말)와 **일반동사**(주어의 행동이나 움직임을 나타내는 동사)로만 이루어진 문장과 이 문장을 부정하는 방법에 대해 공부할 거예요.

❷ **주어**와 함께 쓰인 **일반동사**가 과거형, 진행형, 미래형으로 변신하는 문장과 이 문장을 부정하는 방법에 대해 공부할 거예요.

❸ **주어**와 **일반동사**로 이루어진 문장에 **부사**(동사를 꾸며주는 말)나 **전치사구**(전치사와 함께 쓰여 시간, 장소, 위치를 나타내는 말)가 결합된 문장과 이 문장을 부정하는 방법에 대해 공부할 거예요.

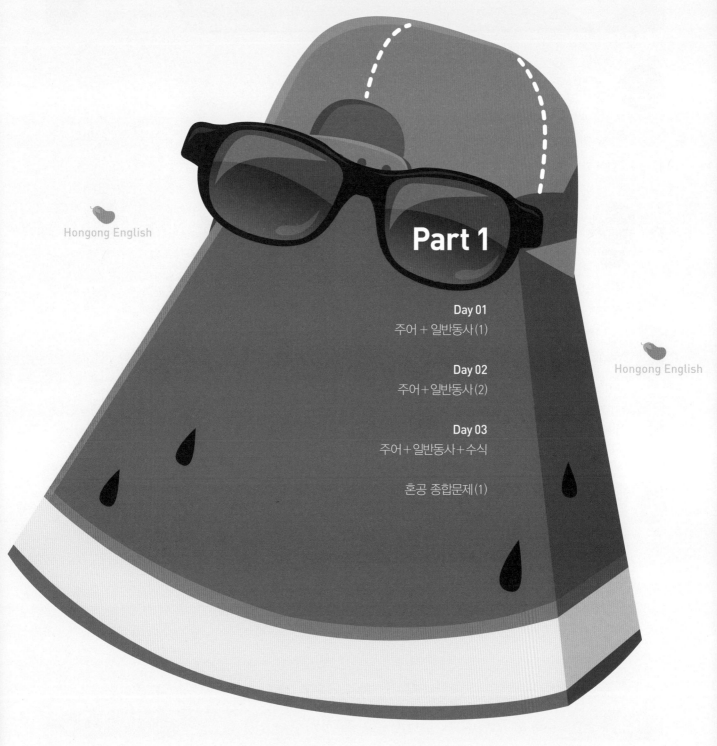

# Part 1

### 혼공개념 001 주어+일반동사(현재)

'나는 간다.'처럼 '주어 + 일반동사'로만 구성되는 것이 가장 쉽게 만들 수 있는 영어 문장이지요. 즉, 'I(나는) + go(가다)'를 합쳐서 'I go.(나는 간다.)'라고 나타내요.

1  

| | | | |
|---|---|---|---|
| I | + | get up | → | I get up. |

I
주어(나는)
+
get up
동사(일어나다)
→
I get up.
나는 일어난다.

2  You + listen → You listen.
주어(너는)    동사(듣다)    너는 듣는다.

3  She + runs → She runs.
주어(그녀는)    동사(달리다)    그녀는 달린다.

 **3인칭 단수의 현재동사 변화** 주어로 3인칭 단수(He / She / It / 사람 이름)가 쓰이면 동사의 현재형에는 s나 es를 붙여야 해요.
• She runs. (O)  • She run. (X)
주어가 3인칭이라고 해도 복수가 쓰이면 동사의 현재형에 s나 es를 붙이면 안 돼요.
• They run. (O) (그들은 달린다.)  • They runs. (X)

### 바로! 확인문제 01 다음 우리말에 알맞은 영어 문장을 고르시오.
정답과 해설 14쪽

(1) 나는 간다.
　① I go.  ② Go I.

(2) 나는 일어난다.
　① Get I up.  ② I get up.

(3) 너는 듣는다.
　① You listen.  ② Listen you.

(4) 그녀는 달린다.
　① Runs she.  ② She runs.

(5) 그들은 달린다.
　① They run.  ② They runs.

(6) 그는 일어난다.
　① He get up.  ② He gets up.

## 주어 + 부정 + 일반동사(현재)

don't나 doesn't를 일반동사 앞에 쓰면 '주어 + 일반동사'로 이루어지는 문장을 부정할 수 있어요. 이런 부정의 문장은 '~은(는) ~하지 않는다'라는 의미가 되지요. 주어가 1, 2인칭 그리고 3인칭 복수일 때는 don't를, 주어가 3인칭 단수일 때는 doesn't를 써요.

1 · I + don't + get up → I don't get up.
주어(나는) 부정(아니다) 동사(일어나다) 나는 일어나지 않는다.

2 · You + don't + listen → You don't listen.
주어(너는) 부정(아니다) 동사(듣다) 너는 듣지 않는다.

3 · She + doesn't + run → She doesn't run.
주어(그녀는) 부정(아니다) 동사(달리다) 그녀는 달리지 않는다.

혼공샘 꿀~팁

**주어가 3인칭 단수일 때의 부정** 주어로 3인칭 단수가 쓰이면 doesn't를 써서 동사의 현재형을 부정해요. 이때 doesn't 다음에는 반드시 동사원형을 써야 해요.
• She doesn't run. (O) • She doesn't runs. (X) • She doesn't ran. (X)
**주어가 3인칭 복수일 때의 부정** 주어로 3인칭 복수가 쓰이면 don't를 써서 부정해요.
• They don't jump. (그들은 점프하지 않는다.) • Tom and John don't sleep. (Tom과 John은 잠을 자지 않는다.)

---

바로! 확인문제 02 **다음 우리말에 알맞은 영어 문장을 고르시오.** 정답과 해설 14쪽

(1) 나는 일어나지 않는다.
　① I get up don't.
　② I don't get up.

(2) 너는 듣지 않는다.
　① You don't listen.
　② Don't you listen.

(3) 그녀는 달리지 않는다.
　① She don't run.
　② She doesn't run.

(4) 그는 달리지 않는다.
　① He doesn't run.
　② He doesn't ran.

(5) 그들은 점프하지 않는다.
　① They don't jump.
　② They doesn't jump.

(6) Tom과 John은 잠을 자지 않는다.
　① Tom and John don't sleep.
　② Tom and John sleep don't.

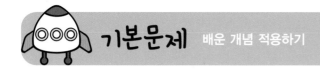
Ⓐ 다음 영어 문장에 알맞은 우리말 해석을 고르시오.

( 1 ) I get up.

① 나는 일어난다.

② 나는 일어나지 않는다.

( 2 ) You don't listen.

① 너는 듣는다.

② 너는 듣지 않는다.

( 3 ) She doesn't run.

① 그녀는 달린다.

② 그녀는 달리지 않는다.

( 4 ) They run.

① 그들은 달린다.

② 그들은 달리지 않는다.

( 5 ) They don't jump.

① 그들은 점프한다.

② 그들은 점프하지 않는다.

( 6 ) Tom and John don't sleep.

① Tom과 John은 잠을 잔다.

② Tom과 John은 잠을 자지 않는다.

Ⓑ 다음 그림에 알맞게 제시된 영단어를 배열하시오.

( 1 )

(get / I / up)

( 2 )

(listen / You)

( 3 )

(runs / She)

( 4 )

(don't / I / get up)

( 5 )

(listen / You / don't)

( 6 )

(run / doesn't / She)

Ⓐ 다음 밑줄 친 부분을 우리말 의미에 알맞게 고치시오.

( 1 ) They <u>doesn't</u> jump.  →  _____
그들은 점프하지 않는다.

( 2 ) She doesn't <u>ran</u>.  →  _____
그녀는 달리지 않는다.

( 3 ) I <u>gets</u> up.  →  _____
나는 일어난다.

( 4 ) Tom and John <u>doesn't</u> sleep.  →  _____
Tom과 John은 잠을 자지 않는다.

Ⓑ 다음 우리말을 영어로 알맞게 쓴 문장을 고르시오.

> 그녀는 일어나지 않는다.

① He don't get up.                    ② He doesn't get up.
③ She don't get up.                   ④ She doesn't get up.
⑤ She doesn't gets up.

Ⓒ 다음 중 <u>틀린</u> 문장을 고르시오.

① I get up.                            ② You listen.
③ My dad run.                         ④ They don't go.
⑤ Mary and Jacob don't jump.

Ⓓ 다음 〈보기〉처럼 주어진 문장을 고쳐 쓰시오.

〈 보기 〉
I run. → I don't run.

( 1 ) She gets up.    →  _____
( 2 ) You listen.     →  _____
( 3 ) Mark runs.     →  _____
( 4 ) My mom sleeps. →  _____
( 5 ) My brother jumps. →  _____

# Day 02 주어+일반동사(2)

<table>
<tr><td>공부한 날</td></tr>
<tr><td>월  일</td></tr>
</table>

 **혼공개념 003**  주어+일반동사(과거/진행/미래)

일반동사의 과거형, 진행형(be동사+일반동사+-ing), 미래형(will+동사원형)을 쓰면 다양한 시간 표현을 할 수가 있어요.

어제

**1**

I  +  got up  →  I got up.
주어(나는)    동사(일어났다)    나는 일어났다.

**2**

You  +  are listening  →  You are listening. (현재진행형)
주어(너는)    동사(듣는 중이다)    너는 듣는 중이다.

You  +  were listening  →  You were listening. (과거진행형)
주어(너는)    동사(듣는 중이었다)    너는 듣는 중이었다.

 **혼공쌤 꿀~팁** 진행형을 쓸 때 be동사의 변화 현재진행형과 과거진행형은 다음과 같이 be동사의 변화에 주의해서 써야 해요.

| 주어 | 현재진행형 | 과거진행형 |
|------|-----------|-----------|
| I | am+일반동사+-ing | was+일반동사+-ing |
| He / She / It | is+일반동사+-ing | |
| We / You / They | are+일반동사+-ing | were+일반동사+-ing |

**3**

She  +  will run  →  She will run. (미래형)
주어(그녀는)    동사(달릴 것이다)    그녀는 달릴 것이다.

---

**바로! 확인문제 01** 다음 우리말에 알맞은 영어 문장을 고르시오.

정답과 해설 15쪽

(1) 나는 일어났다.
　① I got up.　② Got I up.

(2) 그는 듣는 중이다.
　① Is he listening.　② He is listening.

(3) 그들은 들을 것이다.
　① They will listen.　② They listen will.

(4) 그녀는 달릴 것이다.
　① She will run.　② She will runs.

(5) 너는 듣는 중이었다.
　① You are listening.　② You were listening.

(6) Tom은 일어났다.
　① Tom got up.　② Tom gets up.

**혼공개념 004** 주어＋부정＋일반동사(과거/진행/미래)

과거형 문장을 부정할 때에는 일반동사 앞에 didn't를 써요. 진행형(be동사＋일반동사＋-ing) 문장을 부정할 때에는 be동사 뒤에 not을, 미래형(will＋동사원형) 문장을 부정할 때에는 조동사 will 뒤에 not을 써요.

**1**

어제

| I | + | didn't | + | get up | → | I didn't get up. |

주어(나는)     부정(아니었다)     동사(일어나다)     나는 일어나지 않았다.

 **과거형 문장의 부정** didn't가 과거를 나타내므로 뒤에 오는 일반동사는 과거형이 아닌 동사원형을 써야 해요.
• I didn't get up. (O)     • I didn't got up. (X)     • Tom didn't gets up. (X)

**2**

| You | + | are not | + | listening | → | You are not listening. (현재진행형) |

주어(너는)     be동사＋부정(아니다)     동사(듣는 중이다)     너는 듣는 중이 아니다.

| You | + | were not | + | listening | → | You were not listening. (과거진행형) |

주어(너는)     be동사＋부정(아니었다)     동사(듣는 중이다)     너는 듣는 중이 아니었다.

**3**

| She | + | will not | + | run | → | She will not run. (미래형) |

주어(그녀는)     조동사＋부정(않을 것이다)     동사(달리다)     그녀는 달리지 않을 것이다.

---

 **바로! 확인문제 02** 다음 우리말에 알맞은 영어 문장을 고르시오. 정답과 해설 15쪽

(1) 나는 일어나지 않았다.
  ① I get up didn't.
  ② I didn't get up.

(2) 그녀는 듣지 않았다.
  ① She didn't listen.
  ② She didn't listens.

(3) 너는 달리는 중이 아니다.
  ① You are running not.
  ② You are not running.

(4) 그는 듣는 중이 아니었다.
  ① He was not listening.
  ② He is not listening.

(5) 그들은 달리지 않을 것이다.
  ① Will not they run.
  ② They will not run.

(6) Peter는 일어나지 않을 것이다.
  ① Peter will not get up.
  ② Peter not will get up.

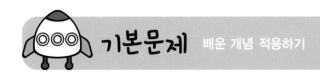
Ⓐ 다음 영어 문장에 알맞은 우리말 해석을 고르시오.

(1) I got up.

　① 나는 일어난다.

　② 나는 일어났다.

(2) She will run.

　① 그녀는 달릴 것이다.

　② 그녀는 달리는 중이다.

(3) You were not listening.

　① 너는 듣는 중이었다.

　② 너는 듣는 중이 아니었다.

(4) They didn't get up.

　① 그들은 일어났다.

　② 그들은 일어나지 않았다.

(5) He is listening.

　① 그는 듣는 중이다.

　② 그는 듣는 중이었다.

(6) We will not run.

　① 우리는 달리지 않을 것이다.

　② 우리는 달릴 것이다.

Ⓑ 다음 그림에 알맞게 제시된 영단어를 배열하시오.

(1)

(up / I / got)

(2)

(were / listening / You)

(3)

(run / She / will)

(4)

(not / You / listening / are)

(5)

(get up / He / didn't)

(6)

(not / will / She / run)

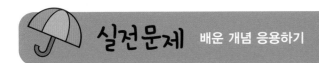 
**A** 다음 밑줄 친 부분을 우리말 의미에 알맞게 고치시오.

( 1 ) I <u>are</u> singing. → _____
나는 노래 부르는 중이다.

( 2 ) We were not <u>listen</u>. → _____
우리는 듣는 중이 아니었다.

( 3 ) Tom didn't <u>gets</u> up. → _____
Tom은 일어나지 않았다.

( 4 ) She will not <u>runs</u>. → _____
그녀는 달리지 않을 것이다.

**B** 다음 우리말을 영어로 알맞게 쓴 문장을 고르시오.

그녀는 점프하는 중이 아니었다.

① She didn't jump.　　　　② She will not jump.

③ She was jumping.　　　　④ She was not jumping.

⑤ She is not jumping.

**C** 다음 중 **틀린** 문장을 고르시오.

① I got up.　　　　② You are not listening.

③ My mom was dancing.　　　　④ They will not run.

⑤ Mary and Jacob didn't sleeping.

**D** 다음 〈보기〉처럼 주어진 문장을 고쳐 쓰시오.

〈 보기 〉

I run. → I am running.

( 1 ) Tom gets up. → _____

( 2 ) Mary listens. → _____

( 3 ) You jump. → _____

( 4 ) My mom sleeps. → _____

( 5 ) Mark and Judy run. → _____

혼공개념
005

## 주어+일반동사(현재/과거/진행)+부사/전치사구

'주어+일반동사'에 '~하게'라는 뜻을 지닌 부사를 쓰거나, '시간, 장소, 위치'를 나타내는 표현을 쓰면 문장의 뜻을 다양하게 만들 수 있어요.

**1**

| I | + | dance | + | nicely | → | I dance nicely. |
| 주어(나는) | | 동사(춤추다) | | 부사(멋지게) | | 나는 멋지게 춤춘다. |

**2**

| You | + | cried | + | sadly | → | You cried sadly. |
| 주어(너는) | | 동사(울었다) | | 부사(슬프게) | | 너는 슬프게 울었다. |

**3**

| She | + | is running | + | in the park | → | She is running in the park. |
| 주어(그녀는) | | 동사(달리는 중이다) | | 전치사구(공원에서) | | 그녀는 공원에서 달리는 중이다. |

**전치사구** '시간, 장소, 위치'를 나타내는 전치사와 함께 쓰인 단어들을 합쳐서 '전치사구'라고 해요. 전치사구를 사용하면 다음과 같이 구체적인 표현을 할 수 있어요.
- I sleep at night.(전치사구 – 시간) (나는 밤에 잔다.)
- You lived in Seoul.(전치사구 – 장소) (너는 서울에 살았다.)
- He is sitting on the bench.(전치사구 – 위치) (그는 벤치에 앉아 있는 중이다.)

바로! 확인문제 01   **다음 우리말에 알맞은 영어 문장을 고르시오.**   정답과 해설 17쪽

(1) 나는 멋지게 춤춘다.
　① I dance nicely.
　② Nicely dance I.

(2) 너는 슬프게 울었다.
　① You cried sadly.
　② Cried sadly you.

(3) 그녀는 공원에서 달리는 중이다.
　① She is in the park running.
　② She is running in the park.

(4) 나는 밤에 잔다.
　① I at night sleep.
　② I sleep at night.

(5) 너는 서울에 살았다.
　① You lived in Seoul.
　② You in Seoul lived.

(6) 그는 벤치에 앉아 있는 중이다.
　① He is on the bench sitting.
　② He is sitting on the bench.

## 주어 + 부정 + 일반동사(현재/과거/진행) + 부사/전치사구

현재형 문장의 부정은 일반동사 앞에 don't나 doesn't를 쓰고, 과거형 문장의 부정은 일반동사 앞에 didn't를 쓰고, 진행형(be동사+일반동사+-ing) 문장의 부정은 be동사 다음에 not을 써서 나타내요. 이런 부정의 문장들은 '~은(는) ~하게(~에서(에)) ~하지 않는다(~하는 중이 아니다)'라고 해석해요.

**1**

| I | + | don't | + | dance nicely | → | I don't dance nicely. |
|---|---|---|---|---|---|---|
| 주어(나는) | | 부정(~하지 않다) | | 동사+부사(멋지게 춤추다) | | 나는 멋지게 춤추지 않는다. |

 **3인칭 단수 주어의 부정** 주어가 3인칭 단수일 때 현재동사는 doesn't로 부정해요. 그리고 doesn't 다음에는 동사원형을 써야 해요.
  • She doesn't dance nicely. (O) (그녀는 멋지게 춤추지 않는다.)　• She doesn't dances nicely. (X)

**2**

| You | + | didn't | + | cry sadly | → | You didn't cry sadly. |
|---|---|---|---|---|---|---|
| 주어(너는) | | 부정(~하지 않았다) | | 동사+부사(슬프게 울다) | | 너는 슬프게 울지 않았다. |

**3**

| She | + | is not | + | running in the park | → | She is not running in the park. |
|---|---|---|---|---|---|---|
| 주어(그녀는) | | be동사+부정<br>(~ 이 아니다) | | 동사+전치사구<br>(공원에서 달리는 중이다) | | 그녀는 공원에서 달리는 중이 아니다. |

---

**바로! 확인문제 02** 다음 우리말에 알맞은 영어 문장을 고르시오.　　　정답과 해설 17쪽

(1) 나는 멋지게 춤추지 않는다.
　① I don't dance nicely.
　② I doesn't dance nicely.

(2) 너는 슬프게 울지 않았다.
　① You didn't cry sadly.
　② You don't cry sadly.

(3) 그녀는 공원에서 달리는 중이 아니다.
　① She is not running in the park.
　② She don't running in the park.

(4) 나는 밤에 자지 않는다.
　① I don't sleep at night.
　② I doesn't sleep at night.

(5) 너는 서울에 살지 않았다.
　① You are not lived in Seoul.
　② You didn't live in Seoul.

(6) 그는 벤치에 앉아 있는 중이 아니다.
　① He don't sitting on the bench.
　② He is not sitting on the bench.

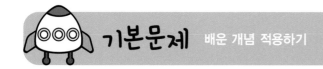 
Ⓐ 다음 영어 문장에 알맞은 우리말 해석을 고르시오.

( 1 ) I dance nicely.

　① 나는 멋지게 춤춘다.

　② 나는 멋지게 춤추지 않는다.

( 2 ) I sleep at night.

　① 나는 밤에 잔다.

　② 나는 밤에 자지 않는다.

( 3 ) You didn't cry sadly.

　① 너는 슬프게 울었다.

　② 너는 슬프게 울지 않았다.

( 4 ) She is running in the park.

　① 그녀는 공원에서 달리는 중이다.

　② 그녀는 공원에서 달리는 중이 아니다.

( 5 ) She doesn't dance nicely.

　① 그녀는 멋지게 춤춘다.

　② 그녀는 멋지게 춤추지 않는다.

( 6 ) He is sitting on the bench.

　① 그는 벤치에 앉아 있는 중이다.

　② 그는 벤치에 앉아 있는 중이 아니다.

Ⓑ 다음 그림에 알맞게 제시된 영단어를 배열하시오.

( 1 )

(dance / I / nicely)

_____

( 2 )

(sadly / cried / You)

_____

( 3 )

(in the park / She / is / running)

_____

( 4 )

(don't / dance / I / nicely)

_____

( 5 )

(sadly / You / cry / didn't)

_____

( 6 )

(not / is / She / in the park / running)

_____

**A** 다음 밑줄 친 부분을 우리말 의미에 알맞게 고치시오.

( 1 ) He <u>don't</u> sleep at night.      → _____
그는 밤에 잠을 자지 않는다.

( 2 ) She <u>not is</u> running in the park.    → _____
그녀는 공원에서 달리는 중이 아니다.

( 3 ) He is <u>doesn't</u> sitting on the bench.    → _____
그는 벤치에 앉아 있는 중이 아니다.

( 4 ) I don't dance <u>nice</u>.      → _____
나는 멋지게 춤추지 않는다.

**B** 다음 우리말을 영어로 알맞게 쓴 문장을 고르시오.

> 그녀는 공원에서 달리는 중이 아니다.

① She is not running in the park.      ② He is doesn't running in the park.

③ She doesn't running in the park.      ④ He is not running in the park.

⑤ She didn't run in the park.

**C** 다음 중 틀린 문장을 고르시오.

① Anna doesn't sleep at night.      ② I don't dance nicely.

③ You didn't lived in Seoul.      ④ She is sitting on the bench.

⑤ Kevin cried sadly.

**D** 다음 〈보기〉처럼 주어진 문장을 고쳐 쓰시오.

> 〈 보기 〉
> I ran. → I didn't run.

( 1 ) She ran in the park.     → _____

( 2 ) I slept at night.     → _____

( 3 ) You lived in Korea.     → _____

( 4 ) He sat on the bench.     → _____

( 5 ) My sister cried sadly.     → _____

**| 1-3 |** 다음 영어 문장에 알맞은 우리말 해석을 고르시오.

**1**  He gets up.

① 그는 일어났다.　　　　② 그는 일어난다.

③ 그는 일어날 것이다.　　④ 그녀는 일어난다.

⑤ 그녀는 일어났다.

**2**  She doesn't run.

① 그녀는 달린다.　　　　　② 그는 달리지 않을 것이다.

③ 그는 달리지 않는다.　　　④ 그녀는 달리지 않는다.

⑤ 그녀는 달리지 않을 것이다.

**3**  They were not listening.

① 그들은 들었다.　　　　　② 그들은 듣지 않을 것이다.

③ 그들은 듣는 중이었다.　　④ 그들은 듣는 중이다.

⑤ 그들은 듣는 중이 아니었다.

**| 4-5 |** 다음 중 밑줄 친 부분이 잘못된 것을 고르시오.

**4**  ① He <u>runs</u>.　　　　　　　② Jane doesn't <u>runs</u>.

③ They <u>don't</u> eat well.　　④ She <u>doesn't</u> work.

⑤ Tom and John <u>don't</u> sleep.

**5**  ① I <u>was</u> listening.　　　　② She <u>is</u> listening.

③ We <u>are</u> listening.　　　④ They <u>were</u> listening.

⑤ Jane and Mark <u>was</u> listening.

**6**  다음 중 밑줄 친 부분이 올바른 것을 고르시오.

① He didn't <u>gets</u> up.　　② I didn't <u>got</u> up.

③ Jim will <u>get</u> up.　　　④ Jim will not <u>gets</u> up.

⑤ They won't <u>goes</u>.

| 7-9 | 다음 그림과 우리말에 알맞게 빈칸에 들어갈 영단어를 쓰시오.

**7** 어제

너는 슬프게 울었다.

You _____ sadly.

**8**

그녀는 공원에서 달리는 중이다.

She _____ _____ in the park.

**9**

나는 멋지게 춤추지 않는다.

I don't _____ _____.

**10** 다음 우리말에 알맞게 주어진 동사의 형태를 바꾸어 빈칸에 쓰시오.

그는 벤치에 앉아 있는 중이다.

He is _____ on the bench. (sit)

| 11-12 | 다음 〈보기〉처럼 주어진 문장을 고쳐 쓰시오.

〈 보기 〉
She eats. → She was eating. (과거진행형)

**11** David and John sleep.

( 1 ) _____. (부정문)

( 2 ) _____. (미래형)

**12** She runs in the park.

( 1 ) _____. (미래형)

( 2 ) _____. (과거진행형)

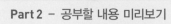

## Part 2 - 공부할 내용 미리보기

**❶ 주어**와 **be동사**('∼이다, ∼하다, ∼에 있다'라는 뜻으로 쓰여 주어의 상태를 나타내는 말) 그리고 **명사**(사람이나 사물의 이름을 나타내는 말)로 이루어진 문장과 이 문장을 부정하는 방법에 대해 공부할 거예요.

**❷ 주어**와 함께 쓰인 **be동사**가 과거형, 미래형으로 변신하면서 **명사, 전치사구**와 결합하는 문장과 이 문장을 부정하는 방법에 대해 공부할 거예요.

**❸ 주어**와 **be동사** 그리고 **형용사**(사람이나 사물의 상태를 나타내는 말)로 이루어진 문장과 이 문장을 부정하는 방법에 대해 공부할 거예요.

**❹ 주어**와 함께 쓰인 **be동사**가 과거형, 미래형으로 변신하면서 **형용사**와 결합하는 문장과 이 문장을 부정하는 방법에 대해 공부할 거예요.

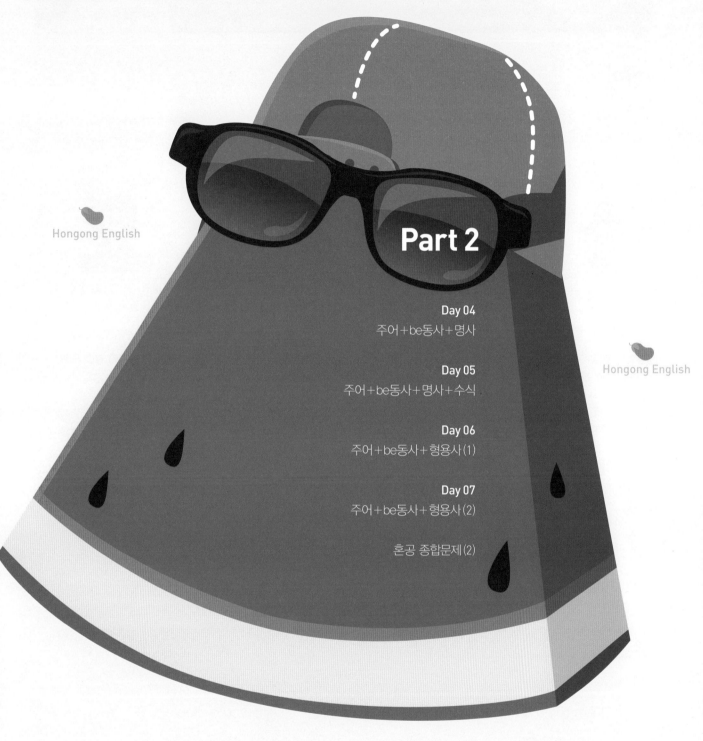

# Part 2

## 혼공개념 007 주어 + be동사(현재) + 명사

'~은(는) ~이다'라는 뜻의 '주어 + be동사 + 명사'는 주어를 설명할 때 흔히 쓰는 문장이지요. 특히 자신이나 다른 사람이 무엇을 하는 사람인지 말하려고 할 때 자주 사용해요.

**1**

| I | + | am | + | a student | → | I am a student. |

주어(나는)　　be동사(~이다)　　명사(학생)　　　　　　나는 학생이다.

**2** You + are + a doctor → You are a doctor.

주어(너는)　　be동사(~이다)　　명사(의사)　　　　　　너는 의사이다.

**3** She + is + a cook → She is a cook.

주어(그녀는)　　be동사(~이다)　　명사(요리사)　　　　　그녀는 요리사이다.

**주어가 복수일 때 따라오는 명사**  주어로 복수(These / Those / We / They / You)가 쓰이면 be동사 다음에 오는 명사는 복수형을 써야 해요.
- We are friends. (O)  · We are a friend. (X)　　· These are tomatoes. (O)  · These are a tomato. (X)
  우리는 친구들이다.　　　　　　　　　　　　　이것들은 토마토들이다.

---

 **바로! 확인문제 01  다음 우리말에 알맞은 영어 문장을 고르시오.**　　정답과 해설 19쪽

(1) 나는 학생이다.
　　① I am a student.
　　② Am I a student.

(2) 너는 의사이다.
　　① Are you a doctor.
　　② You are a doctor.

(3) 그녀는 요리사이다.
　　① She are a cook.
　　② She is a cook.

(4) 그는 학생이다.
　　① He is a student.
　　② He a student is.

(5) 우리는 친구들이다.
　　① We are a friend.
　　② We are friends.

(6) 이것들은 토마토들이다.
　　① These are tomatoes.
　　② These are a tomato.

## 혼공개념 008  주어+be동사(현재)+부정+명사

be동사 뒤에 not을 써서 '주어+be동사+명사' 문장을 부정할 수 있어요. 이런 부정의 문장은 '~은(는) ~이(가) 아니다'라고 해석해요.

**1**

| I | + | am not | + | a student | → | I am not a student. |

주어(나는)     be동사+부정(~이 아니다)     명사(학생)     나는 학생이 아니다.

**2**

| You | + | are not | + | a doctor | → | You are not a doctor. |

주어(너는)     be동사+부정(~이 아니다)     명사(의사)     너는 의사가 아니다.

**3**

| She | + | is not | + | a cook | → | She is not a cook. |

주어(그녀는)     be동사+부정(~이 아니다)     명사(요리사)     그녀는 요리사가 아니다.

**혼공쌤 꿀~팁**   'be동사+not'의 축약   are not은 aren't, is not은 isn't로 줄여 쓸 수 있어요. 하지만 am not은 amn't로 줄여 쓰지 않아요.
- You aren't a doctor. (O)     • She isn't a cook. (O)     • I amn't a student. (X)

---

## 바로! 확인문제 02  다음 우리말에 알맞은 영어 문장을 고르시오.     정답과 해설 19쪽

(1) 나는 학생이 아니다.
① Am I not a student.
② I am not a student.

(2) 나는 의사가 아니다.
① I amn't a doctor.
② I am not a doctor.

(3) 너는 의사가 아니다.
① You are not a doctor.
② You are a doctor not.

(4) 그녀는 요리사가 아니다.
① She not is a cook.
② She is not a cook.

(5) 너는 학생이 아니다.
① Aren't you a student.
② You aren't a student.

(6) 그는 요리사가 아니다.
① He isn't a cook.
② He a cook isn't.

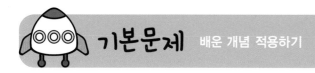
**A** 다음 영어 문장에 알맞은 우리말 해석을 고르시오.

( 1 ) I am a student.

① 나는 학생이다.

② 나는 학생이 아니다.

( 2 ) You are a doctor.

① 너는 의사이다.

② 너는 의사가 아니다.

( 3 ) She is not a cook.

① 그녀는 요리사이다.

② 그녀는 요리사가 아니다.

( 4 ) He isn't a student.

① 그는 학생이다.

② 그는 학생이 아니다.

( 5 ) We are friends.

① 우리는 친구들이다.

② 우리는 친구들이 아니다.

( 6 ) These aren't tomatoes.

① 이것들은 토마토들이다.

② 이것들은 토마토들이 아니다.

**B** 다음 그림에 알맞게 제시된 영단어를 배열하시오.

( 1 )

(am / I / a student)

_____

( 2 )

(a doctor / are / You)

_____

( 3 )

(She / a cook / is)

_____

( 4 )

(not / I / a student / am)

_____

( 5 )

(a doctor / You / aren't)

_____

( 6 )

(isn't / She / a cook)

_____

Ⓐ 다음 밑줄 친 부분을 우리말 의미에 알맞게 고치시오.

(1) These are a <u>tomato</u>. → _____
   이것들은 토마토들이다.

(2) I <u>amn't</u> a student. → _____
   나는 학생이 아니다.

(3) She isn't <u>singers</u>. → _____
   그녀는 가수가 아니다.

(4) We <u>is</u> friends. → _____
   우리는 친구들이다.

Ⓑ 다음 우리말을 영어로 알맞게 쓴 문장을 고르시오.

그들은 학생들이 아니다.

① We aren't student.             ② They aren't students.
③ They isn't students.           ④ They aren't a student.
⑤ We aren't students.

Ⓒ 다음 중 틀린 문장을 고르시오.

① I am a cook.                   ② You aren't a student.
③ My mom isn't a doctor.        ④ These are bananas.
⑤ Tom and Jenny is not friends.

Ⓓ 다음 〈보기〉처럼 주어진 문장을 고쳐 쓰시오.

〈 보기 〉
I am a student. → I am not a student.

(1) Tom is a cook. → _____

(2) These are balls. → _____

(3) My dad is a doctor. → _____

(4) We are cooks. → _____

(5) My sister is a teacher. → _____

**혼공개념 009** 주어+be동사(과거/미래)+명사+전치사구

be동사의 과거형은 '~은(는) ~이었다'를, 미래형(will+동사원형)은 '~은(는) ~일 것이다'를 표현할 수 있어요. 그리고 '시간, 장소, 위치'를 나타내는 표현을 쓰면 다양한 뜻을 나타낼 수 있어요.

**1**

I
주어(나는)
+ was a teacher
be동사+명사(선생님이었다)
+ in 2015
전치사구(2015년에)
→ I was a teacher in 2015.
나는 2015년에 선생님이었다.

**2**

You
주어(너는)
+ were a nurse
be동사+명사(간호사였다)
+ in the hospital
전치사구(병원에서)
→ You were a nurse in the hospital.
너는 병원에서 간호사였다.

**3**

She
주어(그녀는)
+ will be a singer
조동사+be동사+명사
(가수가 될 것이다)
+ in Korea
전치사구(한국에서)
→ She will be a singer in Korea.
그녀는 한국에서 가수가 될 것이다.

**혼공쌤 꿀~팁** **be동사의 미래 표현** be동사의 미래는 be동사 앞에 조동사 will을 써요. 조동사 will 다음에는 동사원형이 와야 하므로 be동사의 경우는 동사원형인 be를 써야 해요.
- He will be a friend. (O) (그는 친구가 될 것이다.)  · He will is a friend. (X)
- They will be police officers. (O) (그들은 경찰관이 될 것이다.)  · They will are police officers. (X)

 **바로 확인문제 01** 다음 우리말에 알맞은 영어 문장을 고르시오.
정답과 해설 20쪽

(1) 나는 2015년에 선생님이었다.
① I was a teacher in 2015.
② A teacher I was in 2015.

(2) 나는 2017년에 간호사였다.
① I am a nurse in 2017.
② I was a nurse in 2017.

(3) 너는 병원에서 간호사였다.
① In the hospital were a nurse you.
② You were a nurse in the hospital.

(4) 그녀는 한국에서 가수가 될 것이다.
① She will be a singer in Korea.
② Be she will a singer in Korea.

(5) 그는 친구가 될 것이다.
① He will is a friend.
② He will be a friend.

(6) 그들은 경찰관이 될 것이다.
① They will are police officers.
② They will be police officers.

# 주어+be동사(과거/미래)+부정+명사+전치사구

be동사의 과거형이 쓰인 문장을 부정할 때에는 be동사 뒤에 not을 쓰고, 미래형(will+동사원형) 문장을 부정할 때에는 조동사 will 뒤에 not을 써요.

**1**

I + was not a teacher + in 2015 → I was not a teacher in 2015.

주어(나는)    be동사+부정+명사    전치사구(2015년에)    나는 2015년에 선생님이 아니었다.
     (선생님이 아니었다)

**2** You + were not a nurse + in the hospital → You were not a nurse in the hospital.

주어(너는)    be동사+부정+명사    전치사구(병원에서)    너는 병원에서 간호사가 아니었다.
     (간호사가 아니었다)

**3** She + will not be a singer + in Korea → She will not be a singer in Korea.

주어(그녀는)    조동사+부정+be동사+명사    전치사구(한국에서)    그녀는 한국에서 가수가 되지 않을 것이다.
     (가수가 되지 않을 것이다)

 혼공샘 꿀~팁

'be동사의 과거형+not'의 축약   was not = wasn't, were not = weren't
'조동사 will+not'의 축약   will not = won't

---

## 바로! 확인문제 02   다음 우리말에 알맞은 영어 문장을 고르시오.     정답과 해설 20쪽

(1) 나는 2015년에 선생님이 아니었다.
   ① I was not a teacher in 2015.
   ② Was a not I teacher in 2015.

(2) 너는 병원에서 간호사가 아니었다.
   ① Not were a nurse you in the hospital.
   ② You were not a nurse in the hospital.

(3) 그녀는 한국에서 가수가 되지 않을 것이다.
   ① In Korea won't be a singer she.
   ② She won't be a singer in Korea.

(4) 그는 요리사가 아니었다.
   ① He wasn't a cook.
   ② He aren't a cook.

(5) 우리는 학생이 아니었다.
   ① We not were students.
   ② We weren't students.

(6) 그들은 의사가 되지 않을 것이다.
   ① They won't be doctors.
   ② They be won't doctors.

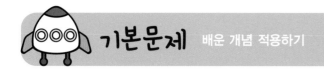 

Ⓐ 다음 영어 문장에 알맞은 우리말 해석을 고르시오.

(1) I was a teacher in 2015.
　① 나는 2015년에 선생님이었다.
　② 나는 2015년에 선생님이 아니었다.

(2) You weren't a nurse in the hospital.
　① 너는 병원에서 간호사였다.
　② 너는 병원에서 간호사가 아니었다.

(3) She will be a singer in Korea.
　① 그녀는 한국에서 가수가 될 것이다.
　② 그녀는 한국에서 가수가 되지 않을 것이다.

(4) He will be a friend.
　① 그는 친구가 될 것이다.
　② 그는 친구가 되지 않을 것이다.

(5) We will be police officers.
　① 우리는 경찰관이 될 것이다.
　② 우리는 경찰관이 되지 않을 것이다.

(6) They won't be doctors.
　① 그들은 의사가 될 것이다.
　② 그들은 의사가 되지 않을 것이다.

Ⓑ 다음 그림에 알맞게 제시된 영단어를 배열하시오.

(1)

(was / in 2015 / a teacher / I)

(2)

(I / in 2015 / was / a teacher / not)

(3)

(be / She / in Korea / will / a singer)

(4)

(a nurse / You / in the hospital / were / not)

(5)

(in the hospital / a nurse / You / were)

(6)

(will / not / be / She / a singer / in Korea)

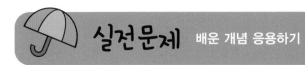 
Ⓐ 다음 밑줄 친 부분을 우리말 의미에 알맞게 고치시오.

( 1 ) I am a teacher in 2017.  →  _____
나는 2017년에 선생님이었다.

( 2 ) You was not a nurse in the hospital.  →  _____
너는 병원에서 간호사가 아니었다.

( 3 ) The boy will is a cook.  →  _____
그 소년은 요리사가 될 것이다.

( 4 ) Jane and Tom wasn't doctors.  →  _____
Jane과 Tom은 의사가 아니었다.

Ⓑ 다음 우리말을 영어로 알맞게 쓴 문장을 고르시오.

우리는 경찰관이 아니었다.

① We isn't police officers.          ② We wasn't police officers.

③ We weren't police officers.       ④ We aren't police officers.

⑤ They weren't police officers.

Ⓒ 다음 중 틀린 문장을 고르시오.

① I was a nurse in the hospital.      ② I was not a doctor in 2012.

③ He were a student in 2014.         ④ We won't be singers.

⑤ My dad wasn't a cook in Korea.

Ⓓ 다음 〈보기〉처럼 주어진 문장을 고쳐 쓰시오.

〈 보기 〉
He was a nurse. → He will be a nurse.

( 1 ) I was a teacher.  →  _____

( 2 ) You were a singer in Korea.  →  _____

( 3 ) Jack was a nurse in the hospital.  →  _____

( 4 ) My mom was a doctor in the hospital.  →  _____

( 5 ) Tom and John were cooks in China.  →  _____

주어+be동사(현재)+형용사

'~은(는) ~하다'라는 뜻의 '주어+be동사+형용사'는 주어의 감정이나 상태를 나타내는 문장이지요.
이런 문장의 'be동사+형용사'는 주어가 '어떠하다'라는 의미로 해석해요.

**1**

| I | + | am | + | happy | → | I am happy. |
|---|---|----|---|-------|---|-------------|
| 주어(나는) | | be동사(~하다) | | 형용사(행복한) | | 나는 행복하다. |

**2**

| You | + | are | + | tall | → | You are tall. |
|-----|---|-----|---|------|---|---------------|
| 주어(너는) | | be동사(~하다) | | 형용사(키가 큰) | | 너는 키가 크다. |

**3**

| She | + | is | + | tired | → | She is tired. |
|-----|---|----|---|-------|---|---------------|
| 주어(그녀는) | | be동사(~하다) | | 형용사(피곤한) | | 그녀는 피곤하다. |

 **부사+형용사** 부사가 형용사 앞에서 형용사를 꾸며주면 형용사의 의미를 강조할 수 있어요. 부사 very가 형용사를 꾸며주는 문장을 통해 이해해 보세요.

- He is very smart.    - We are very sad.    - It is very safe.
  그는 매우 똑똑하다.      우리들은 매우 슬프다.      그것은 매우 안전하다.

**바로! 확인문제 01** 다음 우리말에 알맞은 영어 문장을 고르시오.    정답과 해설 22쪽

(1) 나는 행복하다.
  ① I am happy.
  ② Am I happy.

(2) 너는 키가 크다.
  ① You are tall.
  ② Tall are you.

(3) 그는 매우 똑똑하다.
  ① Is he smart very.
  ② He is very smart.

(4) 그녀는 피곤하다.
  ① She are tired.
  ② She is tired.

(5) 우리들은 매우 슬프다.
  ① We are sad.
  ② We are very sad.

(6) 그것은 매우 안전하다.
  ① It is very safe.
  ② It are very safe.

**주어＋be동사(현재)＋부정＋형용사**

'be동사＋형용사'가 쓰인 문장에서 be동사 뒤에 not을 쓰면 '~은(는) ~하다'를 부정할 수 있어요. 이런 부정의 문장은 '~은(는) ~하지 않다'라고 해석해요.

**1**

| I | ＋ | am not | ＋ | happy | → | I am not happy. |
|---|---|--------|---|-------|---|-----------------|
| 주어(나는) | | be동사+부정(~하지 않다) | | 형용사(행복한) | | 나는 행복하지 않다. |

**2**

| You | ＋ | are not | ＋ | tall | → | You are not tall. |
|-----|---|---------|---|------|---|-------------------|
| 주어(너는) | | be동사+부정(~하지 않다) | | 형용사(키가 큰) | | 너는 키가 크지 않다. |

**3**

| She | ＋ | is not | ＋ | tired | → | She is not tired. |
|-----|---|--------|---|-------|---|-------------------|
| 주어(그녀는) | | be동사+부정(~하지 않다) | | 형용사(피곤한) | | 그녀는 피곤하지 않다. |

 **'주어＋be동사'의 축약** 주어로 쓰인 인칭대명사와 be동사는 다음과 같이 축약해서 쓸 수 있어요.

- I am not happy.    • You are not tall.    • She is not tired.
  = I'm not happy.      = You're not tall.      = She's not tired.

---

**바로! 확인문제 02** 다음 우리말에 알맞은 영어 문장을 고르시오. 정답과 해설 22쪽

(1) 나는 행복하지 않다.
 ① I not am happy.
 ② I am not happy.

(2) 나는 행복하지 않다.
 ① I'm not happy.
 ② Not happy I'm.

(3) 너는 키가 크지 않다.
 ① Tall not you are.
 ② You are not tall.

(4) 너는 키가 크지 않다.
 ① You're not tall.
 ② You'm not tall.

(5) 그녀는 피곤하지 않다.
 ① She is not tired.
 ② She are not tired.

(6) 그녀는 피곤하지 않다.
 ① She's tired not.
 ② She's not tired.

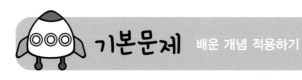
Ⓐ **다음 영어 문장에 알맞은 우리말 해석을 고르시오.**

(1) I am happy.

　① 나는 행복하다.

　② 나는 행복하지 않다.

(2) You are not tall.

　① 너는 키가 크다.

　② 너는 키가 크지 않다.

(3) He's not tired.

　① 그는 피곤하다.

　② 그는 피곤하지 않다.

(4) They're not tired.

　① 그들은 피곤하다.

　② 그들은 피곤하지 않다.

(5) We are very smart.

　① 우리는 매우 똑똑하다.

　② 우리는 매우 똑똑하지 않다.

(6) It is very safe.

　① 그것은 매우 안전하다.

　② 그것은 매우 안전하지 않다.

Ⓑ **다음 그림에 알맞게 제시된 영단어를 배열하시오.**

(1)

(happy / I / am)

_____

(2)

(I / happy / not / am)

_____

(3)

(are / tall / You)

_____

(4)

(not / You / tall / are)

_____

(5)

(is / She / tired)

_____

(6)

(not / tired / She / is)

_____

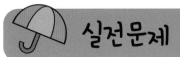 
**A** 다음 밑줄 친 부분을 우리말 의미에 알맞게 고치시오.

(1) I <u>are</u> happy. → _____
나는 행복하다.

(2) You <u>is</u> smart. → _____
너는 똑똑하다.

(3) The boy <u>are</u> not tired. → _____
그 소년은 피곤하지 않다.

(4) My grandma and grandpa <u>is</u> not tall. → _____
나의 할머니와 할아버지는 키가 크지 않다.

**B** 다음 우리말을 영어로 알맞게 쓴 문장을 고르시오.

그녀는 매우 슬프다.

① She are very sad.　　　　② He is very sad.

③ He is not very sad.　　　④ She is very sad.

⑤ She is not very sad.

**C** 다음 중 **틀린** 문장을 고르시오.

① I am sad.　　　　　　　② You are smart.

③ She's not tall.　　　　　④ My dad is not hungry.

⑤ Tom and Jerry is very tired.

**D** 다음 〈보기〉처럼 주어진 문장을 고쳐 쓰시오.

〈 보기 〉
I am happy. → I'm happy.

(1) I am hungry.　　→ _____

(2) You are smart.　→ _____

(3) He is tall.　　　→ _____

(4) She is fast.　　→ _____

(5) We are young.　→ _____

### 혼공개념 013 주어＋be동사(과거/미래)＋형용사

'be동사＋형용사'로 이루어진 문장에서 be동사의 과거형(was, were)을 쓰면 '~은(는) ~했다'를 표현할 수 있어요. 미래형(will＋동사원형)을 쓰면 '~은(는) ~할 것이다'를 표현할 수 있어요.

**1**
I + was + young → I was young.
주어(나는)  be동사(~했다)  형용사(젊은)  나는 젊었다.

**2** You + were + strong → You were strong.
주어(너는)  be동사(~했다)  형용사(힘이 센)  너는 힘이 셌다.

**3** She + will be + old → She will be old.
주어(그녀는)  조동사＋be동사(~될 것이다)  형용사(늙은)  그녀는 늙을 것이다.

**혼공쌤 꿀~팁** 빈도부사 never(결코 ~않는), sometimes(때때로), often(종종), usually(보통), always(항상) 같은 빈도부사를 쓰면 어떤 일이 얼마나 자주 일어나는지를 나타낼 수 있어요. 빈도부사는 주로 be동사와 조동사의 뒤, 일반동사 앞에 써요.
· He was always hungry. (O)  · He always was hungry. (X)
  그는 항상 배고팠다.
· They will never be lucky. (O)  · They will be never lucky. (X)
  그들은 절대 운이 좋을 수 없을 것이다.

### 바로! 확인문제 01 다음 우리말에 알맞은 영어 문장을 고르시오.

정답과 해설 23쪽

(1) 나는 젊었다.
① I was young.
② Was I young.

(2) 너는 힘이 셌다.
① Were you strong.
② You were strong.

(3) 그녀는 늙을 것이다.
① Will she be old.
② She will be old.

(4) 그녀는 힘이 셌다.
① She was strong.
② She strong was.

(5) 그는 항상 배고팠다.
① He was always hungry.
② He was never hungry.

(6) 그들은 절대 운이 좋을 수 없을 것이다.
① They will be lucky.
② They will never be lucky.

## 주어 + be동사(과거/미래) + 부정 + 형용사

'be동사의 과거형 + 형용사'가 쓰인 문장을 부정할 때에는 be동사의 과거형(was, were) 뒤에 not을 쓰면 돼요. 미래형(will + 동사원형) 문장을 부정할 때에는 조동사 will 뒤에 not을 써요.

**1**

| I | + | was not | + | young | → | I was not young. |
|---|---|---|---|---|---|---|
| 주어(나는) | | be동사+부정(~하지 않았다) | | 형용사(젊은) | | 나는 젊지 않았다. |

**2**

| You | + | were not | + | strong | → | You were not strong. |
|---|---|---|---|---|---|---|
| 주어(너는) | | be동사+부정(~하지 않았다) | | 형용사(힘이 센) | | 너는 힘이 세지 않았다. |

**3**

| She | + | will not be | + | old | → | She will not be old. |
|---|---|---|---|---|---|---|
| 주어(그녀는) | | 조동사+부정+be동사 (~되지 않을 것이다) | | 형용사(늙은) | | 그녀는 늙지 않을 것이다. |

---

바로! 확인문제 02　**다음 우리말에 알맞은 영어 문장을 고르시오.**　정답과 해설 23쪽

(1) 나는 젊지 않았다.
　① I was not young.
　② I not was young.

(2) 너는 힘이 세지 않았다.
　① You was not strong.
　② You were not strong.

(3) 그녀는 늙지 않을 것이다.
　① She will not be old.
　② Will she not be old.

(4) 그는 배고프지 않았다.
　① He was not hungry.
　② He not was hungry.

(5) 그들은 힘이 세지 않았다.
　① They was not strong.
　② They were not strong.

(6) 그는 늙지 않을 것이다.
　① He will not old.
　② He will not be old.

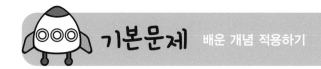
Ⓐ 다음 영어 문장에 알맞은 우리말 해석을 고르시오.

(1) I was young.

① 나는 젊었다.

② 나는 젊지 않았다.

(2) You were not strong.

① 너는 힘이 셌다.

② 너는 힘이 세지 않았다.

(3) She will be old.

① 그녀는 늙을 것이다.

② 그녀는 늙지 않을 것이다.

(4) He will not be hungry.

① 그는 배고플 것이다.

② 그는 배고프지 않을 것이다.

(5) They will never be lucky.

① 그들은 운이 좋을 것이다.

② 그들은 절대 운이 좋을 수 없을 것이다.

(6) We were tired.

① 우리는 피곤했다.

② 우리는 피곤하지 않았다.

Ⓑ 다음 그림에 알맞게 제시된 영단어를 배열하시오.

(1)

(was / I / young)

(2)

(not / were / strong / You)

(3)

(not / be / will / She / old)

(4)

(not / young / I / was)

(5)

(were / You / strong)

(6)

(will / old / be / She)

**A** 다음 밑줄 친 부분을 우리말 의미에 알맞게 고치시오.

(1) You will <u>is</u> smart.    → _____
너는 똑똑해질 것이다.

(2) They <u>was</u> not hungry.    → _____
그들은 배고프지 않았다.

(3) I <u>were</u> not strong.    → _____
나는 강하지 않았다.

(4) She will <u>is</u> old.    → _____
그녀는 늙지 않을 것이다.

**B** 다음 우리말을 영어로 알맞게 쓴 문장을 고르시오.

> 우리는 절대 운이 좋을 수 없을 것이다.

① We will be lucky.      ② They will be never lucky.

③ We are not lucky.      ④ We will never be lucky.

⑤ They will never be lucky.

**C** 다음 중 **틀린** 문장을 고르시오.

① I will be happy.      ② You were strong.

③ The woman were young.      ④ He will not be old.

⑤ They will be tall.

**D** 다음 〈보기〉처럼 주어진 문장을 고쳐 쓰시오.

〈 보기 〉
I was strong. → I was not strong.

(1) It will be long.    → _____

(2) She will be old.    → _____

(3) The dogs were big.    → _____

(4) The building was new.    → _____

(5) Kevin was hungry.    → _____

**| 1-3 |** 다음 영어 문장에 알맞은 우리말 해석을 고르시오.

**1** She is not tall.

① 그녀는 키가 크다.      ② 그는 키가 크지 않다.

③ 그녀는 키가 컸다.      ④ 그녀는 키가 크지 않다.

⑤ 그는 키가 컸다.

**2** We weren't teachers in 2019.

① 우리는 2019년에 선생님이었다.      ② 우리는 2019년에 선생님이 될 것이다.

③ 우리는 2019년에 선생님이 아니었다.      ④ 우리는 2019년에 선생님이 되었다.

⑤ 우리는 2019년에 선생님이 되지 않을 것이다.

**3** They will be police officers.

① 그들은 경찰관이었다.      ② 그들은 경찰관이 될 것이다.

③ 그들은 경찰관이 아니었다.      ④ 그들은 경찰관이다.

⑤ 그들은 경찰관이 되지 않을 것이다.

**| 4-5 |** 다음 중 밑줄 친 부분이 잘못된 것을 고르시오.

**4** ① He <u>is</u> very smart.      ② They <u>are</u> tired.

③ The children <u>is</u> happy.      ④ It <u>is</u> very safe.

⑤ Tom and Jenny <u>are</u> young.

**5** ① They <u>weren't</u> young.      ② I <u>wasn't</u> happy.

③ The girl <u>wasn't</u> tired.      ④ My brother <u>weren't</u> hungry.

⑤ You <u>weren't</u> strong.

**6** 다음 중 밑줄 친 부분이 올바른 문장을 고르시오.

① She <u>will is</u> not old.      ② He <u>will is</u> a friend.

③ We <u>are will</u> strong.      ④ Mary <u>will be</u> a singer.

⑤ They <u>will be not</u> doctors in Korea.

**| 7-9 |** 다음 그림과 우리말에 알맞게 빈칸에 들어갈 영단어를 쓰시오.

**7**

30년 전
힘들지 않아!

나는 젊었다.

I _____ young.

**8**

그녀는 한국에서 가수가 될 것이다.

She _____ _____ a singer in Korea.

**9**

작년

너는 병원에서 간호사가 아니었다.

You _____ _____ a nurse in the hospital.

**10** 다음 우리말에 알맞게 주어진 동사의 형태를 바꾸어 빈칸에 쓰시오.

> 우리는 2017년에 요리사였다.

We _____ cooks in 2017. (are)

**| 11-12 |** 다음 〈보기〉처럼 주어진 문장을 고쳐 쓰시오.

> ── 〈 보기 〉───
> I am a teacher. → I will be a teacher. (미래형)

**11** He is always hungry.

( 1 ) _____. (과거형)

( 2 ) _____. (미래형)

**12** Mary and Kevin are doctors.

( 1 ) _____. (과거형)

( 2 ) _____. (미래형)

| I | + | clean | + | the room | → | I clean the room. |
| 주어(나는) | | 동사(청소하다) | | 목적어(그 방) | | 나는 그 방을 청소한다. |

❶ **주어**와 **일반동사, 목적어**(동작이나 행동의 대상이 되는 말로 주로 '~을(를)'이라는 뜻으로 쓰임)로 이루어진 문장과 이 문장을 부정하는 방법을 공부할 거예요.

❷ **주어**와 함께 쓰인 **일반동사**가 과거형, 진행형, 미래형으로 변신하면서 **목적어**와 결합하는 문장과 이 문장을 부정하는 방법에 대해 공부할 거예요.

❸ **주어**와 **일반동사** 그리고 **목적어** 다음에 **부사**나 **전치사구**가 함께 쓰인 문장과 이 문장을 부정하는 방법에 대해 공부할 거예요.

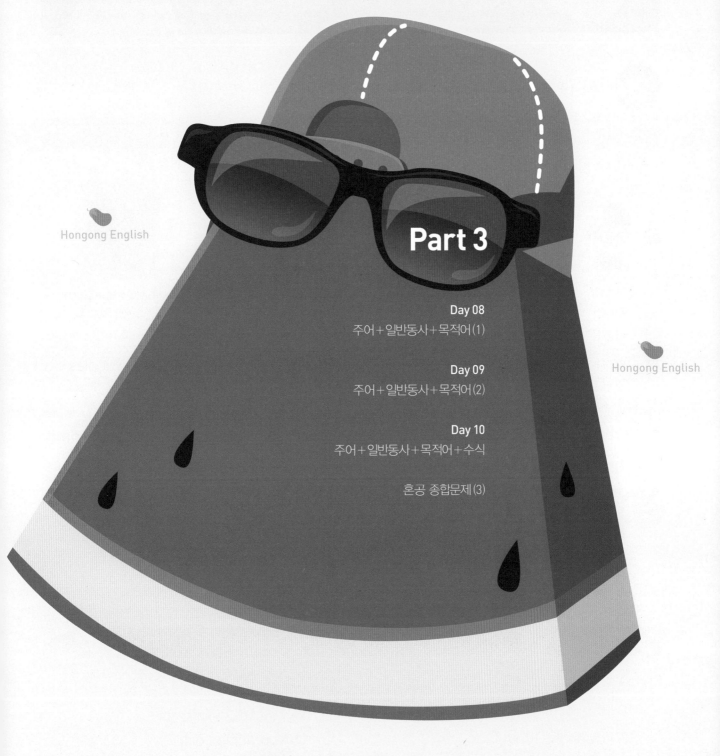

# Part 3

주어+일반동사+목적어(1)

공부한 날

월     일

 **혼공개념 015** 주어+일반동사(현재)+목적어

'나는 방을 청소한다.'처럼 '주어 + 일반동사' 뒤에 '~을(를)'이라는 뜻을 지니고 있는 목적어를 쓰면,
'~은(는) ~을(를) ~한다'라는 뜻을 지닌 문장을 만들 수 있어요.

**1**

| I | + | clean | + | the room | → | I clean the room. |
|---|---|---|---|---|---|---|
| 주어(나는) | | 동사(청소하다) | | 목적어(그 방) | | 나는 그 방을 청소한다. |

**2** You + eat + apples → You eat apples.
주어(너는)        동사(먹다)       목적어(사과들)       너는 사과들을 먹는다.

**3** She + teaches + children → She teaches children.
주어(그녀는)      동사(가르치다)      목적어(아이들)       그녀는 아이들을 가르친다.

**조동사 can** '~할 수 있다'라는 의미의 조동사 can을 써서 '가능'을 표현할 수 있어요. 조동사 can 다음에는 동사원형이 와야 해요.
  • I can clean the room.       • You can eat apples.       • She can teach children.
    나는 그 방을 청소할 수 있다.       너는 사과들을 먹을 수 있다.       그녀는 아이들을 가르칠 수 있다.

---

**바로! 확인문제 01** 다음 우리말에 알맞은 영어 문장을 고르시오.                                정답과 해설 26쪽

(1) 나는 그 방을 청소한다.
  ① I the room clean.
  ② I clean the room.

(2) 너는 사과들을 먹는다.
  ① You eat apples.
  ② You apples eat.

(3) 그녀는 아이들을 가르친다.
  ① She teaches children.
  ② She children teaches.

(4) 나는 그 방을 청소할 수 있다.
  ① I clean can the room.
  ② I can clean the room.

(5) 너는 사과들을 먹을 수 있다.
  ① You eat can apples.
  ② You can eat apples.

(6) 그녀는 아이들을 가르칠 수 있다.
  ① She can teach children.
  ② She children can teach.

# 주어 + 부정 + 일반동사(현재) + 목적어

don't, doesn't를 일반동사 앞에 써서 '주어 + 일반동사 + 목적어'로 이루어지는 문장을 부정할 수 있어요. 이런 부정의 문장은 '~은(는) ~을(를) ~하지 않는다'라고 해석해요.

**1**

I + don't + clean the room → I don't clean the room.
주어(나는)　　부정(~하지 않는다)　　동사+목적어(그 방을 청소하다)　　나는 그 방을 청소하지 않는다.

 **혼공쌤 꿀~팁**　정관사와 부정관사의 쓰임　나와 상대방이 알고 있는 대상을 말할 때 바로 '그'라는 의미로 정관사 the를 명사 앞에 써요. 반면에 나와 상대방이 잘 모르는 '하나'를 의미할 때는 부정관사 a나 an을 명사 앞에 써요.
• I clean the room. (나와 상대방이 알고 있는 그 방)　　• I clean a room. (나와 상대방이 모르는 방)
　나는 그 방을 청소한다.　　　　　　　　　　　　　　나는 방 하나를 청소한다.

**2**　You + don't + eat apples → You don't eat apples.
　　　주어(너는)　　부정(~하지 않는다)　　동사+목적어(사과들을 먹다)　　너는 사과들을 먹지 않는다.

**3**　She + doesn't + teach children → She doesn't teach children.
　　　주어(그녀는)　　부정(~하지 않는다)　　동사+목적어(아이들을 가르치다)　　그녀는 아이들을 가르치지 않는다.

---

**바로! 확인문제 02**　**다음 우리말에 알맞은 영어 문장을 고르시오.**　　정답과 해설 26쪽

(1) 나는 그 방을 청소하지 않는다.
① I clean don't the room.
② I don't clean the room.

(2) 나는 방 하나를 청소하지 않는다.
① I don't clean a room.
② I don't clean the room.

(3) 너는 그 방을 청소한다.
① You clean the room.
② You clean a room.

(4) 너는 사과들을 먹지 않는다.
① You eat don't apples.
② You don't eat apples.

(5) 너는 아이들을 가르치지 않는다.
① You don't teach children.
② You doesn't teach children.

(6) 그녀는 아이들을 가르치지 않는다.
① She don't teach children.
② She doesn't teach children.

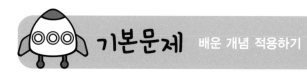
**A** 다음 영어 문장에 알맞은 우리말 해석을 고르시오.

(1) I clean the room.

① 나는 그 방을 청소한다.

② 나는 그 방을 청소하지 않는다.

(2) You eat apples.

① 너는 사과들을 먹는다.

② 너는 사과들을 먹지 않는다.

(3) She can teach children.

① 그녀는 아이들을 가르친다.

② 그녀는 아이들을 가르칠 수 있다.

(4) I clean a room.

① 나는 그 방을 청소한다.

② 나는 방 하나를 청소한다.

(5) You don't eat apples.

① 너는 사과들을 먹는다.

② 너는 사과들을 먹지 않는다.

(6) She doesn't teach children.

① 그녀는 아이들을 가르친다.

② 그녀는 아이들을 가르치지 않는다.

**B** 다음 그림에 알맞게 제시된 영단어를 배열하시오.

(1)

(the room / I / clean)

(2)

(eat / apples / You)

(3)

(children / She / teaches)

(4)

(I / clean / don't / the room)

(5)

(don't / apples / You / eat)

(6)

(doesn't / She / children / teach)

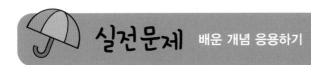 
**A 다음 밑줄 친 부분을 우리말 의미에 알맞게 고치시오.**

(1) She can <u>teaches</u> children.　　→　_____
　　그녀는 아이들을 가르칠 수 있다.

(2) I <u>doesn't</u> clean the room.　　→　_____
　　나는 그 방을 청소하지 않는다.

(3) She <u>don't</u> teach children.　　→　_____
　　그녀는 아이들을 가르치지 않는다.

(4) You <u>no</u> eat apples.　　→　_____
　　너는 사과들을 먹지 않는다.

**B 다음 우리말을 영어로 알맞게 쓴 문장을 고르시오.**

> 그녀는 그 방을 청소하지 않는다.

① He doesn't clean the room.　　② He cleans the room.

③ She cleans the room.　　④ She doesn't clean a room.

⑤ She doesn't clean the room.

**C 다음 중 틀린 문장을 고르시오.**

① She teaches children.　　② She can teach children.

③ He don't clean the room.　　④ You don't eat apples.

⑤ I don't clean a room.

**D 다음 〈보기〉처럼 주어진 문장을 고쳐 쓰시오.**

> 〈 보기 〉
> I clean the room. → I don't clean the room.

(1) I teach children.　　→　_____

(2) You eat apples.　　→　_____

(3) He cleans a room.　　→　_____

(4) He eats apples.　　→　_____

(5) She teaches children.　　→　_____

공부한 날
월    일

 **혼공개념 017** 주어+일반동사(과거/진행/미래)+목적어

'주어 + 일반동사 + 목적어' 문장에서 일반동사의 과거형, 진행형(be동사+일반동사+-ing), 미래형(will+동사원형)을 쓰면 다양한 시간 표현을 할 수가 있어요.

**1**

I
주어(나는)
+
cleaned
동사(청소했다)
+
the room
목적어(그 방)
→
I cleaned the room.
나는 그 방을 청소했다.

**혼공쌤 꿀~팁** **불규칙 동사의 과거형** clean의 과거형은 cleaned이지요. 과거형을 만들 때 이렇게 (e)d를 붙이는 것을 '규칙 동사'라고 해요. '불규칙 동사'의 과거형은 (e)d를 붙이지 않고 불규칙하게 변화하는데 무조건 외우려고 하지 말고 불규칙 동사가 쓰인 예문을 통해 익히세요.

• I ate apples.(eat의 과거형)  • You got up late.(get의 과거형)  • She ran in the park.(run의 과거형)
  나는 사과들을 먹었다.         너는 늦게 일어났다.            그녀는 공원에서 달렸다.

**2**   You           +   are eating   +   apples      →   You are eating apples.
        주어(너는)          동사(먹는 중이다)      목적어(사과들)         너는 사과들을 먹는 중이다.

**3**   She           +   will teach   +   children    →   She will teach children.
        주어(그녀는)         동사(가르칠 것이다)     목적어(아이들)          그녀는 아이들을 가르칠 것이다.

**바로! 확인문제 01** 다음 우리말에 알맞은 영어 문장을 고르시오.                정답과 해설 27쪽

(1) 나는 그 방을 청소했다.
   ① I the room cleaned.
   ② I cleaned the room.

(2) 나는 사과들을 먹었다.
   ① I eat apples.
   ② I ate apples.

(3) 너는 늦게 일어났다.
   ① You get up late.
   ② You got up late.

(4) 너는 공원에서 달렸다.
   ① You ran in the park.
   ② You will run in the park.

(5) 너는 사과들을 먹는 중이다.
   ① You is eating apples.
   ② You are eating apples.

(6) 그녀는 아이들을 가르칠 것이다.
   ① She teach will children.
   ② She will teach children.

## 주어 + 부정 + 일반동사(과거/진행/미래) + 목적어

과거형 문장을 부정할 때에는 과거동사 앞에 didn't를 쓰지요. 진행형(be동사＋일반동사＋-ing) 문장을 부정할 때는 be동사 뒤에 not을, 미래형(will＋동사원형) 문장을 부정할 때에는 조동사 will 뒤에 not을 쓰지요.

**1**

| I | + | didn't | + | clean the room | → | I didn't clean the room. |
|---|---|--------|---|----------------|---|--------------------------|
| 주어(나는) | | 부정(~하지 않았다) | | 동사+목적어(그 방을 청소하다) | | 나는 그 방을 청소하지 않았다. |

**2**

| You | + | are not | + | eating apples | → | You are not eating apples. |
|-----|---|---------|---|---------------|---|----------------------------|
| 주어(너는) | | be동사+부정(~이 아니다) | | 동사+ 목적어(사과들을 먹는 중이다) | | 너는 사과들을 먹지 않는 중이다. |

**3**

| She | + | will not | + | teach children | → | She will not teach children. |
|-----|---|----------|---|----------------|---|------------------------------|
| 주어(그녀는) | | 조동사+부정(~않을 것이다) | | 동사+목적어(아이들을 가르치다) | | 그녀는 아이들을 가르치지 않을 것이다. |

 **혼공쌤 꿀팁** **부정어의 위치** 영어는 의미가 명확한 단어 앞에서 부정하는 것을 좋아해요. 그래서 의미가 불분명한 be동사 앞이 아니라 동사나 형용사 앞에 부정어(not, don't, didn't, doesn't)를 써요.
- I cleaned the room. (나는 그 방을 청소했다.)
  → I didn't clean the room. (나는 그 방을 청소하지 않았다.)
- She is happy. (그녀는 행복하다.)
  → She is not happy. (그녀는 행복하지 않다.)
- She will teach children. (그녀는 아이들을 가르칠 것이다.)
  → She will not teach children. (그녀는 아이들을 가르치지 않을 것이다.)

---

**바로! 확인문제 02** **다음 우리말에 알맞은 영어 문장을 고르시오.**　　정답과 해설 27쪽

(1) 나는 그 방을 청소하지 않았다.
　① I don't clean the room.
　② I didn't clean the room.

(2) 나는 사과들을 먹지 않았다.
　① I didn't eat apples.
　② I will eat apples.

(3) 너는 사과들을 먹지 않는 중이다.
　① You don't eat apples.
　② You are not eating apples.

(4) 너는 그 방을 청소하지 않을 것이다.
　① You didn't clean the room.
　② You will not clean the room.

(5) 그녀는 아이들을 가르치지 않을 것이다.
　① She will not teach children.
　② She not will teach children.

(6) 그녀는 행복하지 않다.
　① She is happy not.
　② She is not happy.

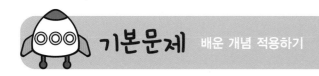 
Ⓐ 다음 영어 문장에 알맞은 우리말 해석을 고르시오.

(1) I cleaned the room.

① 나는 그 방을 청소했다.

② 나는 그 방을 청소할 것이다.

(2) You got up late.

① 너는 늦게 일어났다.

② 너는 늦게 일어날 것이다.

(3) You are eating apples.

① 너는 사과들을 먹었다.

② 너는 사과들을 먹는 중이다.

(4) He didn't clean the room.

① 그는 그 방을 청소하지 않았다.

② 그는 그 방을 청소하지 않을 것이다.

(5) She is not eating apples.

① 그녀는 사과들을 먹지 않았다.

② 그녀는 사과들을 먹지 않는 중이다.

(6) She will not teach children.

① 그녀는 아이들을 가르칠 것이다.

② 그녀는 아이들을 가르치지 않을 것이다.

Ⓑ 다음 그림에 알맞게 제시된 영단어를 배열하시오.

(1)

(cleaned / I / the room)

(2)

(apples / You / are / eating)

(3)

(She / teach / children / will)

(4)

(didn't / clean / I / the room)

(5)

(You / not / are / apples / eating)

(6)

(not / She / teach / will / children)

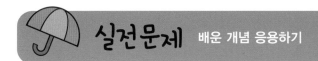 
Ⓐ 다음 밑줄 친 부분을 우리말 의미에 알맞게 고치시오.

(1) She runed in the park.　　　→ _____
그녀는 공원에서 달렸다.

(2) I are eating apples.　　　→ _____
나는 사과들을 먹고 있는 중이다.

(3) He will don't teach children.　　　→ _____
그는 아이들을 가르치지 않을 것이다.

(4) She not is happy.　　　→ _____
그녀는 행복하지 않다.

Ⓑ 다음 우리말을 영어로 알맞게 쓴 문장을 고르시오.

나는 그 방을 청소하지 않았다.

① You didn't cleaned the room.　　② You are not cleaning the room.

③ I will clean the room.　　④ I didn't cleaned the room.

⑤ I didn't clean the room.

Ⓒ 다음 중 틀린 문장을 고르시오.

① I cleaned the room.　　② I am not eating apples.

③ She will teaching children.　　④ He didn't clean the room.

⑤ She is not teaching children.

Ⓓ 다음 〈보기〉처럼 주어진 문장을 고쳐 쓰시오.

〈 보기 〉
I clean the room. → I am cleaning the room.

(1) I eat apples.　　　→ _____

(2) He cleans the room.　　　→ _____

(3) You eat apples.　　　→ _____

(4) You clean the room.　　　→ _____

(5) She cleans the room.　　　→ _____

**혼공개념 019** 주어＋일반동사(현재/과거/진행)＋목적어＋부사/전치사구

'주어＋일반동사＋목적어' 문장에 '~하게'라는 뜻을 지닌 부사를 쓰거나, '시간, 장소, 위치'를 나타내는 표현을 쓰면 다양한 뜻을 나타낼 수 있어요.

| I | + | clean the room | + | fast | → | I clean the room fast. |

주어(나는)   동사＋목적어(그 방을 청소하다)   부사(빠르게)   나는 그 방을 빠르게 청소한다.

**2** You ＋ ate apples ＋ on the bench → You ate apples on the bench.

주어(너는)   동사＋목적어(사과들을 먹었다)   전치사구(벤치 위에서)   너는 사과들을 벤치 위에서 먹었다.

**3** She ＋ is teaching children ＋ in the classroom → She is teaching children in the classroom.

주어(그녀는)   동사＋목적어(아이들을 가르치는 중이다)   전치사구(교실에서)   그녀는 아이들을 교실에서 가르치는 중이다.

**혼공쌤 꿀~팁** 시간을 나타내는 표현 now(지금), yesterday(어제), next year(내년)처럼 시간을 나타내는 표현을 현재, 과거, 미래의 시제에 알맞게 수식하는 자리에 쓸 수 있어요.

• You ate apples on the bench yesterday.
  너는 어제 벤치 위에서 사과들을 먹었다.

• She is teaching children in the classroom now.
  그녀는 지금 교실에서 아이들을 가르치는 중이다.

**바로! 확인문제 01** 다음 우리말에 알맞은 영어 문장을 고르시오.

정답과 해설 29쪽

(1) 나는 그 방을 빠르게 청소한다.
  ① I clean fast the room.
  ② I clean the room fast.

(2) 너는 사과들을 벤치 위에서 먹었다.
  ① You ate apples on the bench.
  ② You ate on the bench apples.

(3) 그녀는 아이들을 교실에서 가르치는 중이다.
  ① She is teaching children in the classroom.
  ② Is she teaching children in the classroom.

(4) 너는 어제 벤치 위에서 사과들을 먹었다.
  ① You ate yesterday apples on the bench.
  ② You ate apples on the bench yesterday.

(5) 그녀는 지금 교실에서 아이들을 가르치는 중이다.
  ① She is teaching children in the classroom now.
  ② She is teaching in the classroom now children.

(6) 그녀는 내년에 교실에서 아이들을 가르칠 것이다.
  ① She will teach next year children in the classroom.
  ② She will teach children in the classroom next year.

현재형 문장은 일반동사 앞에 don't, doesn't를 써서, 과거형 문장은 일반동사 앞에 didn't를 써서 부정할 수 있어요. 진행형(be동사 + 일반동사 + -ing) 문장을 부정할 때에는 be동사 뒤에 not을 써요.

**1**

| I | + | don't | + | clean the room fast | → | I don't clean the room fast. |

주어(나는) 　부정(~하지 않는다) 　동사+목적어+부사 (그 방을 빠르게 청소하다) 　나는 그 방을 빠르게 청소하지 않는다.

**2** You + didn't + eat apples on the bench → You didn't eat apples on the bench.

주어(너는) 　부정(~하지 않았다) 　동사+목적어+전치사구 (벤치 위에서 사과들을 먹다) 　너는 사과들을 벤치 위에서 먹지 않았다.

**3** She + is not + teaching children in the classroom → She is not teaching children in the classroom.

주어(그녀는) 　be동사+부정(~가 아니다) 　동사+목적어+전치사구 (아이들을 교실에서 가르치는 중이다) 　그녀는 아이들을 교실에서 가르치는 중이 아니다.

---

**바로! 확인문제 02** 다음 우리말에 알맞은 영어 문장을 고르시오.　　정답과 해설 29쪽

(1) 나는 그 방을 빠르게 청소하지 않는다.
① I don't clean the room fast.
② Don't I clean the room fast.

(2) 너는 사과들을 벤치 위에서 먹지 않았다.
① You eat didn't apples on the bench.
② You didn't eat apples on the bench.

(3) 너는 그 방을 빠르게 청소하지 않았다.
① Didn't you clean the room fast.
② You didn't clean the room fast.

(4) 그녀는 사과들을 벤치 위에서 먹지 않았다.
① She didn't eat apples on the bench.
② She eat didn't apples on the bench.

(5) 그녀는 교실에서 아이들을 가르치는 중이 아니다.
① Not is she teaching children in the classroom.
② She is not teaching children in the classroom.

(6) 그는 사과들을 벤치 위에서 먹는 중이 아니다.
① He is not eating apples on the bench.
② He is eating not apples on the bench.

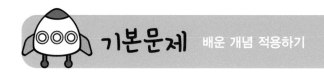 
Ⓐ 다음 영어 문장에 알맞은 우리말 해석을 고르시오.

(1) I clean the room fast.

① 나는 그 방을 빠르게 청소한다.

② 나는 그 방을 빠르게 청소하지 않는다.

(2) I ate apples on the bench.

① 나는 사과들을 벤치 위에서 먹었다.

② 나는 사과들을 벤치 위에서 먹지 않았다.

(3) She is teaching children in the classroom now.

① 그녀는 지금 교실에서 아이들을 가르치는 중이다.

② 그녀는 지금 교실에서 아이들을 가르치는 중이 아니다.

(4) You didn't eat apples on the bench yesterday.

① 너는 어제 사과들을 벤치 위에서 먹었다.

② 너는 어제 사과들을 벤치 위에서 먹지 않았다.

Ⓑ 다음 그림에 알맞게 제시된 영단어를 배열하시오.

(1)

(I / fast / the room / clean)

_____

(2)

(on the bench / ate / You / apples)

_____

(3)

(is / teaching / children / She / in the classroom)

_____

(4)

(don't / clean / I / fast / the room)

_____

(5)

(didn't / eat / You / on the bench / apples)

_____

(6)

(in the classroom / She / children / is / not / teaching)

_____

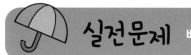 
**A 다음 밑줄 친 부분을 우리말 의미에 알맞게 고치시오.**

( 1 ) I doesn't clean the room fast.　　　　　　→ _____

　　　나는 그 방을 빨리 청소하지 않는다.

( 2 ) She didn't eats apples on the bench.　　　　→ _____

　　　그녀는 벤치 위에서 사과들을 먹지 않았다.

( 3 ) You not are teaching children in the classroom.　→ _____

　　　당신은 교실에서 아이들을 가르치는 중이 아니다.

( 4 ) I ate not apples on the bench yesterday.　　→ _____

　　　나는 어제 벤치 위에서 사과들을 먹지 않았다.


**B 다음 우리말을 영어로 알맞게 쓴 문장을 고르시오.**

> 그녀는 그 방을 빠르게 청소하지 않는다.

① She cleans the room fast.　　　　② He didn't clean the room fast.

③ She is not cleaning the room fast.　④ She doesn't clean the room fast.

⑤ He is not cleaning the room fast.


**C 다음 중 틀린 문장을 고르시오.**

① I clean a room fast.　　　　　　　② You didn't clean a room fast.

③ He ate apples on the bench yesterday.　④ You didn't eat apples on the bench.

⑤ She not is teaching children in the classroom.


**D 다음 〈보기〉처럼 주어진 문장을 시제에 맞게 부정하시오.**

> 〈 보기 〉
>
> I clean a room fast. → I don't clean a room fast.

( 1 ) I ate apples on the bench.　　　　　→ _____

( 2 ) You clean a room fast.　　　　　　　→ _____

( 3 ) He is teaching children in the classroom.　→ _____

( 4 ) She ate apples on the bench yesterday.　→ _____

( 5 ) I am teaching children in the classroom now.　→ _____

| 1-3 | 다음 영어 문장에 알맞은 우리말 해석을 고르시오.

**1**  I clean the room.

① 나는 그 방을 청소했다.   ② 나는 그 방을 청소한다.

③ 너는 그 방을 청소한다.   ④ 너는 그 방을 청소했다.

⑤ 나는 그 방을 청소하고 있다.

**2**  She doesn't teach children.

① 그녀는 아이들을 가르친다.   ② 그녀는 아이들을 가르치지 않는다.

③ 그녀는 아이들을 가르치는 중이다.   ④ 그녀는 아이들을 가르치지 않았다.

⑤ 그녀는 아이들을 가르치는 중이 아니다.

**3**  You are eating apples on the bench.

① 너는 벤치 위에서 사과들을 먹었다.   ② 너는 벤치 위에서 사과들을 먹는다.

③ 너는 벤치 위에서 사과들을 먹지 않는다.   ④ 너는 벤치 위에서 사과들을 먹는 중이다.

⑤ 너는 벤치 위에서 사과들을 먹지 않았다.

| 4-5 | 다음 중 밑줄 친 부분이 **잘못된** 것을 고르시오.

**4**  ① I <u>clean</u> the room.   ② Jenny <u>doesn't</u> teach children.

③ He can <u>eat</u> apples.   ④ She <u>don't</u> clean the room.

⑤ He <u>doesn't</u> eat apples.

**5**  ① David <u>cleaned</u> the room.   ② I will <u>teach</u> children.

③ She didn't <u>cleans</u> the room.   ④ You will not <u>teach</u> children.

⑤ I didn't <u>run</u> in the park.

**6**  다음 중 밑줄 친 부분이 올바른 문장을 고르시오.

① I didn't <u>ate</u> apples on the bench.

② Greg doesn't <u>cleans</u> the room fast.

③ He <u>ate</u> apples on the bench yesterday.

④ She <u>not is</u> teaching children in the classroom.

⑤ You are <u>teach</u> children in the classroom.

**| 7-9 |** 다음 그림과 우리말에 알맞게 빈칸에 들어갈 영단어를 쓰시오.

**7**   그녀는 내년에 아이들을 가르칠 것이다.

She _____ _____ children next year.

**8**   너는 사과들을 벤치 위에서 먹지 않았다.

You _____ _____ apples on the bench.

**9**   나는 그 방을 청소하지 않는다.

I _____ _____ the room.

**10** 다음 우리말에 알맞게 주어진 동사의 형태를 바꾸어 빈칸에 쓰시오.

> Kevin은 지금 교실에서 아이들을 가르치는 중이다.

Kevin is _____ children in the classroom now. (teach)

**| 11-12 |** 다음 〈보기〉처럼 주어진 문장을 고쳐 쓰시오.

〈 보기 〉
Bella cleaned the room. → Bella didn't clean the room. (부정문)

**11** He eats apples on the bench.

( 1 ) _____. (과거형)

( 2 ) _____. (미래형)

**12** Sophia and John got up late.

( 1 ) _____. (현재진행형)

( 2 ) _____. (부정문)

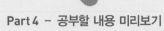

## Part 4 - 공부할 내용 미리보기

❶ **주어**와 **일반동사**에 **간접목적어**('～에게'라는 뜻을 지닌 목적어로 주로 사람이 쓰임)와 **직접목적어**('～을(를)'이라는 뜻을 지닌 목적어로 주로 사물이 쓰임)가 쓰인 문장과 이 문장을 부정하는 방법을 공부할 거예요.

❷ **주어**와 함께 쓰인 **일반동사**가 과거형, 진행형, 미래형으로 변신하면서 **간접목적어, 직접목적어**와 결합하는 문장과 이 문장을 부정하는 방법에 대해 공부할 거예요.

❸ **주어**와 **일반동사** 그리고 **간접목적어, 직접목적어** 다음에 **부사**나 **전치사구**가 함께 쓰인 문장과 이 문장을 부정하는 방법에 대해 공부할 거예요.

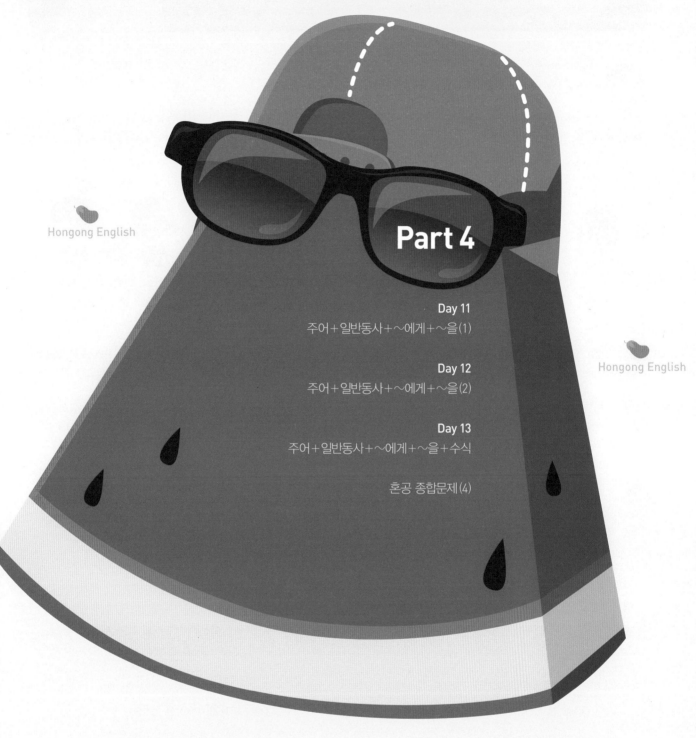

# Part 4

## Day 11 주어+일반동사+~에게+~을(1)

**혼공개념 021** 주어+일반동사(현재)+간접목적어+직접목적어

상대방에게 '~을' 줄 때 주로 쓰는 문장이에요. 동사 뒤에 두 개의 목적어를 차례로 쓰면 '~은(는) ~에게(간접목적어) ~을(를)(직접목적어) ~하다'와 같은 문장을 만들 수 있어요.

**1**

| I | + | give | + | him | + | a book | → | I give him a book. |
| 주어(나는) | | 동사(주다) | | 간접목적어(그에게) | | 직접목적어(책을) | | 나는 그에게 책을 준다. |

**2** You + send + me + a letter → You send me a letter.
주어(너는)   동사(보내 주다)   간접목적어(나에게)   직접목적어(편지를)   너는 나에게 편지를 보내 준다.

**3** She + teaches + us + English → She teaches us English.
주어(그녀는)   동사(가르쳐 주다)   간접목적어(우리에게)   직접목적어(영어를)   그녀는 우리에게 영어를 가르쳐 준다.

 **수여동사** give, send, teach처럼 '~은(는) ~에게 ~을(를) ~하다'라는 문장에 주로 사용되는 동사를 '수여동사'라고 해요. '수여'는 물건이나 지식을 '주다'라는 뜻을 지니고 있어요. 대표적인 수여동사로는 다음과 같은 것들이 있어요.
• buy(사 주다)   • lend(빌려주다)   • show(보여 주다)   • tell(말해 주다)   • bring(가져다주다)

**바로! 확인문제 01** 다음 우리말에 알맞은 영어 문장을 고르시오.    정답과 해설 31쪽

(1) 나는 그에게 책을 준다.
① I give a book him.
② I give him a book.

(2) 너는 나에게 편지를 보내 준다.
① You send me a letter.
② You me send a letter.

(3) 그녀는 우리에게 영어를 가르쳐 준다.
① She teaches English us.
② She teaches us English.

(4) 나는 그에게 책을 사 준다.
① I him a book buy.
② I buy him a book.

(5) 너는 우리에게 편지를 보내 준다.
① You send us a letter.
② You send him a letter.

(6) 그는 나에게 영어를 가르쳐 준다.
① He teaches me English.
② He teaches us English.

**혼공개념 022** 주어 + 부정 + 일반동사(현재) + 간접목적어 + 직접목적어

일반동사 앞에 don't, doesn't를 써서 '주어 + 일반동사 + 간접목적어 + 직접목적어' 문장을 부정할 수 있어요. 이런 부정의 문장은 '~은(는) ~에게 ~을(를) ~하지 않는다'라고 해석해요.

**1**

| I | + | don't | + | give him a book | → | I don't give him a book. |
|---|---|---|---|---|---|---|
| 주어(나는) | | 부정(아니다) | | 동사+간접목적어+직접목적어 (그에게 책을 주다) | | 나는 그에게 책을 주지 않는다. |

**2**

| You | + | don't | + | send me a letter | → | You don't send me a letter. |
|---|---|---|---|---|---|---|
| 주어(너는) | | 부정(아니다) | | 동사+간접목적어+직접목적어 (나에게 편지를 보내 주다) | | 너는 나에게 편지를 보내 주지 않는다. |

**3**

| She | + | doesn't | + | teach us English | → | She doesn't teach us English. |
|---|---|---|---|---|---|---|
| 주어(그녀는) | | 부정(아니다) | | 동사+간접목적어+직접목적어 (우리에게 영어를 가르쳐 주다) | | 그녀는 우리에게 영어를 가르쳐 주지 않는다. |

 **간접목적어와 직접목적어** Day 11의 예문을 통해 알 수 있듯이 '~에게'에 해당하는 목적어를 '간접목적어', '~을(를)'에 해당하는 목적어를 '직접목적어'라고 해요. 간접목적어에는 '사람'이, 직접목적어에는 '사물'이 주로 쓰이지요.
- I don't give <u>him</u> <u>a book</u>.   • You don't send <u>me</u> <u>a letter</u>.   • She doesn't teach <u>us</u> <u>English</u>.
  사람   사물                              사람   사물                              사람   사물

---

**바로! 확인문제 02** 다음 우리말에 알맞은 영어 문장을 고르시오. 정답과 해설 31쪽

(1) 나는 그에게 책을 주지 않는다.
　① I give don't him a book.
　② I don't give him a book.

(2) 그녀는 나에게 편지를 보내 주지 않는다.
　① She doesn't send me a letter.
　② Doesn't she send me a letter.

(3) 그녀는 우리에게 영어를 가르쳐 주지 않는다.
　① She doesn't teach us English.
　② She doesn't teach English us.

(4) 나는 그에게 책을 사 주지 않는다.
　① I don't buy a book him.
　② I don't buy him a book.

(5) 그는 너에게 책을 주지 않는다.
　① He doesn't give you a book.
　② He don't give you a book.

(6) 너는 나에게 영어를 가르쳐 주지 않는다.
　① You doesn't teach me English.
　② You don't teach me English.

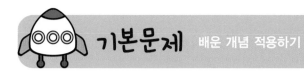
Ⓐ 다음 영어 문장에 알맞은 우리말 해석을 고르시오.

( 1 ) I give him a book.

　① 나는 그에게 책을 주지 않는다.

　② 나는 그에게 책을 준다.

( 2 ) You don't send me a letter.

　① 너는 나에게 편지를 보내 준다.

　② 너는 나에게 편지를 보내 주지 않는다.

( 3 ) She doesn't teach us English.

　① 그녀는 우리에게 영어를 가르쳐 주지 않는다.

　② 그녀는 우리에게 영어를 가르쳐 준다.

( 4 ) He buys me a book.

　① 그는 나에게 책을 사 준다.

　② 그는 나에게 책을 사 주지 않는다.

( 5 ) They don't give me an apple.

　① 그들은 너에게 사과를 주지 않는다.

　② 그들은 나에게 사과를 주지 않는다.

( 6 ) He teaches her English.

　① 그는 그녀에게 영어를 가르쳐 준다.

　② 그는 우리에게 영어를 가르쳐 준다.

Ⓑ 다음 그림에 알맞게 제시된 영단어를 배열하시오.

( 1 )

(give / I / a book / him)

( 2 )

(me / send / You / a letter)

( 3 )

(teaches / us / She / English)

( 4 )

(a book / I / give / don't / him)

( 5 )

(don't / a letter / You / me / send)

( 6 )

(English / She / teach / us / doesn't)

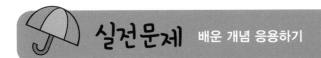 

**A** 다음 밑줄 친 부분을 우리말 의미에 알맞게 고치시오.

(1) She teaches <u>we</u> English.   → _____
그녀는 우리에게 영어를 가르쳐 준다.

(2) You send <u>I</u> a letter.   → _____
너는 나에게 편지를 보낸다.

(3) Mary gives <u>his</u> a ball.   → _____
Mary는 그에게 공을 준다.

(4) I don't <u>buy a book her</u>.   → _____
나는 그녀에게 책 한 권을 사 주지 않는다.

**B** 다음 우리말을 영어로 알맞게 쓴 문장을 고르시오.

> 그는 우리에게 편지를 보내 주지 않는다.

① He doesn't send a letter us.      ② He doesn't sends us a letter.

③ He doesn't send us a letter.      ④ He doesn't send me a letter.

⑤ He doesn't send a letter me.

**C** 다음 중 <u>틀린</u> 문장을 고르시오.

① I give him a book.      ② You don't send me a letter.

③ Paul sends Mary a letter.      ④ They buy her a book.

⑤ My mom doesn't teach English us.

**D** 다음 〈보기〉처럼 주어진 문장을 고쳐 쓰시오.

〈 보기 〉
I teach him Korean. → I don't teach him Korean.

(1) Mary teaches me English.   → _____

(2) You buy us a book.   → _____

(3) He sends her a letter.   → _____

(4) My mom gives me a ball.   → _____

(5) I show him a book.   → _____

## 혼공개념 023 주어+일반동사(과거/진행/미래)+간접목적어+직접목적어

'주어+일반동사+간접목적어+직접목적어' 문장에서 일반동사의 과거형, 진행형(be동사+일반동사+-ing), 미래형(will+동사원형)을 쓰면 다양한 시간 표현을 나타낼 수 있어요.

**1**

I + gave + him a book → I gave him a book.

주어(나는) 　 동사(주었다) 　 간접목적어+직접목적어 　 나는 그에게 책을 주었다.
(그에게 책을)

**2** You + are sending + me a letter → You are sending me a letter.

주어(너는) 　 동사(보내는 중이다) 　 간접목적어+직접목적어 　 너는 나에게 편지를 보내는 중이다.
(나에게 편지를)

You + were sending + me a letter → You were sending me a letter.

주어(너는) 　 동사(보내는 중이었다) 　 간접목적어+직접목적어 　 너는 나에게 편지를 보내는 중이었다.
(나에게 편지를)

**3** She + will teach + us English → She will teach us English.

주어(그녀는) 　 동사(가르칠 것이다) 　 간접목적어+직접목적어 　 그녀는 우리에게 영어를 가르칠 것이다.
(우리에게 영어를)

---

### 바로! 확인문제 01 다음 우리말에 알맞은 영어 문장을 고르시오.

정답과 해설 33쪽

(1) 나는 그에게 책을 주었다.

① I gave him a book.

② I gave a book him.

(2) 그녀는 우리에게 영어를 가르칠 것이다.

① She teach will us English.

② She will teach us English.

(3) 너는 나에게 영어를 가르치는 중이다.

① You are teaching me English.

② You were teaching me English.

(4) 나는 너에게 편지를 보내는 중이었다.

① I will send you a letter.

② I was sending you a letter.

(5) 그는 나에게 편지를 보낼 것이다.

① He will send me a letter.

② He sends me a letter.

(6) 그녀는 너에게 책을 사 줄 것이다.

① She is buying you a book.

② She will buy you a book.

**주어 + 부정 + 일반동사(과거/진행/미래) + 간접목적어 + 직접목적어**

과거형 문장을 부정할 때에는 일반동사 앞에 didn't를 써요. 진행형(be동사 + 일반동사 + -ing)을 부정할 때에는 be동사 뒤에 not을, 미래형(will + 동사원형) 문장을 부정할 때에는 조동사 will 뒤에 not을 써요.

**1**

I   +   didn't   +   give him a book   →   I didn't give him a book.
주어(나는)    부정(아니었다)    동사+간접목적어+직접목적어    나는 그에게 책을 주지 않았다.
                           (그에게 책을 주다)

**2**

You   +   are not   +   sending me a letter   →   You are not sending me a letter.
주어(너는)    be동사+부정(아니다)    동사+간접목적어+직접목적어    너는 나에게 편지를 보내는 중이 아니다.
                           (나에게 편지를 보내는 중이다)

You   +   were not   +   sending me a letter   →   You were not sending me a letter.
주어(너는)    be동사+부정(아니었다)    동사+간접목적어+직접목적어    너는 나에게 편지를 보내는 중이 아니었다.
                           (나에게 편지를 보내는 중이다)

**3**

She   +   will not   +   teach us English   →   She will not teach us English.
주어(그녀는)    조동사+부정(않을 것이다)    동사+간접목적어+직접목적어    그녀는 우리에게 영어를 가르치지 않을 것이다.
                           (우리에게 영어를 가르치다)

---

**바로! 확인문제 02**    **다음 우리말에 알맞은 영어 문장을 고르시오.**      정답과 해설 33쪽

( 1 ) 나는 그에게 책을 주지 않았다.
    ① I didn't give him a book.
    ② I give didn't him a book.

( 2 ) 너는 나에게 편지를 보내는 중이 아니었다.
    ① You not were sending me a letter.
    ② You were not sending me a letter.

( 3 ) 나는 너에게 편지를 보내는 중이 아니다.
    ① I didn't send you a letter.
    ② I am not sending you a letter.

( 4 ) 그녀는 우리에게 영어를 가르치지 않을 것이다.
    ① She is not teaching us English.
    ② She will not teach us English.

( 5 ) 그는 우리에게 영어를 가르치지 않았다.
    ① He was not teaching us English.
    ② He didn't teach us English.

( 6 ) 그들은 너에게 책을 주지 않을 것이다.
    ① They will not give you a book.
    ② They didn't give you a book.

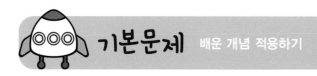
Ⓐ 다음 영어 문장에 알맞은 우리말 해석을 고르시오.

(1) I gave him a book.

　① 나는 그에게 책을 준다.

　② 나는 그에게 책을 주었다.

(2) You were not sending me a letter.

　① 너는 나에게 편지를 보내는 중이 아니었다.

　② 너는 나에게 편지를 보내는 중이었다.

(3) She is teaching us English.

　① 그녀는 우리에게 영어를 가르치는 중이다.

　② 그녀는 우리에게 영어를 가르치는 중이었다.

(4) I will not buy you a book.

　① 나는 너에게 책을 사 줄 것이다.

　② 나는 너에게 책을 사 주지 않을 것이다.

(5) He will send her a letter.

　① 그는 그녀에게 편지를 보내지 않을 것이다.

　② 그는 그녀에게 편지를 보낼 것이다.

(6) They didn't send me a letter.

　① 그들은 나에게 편지를 보내지 않았다.

　② 그들은 나에게 편지를 보냈다.

Ⓑ 다음 그림에 알맞게 제시된 영단어를 배열하시오.

(1)

(him / gave / I / a book)

_____

(2)

(sending / a letter / You / me / are)

_____

(3)

(us / will / English / She / teach)

_____

(4)

(him / She / give / didn't / a book)

_____

(5)

(were / sending / You / not /
a letter / me)

_____

(6)

(will / She / teach / not / English /
us)

_____

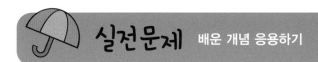

Ⓐ 다음 밑줄 친 부분을 우리말 의미에 알맞게 고치시오.

(1) You are <u>teach</u> us English.　→ _____
　　너는 우리들에게 영어를 가르치는 중이다.

(2) He didn't <u>sends</u> me a letter.　→ _____
　　그는 나에게 편지를 보내지 않았다.

(3) She is not <u>buy</u> you a book.　→ _____
　　그녀는 너에게 책을 사 주는 중이 아니다.

(4) Mary <u>not will</u> give Tom a ball.　→ _____
　　Mary는 Tom에게 공 하나를 주지 않을 것이다.

Ⓑ 다음 우리말을 영어로 알맞게 쓴 문장을 고르시오.

> 그는 나에게 편지를 보내는 중이 아니었다.

① He is not sending me a letter.　② He will not send me a letter.
③ He were not sending me a letter.　④ He was not send me a letter.
⑤ He was not sending me a letter.

Ⓒ 다음 중 <u>틀린</u> 문장을 고르시오.

① I gave him a ball.　② You were not sending me a letter.
③ She will not teach me English.　④ They are not give us a book.
⑤ Tom didn't send Mary a letter.

Ⓓ 다음 〈보기〉처럼 주어진 문장을 시제에 맞게 부정하시오.

〈 보기 〉
I bought him a book. → I didn't buy him a book.

(1) She gave me a letter.　→ _____

(2) You will teach him English.　→ _____

(3) Mark is sending her a letter.　→ _____

(4) My mom was buying me a ball.　→ _____

(5) Tom will give me a book.　→ _____

혼공개념 025 ▶ 주어+일반동사(현재/과거/진행)+간접목적어+직접목적어+부사/전치사구

'주어 + 일반동사 + 간접목적어 + 직접목적어' 문장에 '~하게'라는 뜻을 지닌 부사를 쓰거나, '시간, 장소, 위치'를 나타내는 표현을 쓰면 문장의 뜻을 다양하게 만들 수 있어요.

**1**

| I | + | tell him the story | + | angrily | → | I tell him the story angrily. |

주어(나는)  동사+간접목적어+직접목적어 (그에게 그 이야기를 말해 주다)  부사(화가 나서)  나는 그에게 그 이야기를 화가 나서 말해 준다.

**2**  You  +  showed me the picture  +  happily  →  You showed me the picture happily.

주어(너는)  동사+간접목적어+직접목적어 (나에게 그 사진을 보여 줬다)  부사(행복하게)  너는 나에게 그 사진을 행복하게 보여 줬다.

> 혼공쌤 꿀~팁  **장소를 나타내는 표현**  here(여기에서), there(저기에서)를 문장 끝에 써서 장소를 나타낼 수 있어요.
> • You showed me the picture here.  • You showed me the picture there.
>    여기에서       저기에서

**3**  She  +  is telling me the story  +  in the kitchen  →  She is telling me the story in the kitchen.

주어(그녀는)  동사+간접목적어+직접목적어 (나에게 그 이야기를 말해 주는 중이다)  전치사구(부엌에서)  그녀는 부엌에서 나에게 그 이야기를 말해 주는 중이다.

---

 바로! 확인문제 01  **다음 우리말에 알맞은 영어 문장을 고르시오.**    정답과 해설 34쪽

(1) 우리는 그녀에게 그 이야기를 화가 나서 말해 준다.
  ① We tell the story her angrily.
  ② We tell her the story angrily.

(2) 나는 그에게 그 사진을 행복하게 보여 줬다.
  ① I show him the picture happily.
  ② I showed him the picture happily.

(3) 그녀는 부엌에서 그에게 그 이야기를 말해 주는 중이다.
  ① She is telling him the story in the kitchen.
  ② She is telling in the kitchen him the story.

(4) 우리는 여기에서 그녀에게 그 사진을 보여 주는 중이다.
  ① We are showing her the picture here.
  ② We are showing her the picture there.

**혼공개념 026** 주어 + 부정 + 일반동사(현재/과거/진행) + 간접목적어 + 직접목적어 + 부사/전치사구

일반동사의 부정은 일반동사 앞에 don't, doesn't, didn't를 쓰고, 진행형(be동사 + 일반동사 + -ing)의 부정은 be동사 다음에 not을 써서 나타내요. 이런 부정의 문장들은 '~은(는) ~에게 ~을(를) ~하게(~에서) ~하지 않는다'라고 해석해요.

| | | |
|---|---|---|
| I | + don't + | tell him the story angrily |
| 주어(나는) | 부정(아니다) | 동사+간접목적어+직접목적어+부사 |
| | | (그에게 그 이야기를 화가 나서 말해 주다) |

→ I don't tell him the story angrily.
나는 그에게 그 이야기를 화가 나서 말해 주지 않는다.

**2** You + didn't + show me the picture happily →
주어(너는)  부정(아니었다)  동사+간접목적어+직접목적어+부사
(나에게 그 사진을 행복하게 보여 주다)

You didn't show me
the picture happily.
너는 나에게 그 사진을 행복하게 보여 주지 않았다.

**3** She + is not + telling me the story in the kitchen →
주어(그녀는)  be동사+부정(아니다)  동사+간접목적어+직접목적어+전치사구
(부엌에서 나에게 그 이야기를 말해 주는 중이다)

She is not telling me the story in the kitchen.
그녀는 부엌에서 나에게 그 이야기를 말해 주는 중이 아니다.

---

**바로! 확인문제 02** 다음 우리말에 알맞은 영어 문장을 고르시오.  정답과 해설 34쪽

(1) 나는 그에게 그 이야기를 화가 나서 말해 주지 않는다.
① I don't tell him the story angrily.
② I tell him the story don't angrily.

(2) 그는 여기서 나에게 그 이야기를 말해 주지 않았다.
① He didn't tell me the story here.
② He didn't tell the story me here.

(3) 그녀는 나에게 그 사진을 행복하게 보여 주지 않는다.
① She don't show the picture me happily.
② She doesn't show me the picture happily.

(4) 우리는 그에게 그 사진을 화가 나서 보여 주지 않았다.
① We didn't show him the picture angrily.
② We don't show him the picture angrily.

(5) 그녀는 부엌에서 나에게 그 이야기를 말해 주는 중이 아니다.
① She is not in the kitchen telling me the story.
② She is not telling me the story in the kitchen.

(6) Tom은 부엌에서 John에게 사진을 보여 주는 중이 아니다.
① Tom is not showing John the picture in the kitchen.
② Tom is showing not John the picture in the kitchen.

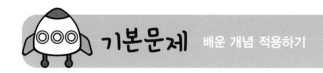
Ⓐ 다음 영어 문장에 알맞은 우리말 해석을 고르시오.

(1) I tell her the story angrily.
　① 나는 그에게 그 이야기를 화가 나서 말해 줬다.
　② 나는 그녀에게 그 이야기를 화가 나서 말해 준다.

(2) He didn't show you the picture happily.
　① 그는 너에게 행복하게 그 사진을 보여 주지 않는다.
　② 그는 너에게 행복하게 그 사진을 보여 주지 않았다.

(3) She is showing me the picture happily.
　① 그녀는 나에게 그 사진을 행복하게 보여 주는 중이다.
　② 그녀는 나에게 그 사진을 화가 나서 보여 주는 중이다.

(4) They don't tell him the story angrily.
　① 그들은 그녀에게 그 이야기를 화가 나서 말해 준다.
　② 그들은 그에게 그 이야기를 화가 나서 말해 주지 않는다.

Ⓑ 다음 그림에 알맞게 제시된 영단어를 배열하시오.

(1)

(give / I / a book / angrily / him)

_____

(2)

(She / telling / me / is / the story / in the kitchen)

_____

(3)

(showed / me / You / happily / the picture)

_____

(4)

(don't / I / angrily / him / tell / the story)

_____

(5)

(English / She / here / teaching / is / us)

_____

(6)

(didn't / show / He / happily / me / the picture)

_____

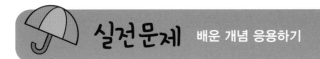
ⓐ 다음 밑줄 친 부분을 우리말 의미에 알맞게 고치시오.

(1) I tell her the story angry.　　　　　　→ _____

　　나는 그녀에게 그 이야기를 화가 나서 말해 준다.

(2) She showed he the picture here.　　　→ _____

　　그녀는 여기에서 그에게 그 사진을 보여 주었다.

(3) Tom is tell me the story there.　　　　→ _____

　　Tom은 저기에서 나에게 그 이야기를 말해 주는 중이다.

(4) We didn't show you the picture happy.　→ _____

　　우리는 너에게 행복하게 그 사진을 보여 주지 않았다.

ⓑ 다음 우리말을 영어로 알맞게 쓴 문장을 고르시오.

Tom은 그녀에게 그 이야기를 화가 나서 말해 주지 않았다.

① Tom tells her the story angrily.　　　② Tom told her the story angrily.

③ Tom doesn't tell her the story angrily.　④ Tom didn't tell her the story angrily.

⑤ Tom is not telling her the story angrily.

ⓒ 다음 중 틀린 문장을 고르시오.

① I tell him the story happily.　　　　② She sends me the letter angrily.

③ Jacob is not telling me the story here.　④ They didn't give him a book happily.

⑤ My mom is showing the letter me in the kitchen.

ⓓ 다음 〈보기〉처럼 주어진 문장을 고쳐 쓰시오.

〈 보기 〉
You show me the picture. + (행복하게) → You show me the picture happily.

(1) I tell them the story. + (빠르게)　　　→ _____

(2) She shows me the book. + (여기에서)　　→ _____

(3) We told her the story. + (저기에서)　　→ _____

(4) My sister showed us the picture. + (화가 나서)　→ _____

(5) Tom is telling me the story. + (부엌에서)　→ _____

**| 1-3 |** 다음 영어 문장에 알맞은 우리말 해석을 고르시오.

**1** I give her a book.

① 나는 그에게 책을 준다.　　② 나는 그녀에게 책을 준다.

③ 나는 그에게 책을 주었다.　　④ 나는 그녀에게 책을 주고 있다.

⑤ 나는 그녀에게 책을 줄 것이다.

**2** She will not teach us English.

① 그녀는 우리에게 영어를 가르쳐 준다.　② 그녀는 우리에게 영어를 가르쳐 주지 않는다.

③ 그녀는 우리에게 영어를 가르칠 것이다.　④ 그녀는 우리에게 영어를 가르쳐 주는 중이다.

⑤ 그녀는 우리에게 영어를 가르쳐 주지 않을 것이다.

**3** You didn't show me the picture happily.

① 너는 나에게 그 사진을 행복하게 보여 준다.

② 너는 나에게 그 사진을 행복하게 보여 주지 않는다.

③ 너는 나에게 그 사진을 행복하게 보여 주었다.

④ 너는 나에게 그 사진을 행복하게 보여 주지 않았다.

⑤ 너는 나에게 그 사진을 행복하게 보여 줄 것이다.

**| 4-5 |** 다음 중 밑줄 친 부분이 잘못된 것을 고르시오.

**4** ① My sister <u>sends</u> Tom a letter.　② She <u>teaches</u> us English.

③ My teacher <u>gives</u> him a book.　④ He <u>shows</u> us the picture here.

⑤ Jane and Peter <u>tells</u> me the story happily.

**5** ① You send <u>me</u> a letter.　　② I send <u>your</u> a letter.

③ He sends <u>her</u> a letter.　　④ She sends <u>us</u> a letter.

⑤ My dad sends <u>them</u> a letter.

**6** 다음 중 밑줄 친 부분이 올바른 문장을 고르시오.

① He didn't <u>sends</u> a letter.　　② I didn't <u>gave</u> him a book.

③ Tom will <u>shows</u> us English.　　④ Jane will not <u>teach</u> us English.

⑤ They are not <u>tell</u> me the story.

| 7-9 | 다음 그림과 우리말에 알맞게 빈칸에 들어갈 영단어를 쓰시오.

**7**

나는 그에게 그 이야기를 화가 나서 말해 준다.

I tell him the story _____.

**8**

그녀는 나에게 행복하게 그 편지를 주었다.

She gave _____ _____ _____ happily.

**9**

그는 우리에게 영어를 가르쳐 주지 않을 것이다.

He will not _____ _____ English.

**10** 다음 우리말에 알맞게 주어진 동사의 형태를 바꾸어 빈칸에 쓰시오.

그녀는 부엌에서 나에게 그 편지를 보여 주는 중이 아니다.

She is not _____ me the letter in the kitchen. (show)

| 11-12 | 다음 〈보기〉처럼 주어진 문장을 고쳐 쓰시오.

〈 보기 〉

I give you a book. → I don't give you a book. (부정문)

**11** I send him a book happily.

( 1 ) _____. (부정문)

( 2 ) _____. (미래형)

**12** He told us the story here.

( 1 ) _____. (미래형)

( 2 ) _____. (현재진행형)

❶ **주어**와 make('~하게 하다'라는 뜻으로 쓰이는 동사), **목적어**, **형용사**로 구성된 문장과 이 문장을 부정하는 방법을 공부할 거예요.

❷ **주어**와 made(make의 과거형), **목적어**, **형용사**로 구성된 문장과 make 앞에 **조동사**(일반동사나 be동사 앞에 쓰여 동사의 뜻을 풍부하게 도와주는 말)가 쓰인 문장 그리고 이 문장을 부정하는 방법을 공부할 거예요.

❸ **주어**와 make, **목적어**, **형용사**로 구성된 문장에 **빈도부사**(어떤 일을 얼마나 자주 하는지 빈도를 표현하는 부사)나 **전치사구**가 쓰인 문장과 이 문장을 부정하는 방법을 공부할 거예요.

❹ **주어**와 **사역동사**(누군가에게 어떤 동작을 하도록 시키거나 허락하는 의미를 지닌 동사) make, have, let에 **목적어**, 그리고 **목적격보어**(목적어가 하는 동작을 나타냄)로 구성된 문장과 이 문장을 부정하는 방법을 공부할 거예요.

❺ **주어**와 **사역동사** make, have, let, **목적어**, **목적격보어**로 구성된 문장과 이 문장에 **조동사**나 **전치사구**가 쓰인 문장 그리고 이 문장을 부정하는 방법을 공부할 거예요.

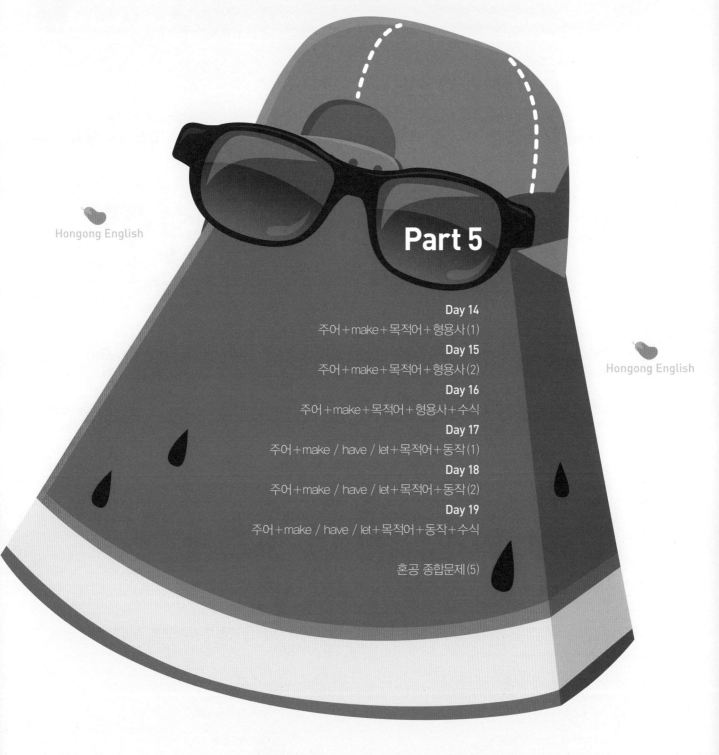

# Part 5

# 주어+make+목적어+형용사(1)

공부한 날
월   일

 혼공개념 027 주어+make+목적어+형용사

'주어+make+목적어+형용사' 문장에서 동사 make는 주어가 목적어를 어떤 '감정이나 상태'로 만드는 것을 나타내요. 이런 문장은 '~은(는) ~을(를) ~하게 한다'라고 해석해요.

**1**

| I | + | make | + | her | + | happy | → | I make her happy. |
|---|---|---|---|---|---|---|---|---|
| 주어(나는) | | 동사(~하게 하다) | | 목적어(그녀를) | | 형용사(행복한) | | 나는 그녀를 행복하게 한다. |

**2**

| You | + | make | + | me | + | sad | → | You make me sad. |
|---|---|---|---|---|---|---|---|---|
| 주어(너는) | | 동사(~하게 하다) | | 목적어(나를) | | 형용사(슬픈) | | 너는 나를 슬프게 한다. |

**3**

| She | + | makes | + | them | + | hungry | → | She makes them hungry. |
|---|---|---|---|---|---|---|---|---|
| 주어(그녀는) | | 동사(~하게 하다) | | 목적어(그들을) | | 형용사(배고픈) | | 그녀는 그들을 배고프게 한다. |

**목적격보어** 목적어 뒤에 오는 '형용사'를 '목적격보어'라고 해요. 보어는 보충해주는 말로 목적격보어는 목적어에 대해 더 자세하게 보충 설명하는 역할을 해요.
- I make her happy.(목적격보어)
  나는 그녀를 행복하게 한다.
- You make him angry.(목적격보어)
  너는 그를 화나게 한다.
- The movie makes me bored.(목적격보어)
  그 영화는 나를 지루하게 한다.

---

 바로! 확인문제 01 **다음 우리말에 알맞은 영어 문장을 고르시오.**

정답과 해설 36쪽

(1) 나는 그녀를 행복하게 한다.
　① I make happy her.
　② I make her happy.

(2) 너는 나를 슬프게 한다.
　① You me make sad.
　② You make me sad.

(3) 너는 그를 화나게 한다.
　① You make him angry.
　② Make you angry him.

(4) 그녀는 그들을 배고프게 한다.
　① She makes them hungry.
　② She them hungry makes.

(5) 그 영화는 나를 지루하게 한다.
　① The movie make me bored.
　② The movie makes me bored.

(6) 그들은 그녀를 화나게 한다.
　① They make her angry.
　② They angry make her.

**주어+부정+make+목적어+형용사**

일반동사 make 앞에 don't, doesn't를 써서 '주어+make+목적어+형용사' 문장을 부정할 수 있어요. 이런 부정의 문장은 '~은(는) ~를 ~하게 하지 않는다'라고 해석해요.

**1** 　I　 + 　don't　 + make her happy → **I don't make her happy.**
　주어(나는)　　　부정(아니다)　　동사+목적어+형용사　　　　나는 그녀를 행복하게 하지 않는다.
　　　　　　　　　　　　　　　　(그녀를 행복하게 하다)

**2** 　You　 + 　don't　 + make me sad → **You don't make me sad.**
　주어(너는)　　　부정(아니다)　　동사+목적어+형용사　　　　너는 나를 슬프게 하지 않는다.
　　　　　　　　　　　　　　　　(나를 슬프게 하다)

**3** 　She　 + 　doesn't　 + make them hungry → **She doesn't make them hungry.**
　주어(그녀는)　　부정(아니다)　　동사+목적어+형용사　　　그녀는 그들을 배고프게 하지 않는다.
　　　　　　　　　　　　　　　　(그들을 배고프게 하다)

**부정 명령문** 'Don't+make+목적어+형용사'를 써서 '~을(를) ~하게 하지 마세요'라는 부정 명령문을 만들 수 있어요. 명령문은 주로 내 앞에 있는 2인칭 You에게 하는 말이므로 주어 You는 생략해요. 그래서 부정 명령문은 Doesn't가 아니라 Don't를 써야 해요.

• Don't make me sad. (O)　• Doesn't make me sad. (X)
　나를 슬프게 하지 마세요.
• Don't make her angry. (O)　• Doesn't make her angry. (X)
　그녀를 화나게 하지 마세요.

---

**바로! 확인문제 02　다음 우리말에 알맞은 영어 문장을 고르시오.**　　정답과 해설 36쪽

(1) 나는 그녀를 행복하게 하지 않는다.
　① I don't make her happy.
　② I make not her happy.

(2) 너는 나를 슬프게 하지 않는다.
　① You make don't me sad.
　② You don't make me sad.

(3) 그녀는 그들을 배고프게 하지 않는다.
　① She them doesn't make hungry.
　② She doesn't make them hungry.

(4) 그들은 나를 슬프게 하지 않는다.
　① They don't make me sad.
　② They doesn't make me sad.

(5) 나를 슬프게 하지 마세요.
　① Don't make me sad.
　② Doesn't make me sad.

(6) 그녀를 화나게 하지 마세요.
　① Don't make her angry.
　② Doesn't make her angry.

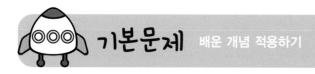
Ⓐ 다음 영어 문장에 알맞은 우리말 해석을 고르시오.

(1) I make her happy.

　① 나는 그녀를 행복하게 한다.

　② 나는 그녀를 행복하게 하지 않는다.

(2) You don't make me sad.

　① 너는 나를 슬프게 한다.

　② 너는 나를 슬프게 하지 않는다.

(3) You make him angry.

　① 너는 그를 화나게 한다.

　② 너는 그를 화나게 하지 않는다.

(4) She doesn't make them hungry.

　① 그녀는 그들을 배고프게 한다.

　② 그녀는 그들을 배고프게 하지 않는다.

(5) The movie makes me bored.

　① 그 영화는 나를 지루하게 한다.

　② 그 영화는 나를 지루하게 하지 않는다.

(6) Don't make her angry.

　① 그녀를 화나게 하세요.

　② 그녀를 화나게 하지 마세요.

Ⓑ 다음 그림에 알맞게 제시된 영단어를 배열하시오.

(1)

(make / I / happy / her)

(2)

(make / sad / me / You)

(3)

(hungry / She / them / makes)

(4)

(her / don't / I / make / happy)

(5)

(don't / You / me / sad / make)

(6)

(them / make / doesn't / She / hungry)

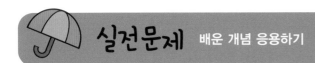
**A** 다음 밑줄 친 부분을 우리말 의미에 알맞게 고치시오.

(1) I make her <u>happily</u>.     → _____
나는 그녀를 행복하게 한다.

(2) <u>Doesn't</u> make her angry.     → _____
그녀를 화나게 하지 마세요.

(3) You don't make me <u>sadly</u>.     → _____
너는 나를 슬프게 하지 않는다.

(4) She <u>don't</u> make them hungry.     → _____
그녀는 그들을 배고프게 하지 않는다.

**B** 다음 우리말을 영어로 알맞게 쓴 문장을 고르시오.

> 그 영화는 나를 지루하게 한다.

① The movie me bored makes.     ② The movie make me bored.

③ The movie makes me bored.     ④ The movie bored make me.

⑤ The movie makes bored me.

**C** 다음 중 틀린 문장을 고르시오.

① Don't make me sad.     ② My grandpa make me happy.

③ I don't make her bored.     ④ They make him angry.

⑤ Jane makes them hungry.

**D** 다음 〈보기〉처럼 주어진 문장을 고쳐 쓰시오.

〈 보기 〉
I make her happy. → I don't make her happy.

(1) They make her sad.     → _____

(2) I make him angry.     → _____

(3) The book makes me bored.     → _____

(4) It makes me happy.     → _____

(5) She makes me hungry.     → _____

# 주어＋make＋목적어＋형용사(2)

공부한 날

월 일

혼공개념
029

주어＋made＋목적어＋형용사

주어＋조동사＋make＋목적어＋형용사

'주어＋make＋목적어＋형용사' 문장에 make의 과거형(made), 미래형(will＋make)을 쓰면 다양한 시간 표현을 할 수 있어요. 또한 should와 같은 조동사를 함께 쓰면 동사의 의미를 더 풍부하게 해요.

**1**

| I | ＋ | made | ＋ | her | ＋ | strong | → | I made her strong. |
|---|---|---|---|---|---|---|---|---|
| 주어(나는) | | 동사(~하게 했다) | | 목적어(그녀를) | | 형용사(힘센) | | 나는 그녀를 힘이 세게 했다. |

**2** You ＋ should make ＋ me ＋ smart → You should make me smart.

주어(너는) 조동사+동사 목적어(나를) 형용사(똑똑한) 너는 나를 똑똑하게 만들어야 한다.
　　　　(~하게 만들어야 한다)

혼공쌤
꿀~팁

조동사 should와 must '(좋은 것이니) ~해야 한다'라고 상대방에게 편하게 충고할 때 should를 써요. must를 쓰면 '(반드시) ~해야 한다'라는 강한 의무를 나타내는 표현이 돼요.

• You should drive the car.　　　• You must take the pill.

　너는 그 차를 운전해야 한다.　　　너는 그 알약을 반드시 복용해야 한다.

**3** She ＋ will make ＋ him ＋ rich → She will make him rich.

주어(그녀는) 조동사+동사 목적어(그를) 형용사(부자인) 그녀는 그를 부자가 되게 할 것이다.
　　　　(~하게 할 것이다)

바로!
확인문제 01 **다음 우리말에 알맞은 영어 문장을 고르시오.** 정답과 해설 38쪽

(1) 나는 그녀를 힘이 세지게 했다.

① I made her strong.

② I her made strong.

(2) 너는 나를 똑똑하게 만들어야 한다.

① You should make smart me.

② You should make me smart.

(3) 너는 그 차를 운전해야 한다.

① Should you drive the car.

② You should drive the car.

(4) 그녀는 그를 부자가 되게 할 것이다.

① She will make him rich.

② Will she make him rich.

(5) 그는 우리를 힘이 세지게 했다.

① He maked us strong.

② He made us strong.

(6) 그들은 그 알약을 반드시 복용해야 한다.

① They must take the pill.

② They the pill must take.

**혼공개념 030**

## 주어＋과거부정＋make＋목적어＋형용사
## 주어＋조동사＋부정＋make＋목적어＋형용사

과거형 문장을 부정할 때에는 일반동사 앞에 didn't를 써요. 또한 조동사 will, should가 있는 문장을
부정할 때에는 조동사 뒤에 not을 써요.

**1**

| I | ＋ | didn't | ＋ | make her strong | → | I didn't make her strong. |
|---|---|---|---|---|---|---|
| 주어(나는) | | 부정<br>(~하지 않았다) | | 동사＋목적어＋형용사<br>(그녀를 힘이 세지게 하다) | | 나는 그녀를 힘이 세게 하지 않았다. |

**2**

| You | ＋ | should not | ＋ | make me smart | → | You should not make me smart. |
|---|---|---|---|---|---|---|
| 주어(너는) | | 조동사＋부정<br>(~해서는 안 된다) | | 동사＋목적어＋형용사<br>(나를 똑똑하게 만들다) | | 너는 나를 똑똑하게 만들어서는 안 된다. |

**3**

| She | ＋ | will not | ＋ | make him rich | → | She will not make him rich. |
|---|---|---|---|---|---|---|
| 주어(그녀는) | | 조동사＋부정<br>(~하지 않을 것이다) | | 동사＋목적어＋형용사<br>(그를 부자가 되게 하다) | | 그녀는 그를 부자가 되게 하지 않을 것이다. |

 **혼공쌤 꿀~팁**

'조동사＋not'의 축약  should not과 will not은 각각 shouldn't, won't로 줄여서 쓸 수 있어요.
- You shouldn't make me smart.
  너는 나를 똑똑하게 만들어서는
  안 된다.
- She won't make him rich.
  그녀는 그를 부자가 되게 하지
  않을 것이다.
- I shouldn't ride a bicycle.
  나는 자전거를 타서는 안 된다.

---

**바로! 확인문제 02** 다음 우리말에 알맞은 영어 문장을 고르시오. 정답과 해설 38쪽

(1) 나는 그녀를 힘이 세지게 하지 않았다.
   ① I make her didn't strong.
   ② I didn't make her strong.

(2) 너는 나를 똑똑하게 만들어서는 안 된다.
   ① You should not make me smart.
   ② You should make not me smart.

(3) 그녀는 그를 부자가 되게 하지 않을 것이다.
   ① She will not make him rich.
   ② She him rich will not make.

(4) 그는 자전거를 타서는 안 된다.
   ① He won't ride a bicycle.
   ② He shouldn't ride a bicycle.

(5) 그들은 그녀를 힘이 세지게 하지 않았다.
   ① They not make her strong.
   ② They didn't make her strong.

(6) Kevin은 그를 부자가 되게 하지 않을 것
   이다.
   ① Kevin will not make him rich.
   ② Will Kevin not make him rich.

Day 15 주어＋make＋목적어＋형용사(2) **83**

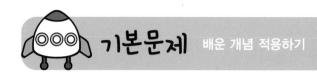
**A** 다음 영어 문장에 알맞은 우리말 해석을 고르시오.

(1) I didn't make her strong.

　① 나는 그녀를 힘이 세지게 했다.

　② 나는 그녀를 힘이 세지게 하지 않았다.

(2) You should make me smart.

　① 너는 나를 똑똑하게 만들어야 한다.

　② 너는 나를 똑똑하게 만들어서는 안 된다.

(3) They shouldn't ride a bicycle.

　① 그들은 자전거를 타야 한다.

　② 그들은 자전거를 타서는 안 된다.

(4) He didn't make her strong.

　① 그는 그녀를 힘이 세지게 했다.

　② 그는 그녀를 힘이 세지게 하지 않았다.

(5) Mary will make him rich.

　① Mary는 그를 부자가 되게 할 것이다.

　② Mary는 그를 부자가 되게 하지 않을 것이다.

(6) You must take the pill.

　① 너는 반드시 그 알약을 복용해야 한다.

　② 너는 반드시 그 알약을 복용해서는 안 된다.

**B** 다음 그림에 알맞게 제시된 영단어를 배열하시오.

(1)

(strong / I / her / made)

_____

(2)

(should / me / make / You / smart)

_____

(3)

(me / rich / will / She / make)

_____

(4)

(strong / didn't / I / her / make)

_____

(5)

(me / smart / You / not / should / make)

_____

(6)

(will / She / make / rich / not / me)

_____

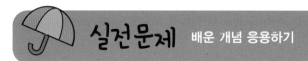 
**A 다음 밑줄 친 부분을 우리말 의미에 알맞게 고치시오.**

( 1 ) Jane will make me rich.　　　→　_____

　　　Jane은 나를 부자가 되게 하지 않을 것이다.

( 2 ) You make me smart.　　　　　→　_____

　　　너는 나를 똑똑하게 만들었다.

( 3 ) Tom should not rides a bicycle.　→　_____

　　　Tom은 자전거를 타서는 안 된다.

( 4 ) I doesn't make him strong.　　→　_____

　　　나는 그를 힘이 세지게 하지 않았다.

**B 다음 우리말을 영어로 알맞게 쓴 문장을 고르시오.**

> 우리는 그들을 부자가 되게 할 것이다.

① We will make they rich.　　　　② We will made them rich.

③ We will not make them rich.　　④ We will make them rich.

⑤ We will make him rich.

**C 다음 중 틀린 문장을 고르시오.**

① He didn't make me happy.　　　② I will make him rich.

③ The teacher made her strong.　④ The movie didn't make me bored.

⑤ You should make not me smart.

**D 다음 〈보기〉처럼 주어진 문장을 고쳐 쓰시오.**

> 〈 보기 〉
>
> I make them sad. → I made them sad.

( 1 ) He makes me happy.　　　　　→　_____

( 2 ) I make her rich.　　　　　　　→　_____

( 3 ) My dad doesn't make us hungry.　→　_____

( 4 ) They don't make him smart.　　→　_____

( 5 ) We make the children strong.　→　_____

**혼공개념 031** 주어+빈도부사+make+목적어+형용사
주어+made+목적어+형용사+전치사구

'주어+make+목적어+형용사' 문장에 'always(항상)'와 같은 빈도를 나타내는 부사를 쓰거나 '시간, 장소, 위치'를 나타내는 표현을 덧붙이면 다양한 뜻을 나타낼 수 있어요.

**1**

| I | + | always | + | make her calm | → | I always make her calm. |
| 주어(나는) | | 빈도부사(항상) | | 동사+목적어+형용사 | | 나는 항상 그녀를 차분하게 한다. |
| | | | | (그녀를 차분하게 하다) | | |

**빈도부사** 어떤 일을 얼마나 자주 하는지 그 빈도를 나타내는 부사를 '빈도부사'라고 Day 07에서 공부했어요. 빈도부사 (never, sometimes, often, usually, always)는 일반동사 앞에 쓰면 돼요.

• He usually makes us happy. (O) 　• He makes usually us happy. (X)
　그는 보통 우리를 행복하게 한다.
• We sometimes make her tired. (O) 　• We make sometimes her tired. (X)
　우리는 때때로 그녀를 피곤하게 한다.

**2**

| You | + | made me angry | + | in the restaurant | → | You made me angry in the restaurant. |
| 주어(너는) | | 동사+목적어+형용사 | | 전치사구(식당에서) | | 너는 식당에서 나를 화나게 했다. |
| | | (나를 화나게 했다) | | | | |

**3**

| She | + | made him sad | + | in front of me | → | She made him sad in front of me. |
| 주어(그녀는) | | 동사+목적어+형용사 | | 전치사구(내 앞에서) | | 그녀는 내 앞에서 그를 슬프게 했다. |
| | | (그를 슬프게 했다) | | | | |

**바로! 확인문제 01** **다음 우리말에 알맞은 영어 문장을 고르시오.**　정답과 해설 39쪽

(1) 나는 항상 그녀를 차분하게 한다.

① I always make her calm.

② Her make calm I always.

(2) 너는 식당에서 나를 화나게 했다.

① Made me you angry in the restaurant.

② You made me angry in the restaurant.

(3) 그녀는 내 앞에서 그를 슬프게 했다.

① She made him sad in front of me.

② She him in front of me sad made.

(4) 그는 보통 우리를 행복하게 한다.

① He makes usually us happy.

② He usually makes us happy.

(5) 그들은 때때로 그녀를 피곤하게 한다.

① They sometimes make her tired.

② They make sometimes her tired.

(6) 우리는 항상 그녀를 행복하게 한다.

① We make always her happy.

② We always make her happy.

**혼공개념 032** 주어 + 부정 + 빈도부사 + make + 목적어 + 형용사
주어 + 과거부정 + make + 목적어 + 형용사 + 전치사구

현재형 문장의 부정은 일반동사 앞에 don't, doesn't를 써서 나타내고, 과거형 문장의 부정은 일반동사 앞에 didn't를 써서 나타낼 수 있어요.

**1**

| I | + | don't | + | always make her calm | → | I don't always make her calm. |
| 주어(나는) | | 부정(아니다) | | 빈도부사+동사+목적어+형용사 | | 나는 항상 그녀를 차분하게 하지는 않는다. |
| | | | | (항상 그녀를 차분하게 하다) | | |

 **혼공쌤 꿀~팁** **부분 부정** 부정을 나타내는 말과 빈도부사 always가 함께 쓰이면 '항상 ~하는 것은 아니다'라고 해석해요. 즉, 예외가 있다는 느낌이 들도록 해석해야 해요. '항상 ~아니다'로 해석하지 않도록 주의하세요.
- I don't always eat hamburgers.
  내가 항상 햄버거를 먹는 것은 아니다.
- My dad isn't always happy.
  나의 아빠가 항상 행복한 것은 아니다.

**2**

| You | + | didn't | + | make me angry in the restaurant | → | You didn't make me angry in the restaurant. |
| 주어(너는) | | 부정(아니었다) | | 동사+목적어+형용사+전치사구 | | 너는 식당에서 나를 화나게 하지 않았다. |
| | | | | (식당에서 나를 화나게 하다) | | |

**3**

| She | + | didn't | + | make him sad in front of me | → | She didn't make him sad in front of me. |
| 주어(그녀는) | | 부정(아니었다) | | 동사+목적어+형용사+전치사구 | | 그녀는 내 앞에서 그를 슬프게 하지 않았다. |
| | | | | (내 앞에서 그를 슬프게 하다) | | |

**바로! 확인문제 02** 다음 우리말에 알맞은 영어 문장을 고르시오. 정답과 해설 39쪽

( 1 ) 나는 항상 그녀를 차분하게 하지는 않는다.
① I don't make always her calm.
② I don't always make her calm.

( 2 ) 내가 항상 햄버거를 먹는 것은 아니다.
① Don't I always eat hamburgers.
② I don't always eat hamburgers.

( 3 ) 너는 식당에서 나를 화나게 하지 않았다.
① You didn't make me angry in the restaurant.
② Didn't make you me angry in the restaurant.

( 4 ) 그녀는 내 앞에서 그를 슬프게 하지 않았다.
① She didn't make him sad in front of me.
② She didn't make he sad in front of me.

( 5 ) 그가 항상 햄버거를 먹는 것은 아니다.
① He don't always eat hamburgers.
② He doesn't always eat hamburgers.

( 6 ) 나의 엄마가 항상 행복한 것은 아니다.
① My mom isn't always happy.
② My mom always isn't happy.

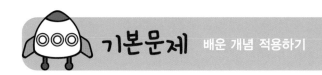
Ⓐ 다음 영어 문장에 알맞은 우리말 해석을 고르시오.

(1) I always make her calm.
① 나는 항상 그녀를 차분하게 한다.
② 나는 항상 그녀를 차분하게 하지 않는다.

(2) I don't always eat hamburgers.
① 나는 항상 햄버거를 먹지 않는다.
② 내가 항상 햄버거를 먹는 것은 아니다.

(3) You didn't make me angry in the restaurant.
① 너는 식당에서 나를 화나게 했다.
② 너는 식당에서 나를 화나게 하지 않았다.

(4) You made me angry at the supermarket.
① 너는 슈퍼마켓에서 나를 화나게 했다.
② 너는 슈퍼마켓에서 나를 화나게 하지 않았다.

(5) She didn't make him sad in front of me.
① 그녀는 내 앞에서 그를 슬프게 했다.
② 그녀는 내 앞에서 그를 슬프게 하지 않았다.

(6) We sometimes make her tired.
① 우리는 때때로 그녀를 피곤하게 한다.
② 우리는 때때로 그녀를 피곤하게 하지는 않는다.

Ⓑ 다음 그림에 알맞게 제시된 영단어를 배열하시오.

(1)

(make / calm / her / I / always)

_____

(2)

(don't / calm / always / make / her / I)

_____

(3)

(You / make / me /
in the restaurant / angry / didn't)

_____

(4)

(angry / made / me / You /
in the restaurant)

_____

(5)

(She / in front of me / made / sad /
him)

_____

(6)

(in front of me / She / make / him /
didn't / sad)

_____

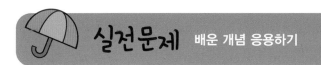
**A** 다음 밑줄 친 부분을 우리말 의미에 알맞게 고치시오.

(1) I <u>doesn't</u> always eat hamburgers.  →  _____

   내가 항상 햄버거를 먹는 것은 아니다.

(2) She didn't <u>made</u> him sad in front of me.  →  _____

   그녀는 내 앞에서 그를 슬프게 하지 않았다.

(3) My dad <u>isn't</u> always make me happy.  →  _____

   나의 아빠가 항상 나를 행복하게 하는 것은 아니다.

(4) We sometimes <u>makes</u> her tired.  →  _____

   우리는 때때로 그녀를 피곤하게 한다.

**B** 다음 우리말을 영어로 알맞게 쓴 문장을 고르시오.

> 그녀는 항상 그들을 지루하게 한다.

① She always makes us bored.　　② She always made them bored.

③ She always makes they bored.　　④ She always makes them bored.

⑤ She makes always them bored.

**C** 다음 중 <u>틀린</u> 문장을 고르시오.

① I don't always make her calm.　　② You made me angry in the restaurant.

③ He usually makes us happy.　　④ We make sometimes her tired.

⑤ Tom and Jane don't always make him sad.

**D** 다음 〈보기〉처럼 주어진 문장을 고쳐 쓰시오.

> 〈 보기 〉
>
> I always made him calm. → I always make him calm.

(1) He always made her happy.  →  _____

(2) You made me angry in the classroom.  →  _____

(3) She made me sad in front of them.  →  _____

(4) My teacher usually made me calm.  →  _____

(5) We sometimes made her tired.  →  _____

# Day 17 주어+make / have / let+목적어+동작(1)

## 혼공개념 033 주어+make/have/let+목적어+목적격보어

누군가에게 어떤 동작을 하도록 할 때, 사역동사 make, have, let을 쓰면 '~은(는) ~에게 ~하게 한다(~하게 허락한다)'라는 뜻을 지닌 문장을 만들 수 있어요.

**1**

| I | + | make | + | her | + | wash her hands | → | I make her wash her hands. |

주어(나는)　사역동사(~하게 하다)　목적어(그녀를)　동작(그녀의 손을 씻다)

나는 그녀에게 그녀의 손을 씻게 한다.

**2**

| You | + | have | + | me | + | clean the room | → | You have me clean the room. |

주어(너는)　사역동사(~하게 하다)　목적어(나를)　동작(그 방을 청소하다)

너는 나에게 그 방을 청소하게 한다.

**3**

| She | + | lets | + | us | + | use her computer | → | She lets us use her computer. |

주어(그녀는)　사역동사(~하게 허락하다)　목적어(우리들을)　동작(그녀의 컴퓨터를 사용하다)

그녀는 우리에게 그녀의 컴퓨터를 사용하게 허락한다.

> **혼공쌤 꿀~팁** **사역동사** make, have, let처럼 누군가에게 어떤 동작을 하도록 할 때 사용하는 동사를 '사역동사'라고 해요. 말하는 어투의 세기는 make 〉 have 〉 let이에요.

### 바로! 확인문제 01 다음 우리말에 알맞은 영어 문장을 고르시오.

정답과 해설 41쪽

(1) 나는 그녀에게 그녀의 손을 씻게 한다.
  ① I make her wash her hands.
  ② I make wash her hands.

(2) 너는 나에게 그 방을 청소하게 한다.
  ① You have clean me the room.
  ② You have me clean the room.

(3) 그는 그녀에게 그녀의 손을 씻게 한다.
  ① She makes him wash his hands.
  ② He makes her wash her hands.

(4) 그들은 그에게 그 방을 청소하게 한다.
  ① They have him clean the room.
  ② They have him to clean the room.

(5) 그녀는 우리에게 그녀의 컴퓨터를 사용하게 허락한다.
  ① She lets us use her computer.
  ② She let us use her computer.

(6) Tom은 그들에게 그의 컴퓨터를 사용하게 허락한다.
  ① Tom lets me use his computer.
  ② Tom lets them use his computer.

혼공개념 034 주어 + 부정 + make/have/let + 목적어 + 목적격보어

'~은(는) ~에게 ~하게 한다(~하게 허락한다)'를 don't, doesn't를 써서 부정할 수 있어요. 이런 부정의 문장은 '~은(는) ~에게 ~하게 하지 않는다(~하게 허락하지 않는다)'라고 해석해요.

**1**

I + don't + make her wash her hands → I don't make her wash her hands.
주어(나는)　　부정(아니다)　　사역동사+목적어+동작　　　　　　나는 그녀에게 그녀의 손을 씻게 하지 않는다.
　　　　　　　　　　　　　　(그녀에게 그녀의 손을 씻게 하다)

**2**  You + don't + have me clean the room → You don't have me clean the room.
주어(너는)　　부정(아니다)　　사역동사+목적어+동작　　　　　　너는 나에게 그 방을 청소하게 하지 않는다.
　　　　　　　　　　　　　　(나에게 그 방을 청소하게 하다)

**3**

She + doesn't + let us use her computer → She doesn't let us use her computer.
주어(그녀는)　　부정(아니다)　　사역동사+목적어+동작　　　　　　그녀는 우리에게 그녀의 컴퓨터를 사용하게
　　　　　　　　　　　　　　(우리에게 그녀의 컴퓨터를 사용하게　　　　허락하지 않는다.
　　　　　　　　　　　　　　　허락하다)

 **목적격보어** 사역동사 다음에 오는 목적어가 하는 동작을 나타내는 목적격보어는 반드시 동사원형을 써야 해요.
• I don't make her wash her hands. (O)　• I don't make her washes her hands. (X)
• You don't have me clean the room. (O)　• You don't have me cleans the room. (X)
• She doesn't let us use her computer. (O)　• She doesn't let us uses her computer. (X)

---

바로! 확인문제 02 **다음 우리말에 알맞은 영어 문장을 고르시오.**　　　　　　정답과 해설 41쪽

(1) 나는 그녀에게 그녀의 손을 씻게 하지 않는다.
① I don't make her wash her hands.
② I make her don't wash her hands.

(2) 너는 나에게 너의 컴퓨터를 사용하게 허락하지 않는다.
① Don't you let me use your computer.
② You don't let me use your computer.

(3) 그는 나에게 나의 손을 씻게 하지 않는다.
① He doesn't make my wash me hands.
② He doesn't make me wash my hands.

(4) 너는 그에게 너의 컴퓨터를 사용하게 허락하지 않는다.
① You don't let he uses your computer.
② You don't let him use your computer.

(5) 그들은 그녀에게 그 방을 청소하게 하지 않는다.
① They don't have her clean the room.
② They don't have her cleans the room.

(6) Tom은 Jane에게 그녀의 손을 씻게 하지 않는다.
① Tom don't make Jane wash her hands.
② Tom doesn't make Jane wash her hands.

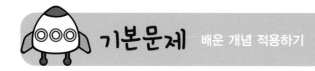
Ⓐ 다음 영어 문장에 알맞은 우리말 해석을 고르시오.

( 1 ) I make her wash her hands.
　① 나는 그녀에게 그녀의 손을 씻게 한다.
　② 나는 그녀에게 그녀의 손을 씻게 하지
　　않는다.

( 2 ) You don't have me clean the room.
　① 너는 나에게 그 방을 청소하게 하지 않
　　는다.
　② 너는 나에게 그 방을 청소하게 한다.

( 3 ) She lets us use her computer.
　① 그녀는 우리에게 그녀의 컴퓨터를 사
　　용하게 허락한다.
　② 그녀는 우리에게 그녀의 컴퓨터를 사
　　용하게 허락하지 않는다.

( 4 ) Jane doesn't let Tom use her computer.
　① Jane은 Tom에게 그녀의 컴퓨터를 사
　　용하게 허락한다.
　② Jane은 Tom에게 그녀의 컴퓨터를 사
　　용하게 허락하지 않는다.

Ⓑ 다음 그림에 알맞게 제시된 영단어를 배열하시오.

( 1 )

(make / I / her / her hands / wash)

_____

( 2 )

(have / me / the room /
clean / You)

_____

( 3 )

(lets / use / us /
her computers / She)

_____

( 4 )

(doesn't / He / have / clean /
the room / me)

_____

( 5 )

(make / wash / her hands / her / I /
don't)

_____

( 6 )

(let / use / us / her computers /
doesn't / She)

_____

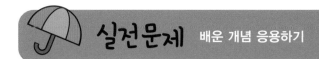 
**A** 다음 밑줄 친 부분을 우리말 의미에 알맞게 고치시오.

（1） She makes <u>my</u> wash my hands.　　　→ _____

그녀는 나에게 나의 손을 씻게 한다.

（2） I don't make <u>she</u> wash her hands.　　→ _____

나는 그녀에게 그녀의 손을 씻게 하지 않는다.

（3） You have Jane <u>cleans</u> her room.　　→ _____

너는 Jane에게 그녀의 방을 청소하게 한다.

（4） Tom doesn't <u>lets</u> us use his computer.　→ _____

Tom은 우리에게 그의 컴퓨터를 사용하게 허락하지 않는다.


**B** 다음 우리말을 영어로 알맞게 쓴 문장을 고르시오.

> 그녀는 그에게 그 방을 청소하게 하지 않는다.

① She don't have he cleans the room.　② She doesn't have he clean the room.

③ She don't have him clean the room.　④ She doesn't have him cleans the room.

⑤ She doesn't have him clean the room.


**C** 다음 중 틀린 문장을 고르시오.

① She lets you use her computer.　② He makes me wash my hands.

③ My dad lets me use his computer.　④ They have her clean the room.

⑤ My teacher has Tom cleans his desk.


**D** 다음 〈보기〉처럼 주어진 문장을 고쳐 쓰시오.

〈 보기 〉

I have him clean the room. → I don't have him clean the room.

（1） I make her wash her hands.　　　→ _____

（2） She lets me use her computer.　　→ _____

（3） They have me clean the room.　　→ _____

（4） My mom has me clean the table.　→ _____

（5） My brother makes me wash my hands.　→ _____

# 주어+make / have / let+목적어+동작(2)

**혼공개념 035**
주어+made/had/let+목적어+목적격보어
주어+조동사+make/have/let+목적어+목적격보어

'주어+make/have/let+목적어+목적격보어' 문장에 사역동사의 과거형(made, had, let), 미래형(will+동사원형)을 사용하면 다양한 시간 표현을 할 수 있어요.

**1**

|  | I | + | made | + | her wash her hands | → | I made her wash her hands. |

I — 주어(나는)
made — 사역동사(~하게 했다)
her wash her hands — 목적어+동작(그녀가 그녀의 손을 씻다)
I made her wash her hands. — 나는 그녀에게 그녀의 손을 씻게 했다.

**2**   You + had + me clean the room → You had me clean the room.

You — 주어(너는)
had — 사역동사(~하게 했다)
me clean the room — 목적어+동작(내가 그 방을 청소하다)
You had me clean the room. — 너는 나에게 그 방을 청소하게 했다.

**3**   She + will let + us use her computer → She will let us use her computer.

She — 주어(그녀는)
will let — 조동사+사역동사 (~하게 허락할 것이다)
us use her computer — 목적어+동작 (우리가 그녀의 컴퓨터를 사용하다)
She will let us use her computer. — 그녀는 우리에게 그녀의 컴퓨터를 사용하게 허락할 것이다.

**혼공쌤 꿀~팁**   **동사 let의 변화** '~하게 허락하다'라는 뜻을 지닌 let은 현재형과 과거형의 철자가 모두 let으로 똑같아요. 따라서 3인칭 단수 주어일 때 과거로 쓰였는지 현재로 쓰였는지는 let 뒤에 s가 붙었는지를 보고 확인해야 해요.
• She let us use her computer. (과거)
그녀는 우리에게 그녀의 컴퓨터를 사용하게 허락했다.
• She lets us use her computer. (현재)
그녀는 우리에게 그녀의 컴퓨터를 사용하게 허락한다.

---

**바로! 확인문제 01**   다음 우리말에 알맞은 영어 문장을 고르시오.

정답과 해설 42쪽

(1) 나는 너에게 너의 손을 씻게 했다.
① I made you wash your hands.
② I made your wash you hands.

(2) 너는 나에게 그 방을 청소하게 했다.
① You had clean me the room.
② You had me clean the room.

(3) 우리는 그에게 그 방을 청소하게 할 것이다.
① We will have him clean the room.
② We will had him clean the room.

(4) 그는 나에게 나의 손을 씻게 할 것이다.
① He made me wash my hands.
② He will make me wash my hands.

(5) 그녀는 우리에게 그녀의 컴퓨터를 사용하게 허락했다.
① She let us use her computer.
② She lets us use her computer.

(6) 나는 그들에게 내 컴퓨터를 사용하게 허락할 것이다.
① I let them use my computer.
② I will let them use my computer.

## 혼공개념 036

### 주어 + 과거부정 + make/have/let + 목적어 + 목적격보어
### 주어 + 조동사 + 부정 + make/have/let + 목적어 + 목적격보어

사역동사가 쓰인 과거형 문장을 부정할 때에는 사역동사 앞에 didn't를 사용하고, 미래형(will + 동사원형) 문장을 부정할 때에는 조동사 will 뒤에 not을 써요.

**1**

| I | + | didn't | + | make her wash her hands | → | I didn't make her wash her hands. |

주어(나는)    부정(아니었다)    사역동사+목적어+동작 (그녀에게 그녀의 손을 씻게 하다)

나는 그녀에게 그녀의 손을 씻게 하지 않았다.

**2** You + didn't + have me clean the room → You didn't have me clean the room.

주어(너는)    부정(아니었다)    사역동사+목적어+동작 (나에게 그 방을 청소하게 하다)

너는 나에게 그 방을 청소하게 하지 않았다.

**혼공쌤 꿀~팁**   사역동사 make와 have   make와 have 모두 '~하게 하다'로 해석하지만 사실 make는 '~하게 만들다'는 의미이고, have는 '~하게 하다' 정도의 느낌으로 make가 더 강한 표현이지요.

**3** She + will not + let us use her computer → She will not let us use her computer.

주어(그녀는)    조동사+부정 (않을 것이다)    사역동사+목적어+동작 (우리에게 그녀의 컴퓨터를 사용하게 허락하다)

그녀는 우리에게 그녀의 컴퓨터를 사용하게 허락하지 않을 것이다.

---

### 바로! 확인문제 02   다음 우리말에 알맞은 영어 문장을 고르시오.

정답과 해설 42쪽

(1) 나는 그녀에게 그녀의 손을 씻게 하지 않았다.
　① I didn't make her wash her hands.
　② Make her wash her hands I didn't.

(2) 너는 나에게 그 방을 청소하게 하지 않았다.
　① Didn't you have me clean the room.
　② You didn't have me clean the room.

(3) 그녀는 나에게 그 방을 청소하게 하지 않았다.
　① She doesn't have me clean the room.
　② She didn't have me clean the room.

(4) 우리는 그에게 우리의 컴퓨터를 사용하게 허락하지 않았다.
　① We didn't let him use our computer.
　② We don't let him use our computer.

(5) 그는 나에게 나의 손을 씻게 하지 않을 것이다.
　① He will not make me wash my hands.
　② He will make me wash my hands.

(6) Tom은 Jane에게 그의 컴퓨터를 사용하게 허락하지 않을 것이다.
　① Tom not will let Jane use his computer.
　② Tom will not let Jane use his computer.

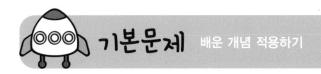 
**A** 다음 영어 문장에 알맞은 우리말 해석을 고르시오.

(1) I made her wash her hands.
　① 나는 그녀에게 그녀의 손을 씻게 한다.
　② 나는 그녀에게 그녀의 손을 씻게 했다.

(2) You didn't have me clean the room.
　① 너는 나에게 그 방을 청소하게 하지 않았다.
　② 너는 나에게 그 방을 청소하게 했다.

(3) She let us use her computer.
　① 그녀는 우리에게 그녀의 컴퓨터를 사용하게 허락한다.
　② 그녀는 우리에게 그녀의 컴퓨터를 사용하게 허락했다.

(4) They didn't have me clean the room.
　① 그들은 나에게 그 방을 청소하게 했다.
　② 그들은 나에게 그 방을 청소하게 하지 않았다.

(5) He will not have me clean the room.
　① 그는 나에게 그 방을 청소하게 하지 않았다.
　② 그는 나에게 그 방을 청소하게 하지 않을 것이다.

(6) Tom will not let me use his computer.
　① Tom은 나에게 그의 컴퓨터를 사용하게 허락하지 않을 것이다.
　② Tom은 나에게 그의 컴퓨터를 사용하게 허락할 것이다.

**B** 다음 그림에 알맞게 제시된 영단어를 배열하시오.

(1)
(made / wash / her hands / her / I)

_____

(2)
(had / clean / You / the room / me)

_____

(3)
(make / didn't / I / her / wash / her hands)

_____

(4)
(didn't / She / us / use / let / her computers)

_____

(5)
(will / You / have / me / the room / clean)

_____

(6)
(She / not / will / her computers / us / use / let)

_____

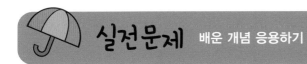
**Ⓐ 다음 밑줄 친 부분을 우리말 의미에 알맞게 고치시오.**

( 1 ) I made <u>they</u> wash their hands.          →  _____

　　　나는 그들에게 그들의 손을 씻게 했다.

( 2 ) You will let <u>he</u> use your computer.     →  _____

　　　너는 그에게 너의 컴퓨터를 사용하게 허락할 것이다.

( 3 ) She <u>didn't had</u> me clean the room.     →  _____

　　　그녀는 나에게 그 방을 청소하게 하지 않았다.

( 4 ) Tom will <u>made</u> you wash your hands.    →  _____

　　　Tom은 너에게 너의 손을 씻게 할 것이다.


**Ⓑ 다음 우리말을 영어로 알맞게 쓴 문장을 고르시오.**

> 그녀는 나에게 그녀의 컴퓨터를 사용하게 허락했다.

① She let I use her computer.          ② She lets me use her computer.

③ She let me uses her computer.        ④ She let me use her computer.

⑤ She didn't let me use her computer.


**Ⓒ 다음 중 틀린 문장을 고르시오.**

① Mary have Tom clean the room.        ② Mary doesn't have Tom clean the room.

③ Mary had Tom clean the room.         ④ Mary didn't have Tom clean the room.

⑤ Mary will not have Tom clean the room.


**Ⓓ 다음 〈보기〉처럼 주어진 문장을 시제에 맞게 부정하시오.**

─〈 보기 〉─
I had him clean the room. → I didn't have him clean the room.

( 1 ) She made me wash my hands.       →  _____

( 2 ) My mom let me use her computer.  →  _____

( 3 ) I will let him use my pencil.    →  _____

( 4 ) My brother had me clean the table. →  _____

( 5 ) Mark will make us wash our hands.  →  _____

### 혼공개념 037 주어+make/have/let+목적어+목적격보어+부사/전치사구

'주어+make/have/let+목적어+목적격보어' 문장에 '~하게'라는 뜻을 지닌 부사를 쓰거나 '시간, 장소, 위치'를 나타내는 표현을 쓰면 문장의 뜻을 더 다양하게 만들 수 있어요.

**1**

I
주어(나는)

+ make Tom do his homework
사역동사+목적어+동작
(Tom에게 그의 숙제를 하게 하다)

+ hard
부사(열심히)

→ I make Tom do his homework hard.
나는 Tom에게 그의 숙제를 열심히 하게 한다.

**2** You
주어(너는)

+ had them speak in English
사역동사+목적어+동작
(그들에게 영어로 말하게 했다)

+ in the classroom
전치사구(교실에서)

→ You had them speak in English in the classroom.
너는 그들에게 교실에서 영어로 말하게 했다.

**3** She
주어(그녀는)

+ let the children go outside
사역동사+목적어+동작
(아이들에게 밖으로 나가게 허락했다)

+ in the morning
전치사구(아침에)

→ She let the children go outside in the morning.
그녀는 아이들에게 아침에 밖으로 나가게 허락했다.

### 바로! 확인문제 01 다음 우리말에 알맞은 영어 문장을 고르시오.

정답과 해설 44쪽

(1) 너는 그들에게 교실에서 영어로 말하게 했다.
① You had them speak in English in the classroom.
② You had them in the classroom speak in English.

(2) 그들은 우리에게 교실에서 우리의 숙제를 하게 했다.
① They in the classroom had us do our homework.
② They had us do our homework in the classroom.

(3) 그녀는 아이들에게 아침에 밖으로 나가게 허락했다.
① She let the children go outside in the morning.
② She let the children in the morning go outside.

(4) 그는 우리에게 아침에 그의 컴퓨터를 사용하게 허락한다.
① He let us use his computer in the morning.
② He lets us use his computer in the morning.

**혼공개념 038** 주어 + 부정(현재/과거) + make/have/let + 목적어 + 목적격보어 + 부사/전치사구

현재형 문장은 일반동사 앞에 don't, doesn't를 쓰고, 과거형 문장은 일반동사 앞에 didn't를 써서 부정을 나타내요.

**1**

| I | + | don't | + | make Tom do his homework hard | → | I don't make Tom do his homework hard. |

I
주어(나는)

don't
부정(아니다)

make Tom do his
homework hard
사역동사+목적어+동작+부사
(Tom에게 그의 숙제를 열심히 하게 하다)

→ I don't make Tom do
his homework hard.
나는 Tom에게 그의 숙제를
열심히 하게 하지 않는다.

**2** You
주어(너는)

+ didn't
부정(아니었다)

+ have them speak
in English in the classroom.
사역동사+목적어+동작+전치사구
(그들에게 교실에서 영어로 말하게 하다)

→ You didn't have them speak
in English in the classroom.
너는 그들에게 교실에서 영어로 말하게 하지
않았다.

 **혼공쌤 꿀~팁** speak in English와 speak English  speak in English는 '영어로 말하다'라는 뜻으로 영어를 잘하든 못하든 '영어로(in English)' 짧게 말할 수 있다는 표현이고, speak English는 '영어를 한다'라는 뜻으로 꽤 잘 할 수 있다는 느낌을 주지요.
• I can speak in English.　　　• I can speak English.
　나는 영어로 말할 수 있다.　　　나는 영어를 할 수 있다.

**3** She
주어(그녀는)

+ didn't
부정(아니었다)

+ let the children go outside
in the morning
사역동사+목적어+동작+전치사구
(아이들에게 아침에 밖으로 나가게 허락하다)

→ She didn't let the children
go outside in the morning.
그녀는 아이들에게 아침에 밖으로 나가게
허락하지 않았다.

---

**바로! 확인문제 02** 다음 우리말에 알맞은 영어 문장을 고르시오.　　　정답과 해설 44쪽

(1) 너는 그들에게 교실에서 영어로 말하게 하지 않았다.
① You didn't have them speak in English in the classroom.
② You have didn't them speak in English in the classroom.

(2) 그들은 우리에게 교실에서 우리의 숙제를 하게 하지 않는다.
① They don't have us do our homework in the classroom.
② They don't in the classroom have us do our homework.

(3) 그녀는 아이들에게 아침에 밖으로 나가게 허락하지 않았다.
① She didn't the children let go outside in the morning.
② She didn't let the children go outside in the morning.

(4) 그는 우리에게 아침에 그의 컴퓨터를 사용하게 허락하지 않는다.
① He doesn't lets us use his computer in the morning.
② He doesn't let us use his computer in the morning.

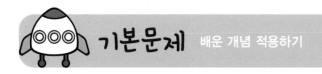
Ⓐ 다음 영어 문장에 알맞은 우리말 해석을 고르시오.

(1) She didn't have the children speak in English in the classroom.

① 그녀는 아이들에게 교실에서 영어로 말하게 하지 않았다.

② 그녀는 아이들에게 교실에서 영어로 말하게 했다.

(2) You don't make me study English hard.

① 너는 나에게 영어를 열심히 공부하게 하지 않았다.

② 너는 나에게 영어를 열심히 공부하게 하지 않는다.

(3) They had us do our homework in the classroom.

① 그들은 우리에게 교실에서 우리의 숙제를 하게 했다.

② 그들은 우리에게 밖에서 우리의 숙제를 하게 했다.

(4) Tom doesn't let her use his computer in the morning.

① Tom은 그녀에게 저녁에 그의 컴퓨터를 사용하게 허락하지 않는다.

② Tom은 그녀에게 아침에 그의 컴퓨터를 사용하게 허락하지 않는다.

Ⓑ 다음 그림에 알맞게 제시된 영단어를 배열하시오.

(1)

(her / in the morning / I / clean the room / make)

_____

(2)

(let / use her computers / She / in the classroom / them)

_____

(3)

(do his homework / had / Tom / hard / I)

_____

(4)

(in the classroom / didn't / He / us / speak in English / make)

_____

(5)

(in the morning / Tom / let / go outside / doesn't / the children)

_____

(6)

(hard / don't / study English / have / They / me)

_____

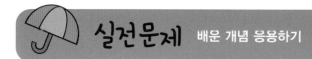 

**A** 다음 밑줄 친 부분을 우리말 의미에 알맞게 고치시오.

(1) I make him do his homework <u>hardly</u>.　　　→ _____
　　　나는 그에게 그의 숙제를 열심히 하게 한다.

(2) She let <u>we</u> use her computer yesterday.　　→ _____
　　　그녀는 우리에게 어제 그녀의 컴퓨터를 사용하게 허락했다.

(3) He doesn't <u>lets</u> them go outside in the morning.　→ _____
　　　그는 그들에게 아침에 밖으로 나가게 허락하지 않는다.

(4) They have Tom <u>speaks</u> in English in the classroom.　→ _____
　　　그들은 Tom에게 교실에서 영어로 말하게 한다.

**B** 다음 우리말을 영어로 알맞게 쓴 문장을 고르시오.

> Tom은 우리에게 교실에서 영어로 말하게 하지 않는다.

① Tom has us speak in English in the classroom.

② Tom had us speak in English in the classroom.

③ Tom didn't have us speak in English in the classroom.

④ Tom doesn't has us speak in English in the classroom.

⑤ Tom doesn't have us speak in English in the classroom.

**C** 다음 중 <u>틀린</u> 문장을 고르시오.

① He made Mary do her homework hard.

② I let the children go outside in the morning.

③ You didn't have us clean the room in the evening.

④ They don't let her uses their computers in the classroom.

⑤ She doesn't have them speak in English in the classroom.

**D** 다음 〈보기〉처럼 주어진 문장을 시제에 맞게 부정하시오.

> 〈 보기 〉
> I make her wash her hands in the morning. → I don't make her wash her hands in the morning.

(1) They had me clean the room in the morning.　→ _____

(2) We make Tom do his homework hard.　→ _____

(3) Mary let them go outside yesterday.　→ _____

(4) You have us speak in English in the classroom.　→ _____

**| 1-3 |** 다음 영어 문장에 알맞은 우리말 해석을 고르시오.

**1** You make me sad.

① 나는 너를 슬프게 한다.　　② 너는 나를 슬프게 했다.

③ 너는 나를 슬프게 하지 않는다.　　④ 그는 너를 슬프게 한다.

⑤ 너는 나를 슬프게 한다.

**2** She will let the children use her computer.

① 그녀는 아이들에게 그녀의 컴퓨터를 사용하게 허락했다.

② 그녀는 아이들에게 그녀의 컴퓨터를 사용하게 허락할 것이다.

③ 그녀는 아이들에게 그녀의 컴퓨터를 사용하게 허락하지 않는다.

④ 그녀는 아이들에게 그녀의 컴퓨터를 사용하게 허락하지 않았다.

⑤ 그녀는 아이들에게 그녀의 컴퓨터를 사용하게 허락하지 않을 것이다.

**3** You didn't make me angry in the restaurant.

① 너는 식당에서 나를 화나게 했다.　　② 나는 식당에서 너를 화나게 했다.

③ 너는 식당에서 나를 화나게 하지 않았다.　④ 나는 식당에서 너를 행복하게 하지 않았다.

⑤ 너는 식당에서 나를 화나게 할 것이다.

**| 4-5 |** 다음 중 밑줄 친 부분이 잘못된 것을 고르시오.

**4**　① I make her <u>happy</u>.　　② You don't make me <u>sadly</u>.

③ She makes them <u>hungry</u>.　　④ They don't make him <u>angry</u>.

⑤ The movie makes me <u>bored</u>.

**5**　① He makes Tom <u>do</u> his homework hard.　② You make Mary <u>wash</u> her hands.

③ My sister will let me <u>use</u> her computer.　④ I didn't have her <u>cleans</u> the room.

⑤ Peter doesn't have them <u>speak</u> in English in the classroom.

**6** 다음 중 밑줄 친 부분이 올바른 문장을 고르시오.

① You didn't <u>had</u> them clean the room yesterday.

② My teacher will let <u>we</u> use her computer.

③ Tom doesn't make Jane <u>did</u> her homework hard.

④ Jane will not <u>have</u> Tom speak in English.

⑤ My mom didn't make me <u>to go</u> outside in the morning.

**| 7-9 |** 다음 그림과 우리말에 알맞게 빈칸에 들어갈 영단어를 쓰시오.

**7**

너는 나를 똑똑하게 만들어야 한다.

You _____ _____ me smart.

**8**

그는 아이들에게 영어로 말하게 하지 않을 것이다.

He will not have the children _____ _____ _____ .

**9**

그녀는 아이들에게 아침에 밖으로 나가게 허락하지 않았다.

She didn't _____ the children _____ _____ in the morning.

**10** 다음 우리말에 알맞게 주어진 동사의 형태를 바꾸어 빈칸에 쓰시오.

> 그녀는 우리들 앞에서 그를 슬프게 했다.

She _____ him sad in front of us. (make)

**| 11-12 |** 다음 〈보기〉처럼 주어진 문장을 고쳐 쓰시오.

> 〈 보기 〉
>
> I make her wash her hands. → I don't make her wash her hands. (부정문)

**11** The song always makes me excited.

( 1 ) _____ . (부정문)

( 2 ) _____ . (과거형)

**12** Peter had the children do their homework hard.

( 1 ) _____ . (현재형)

( 2 ) _____ . (미래형)

❶ **주어**와 get('~하게 하다'라는 뜻을 지닌 동사), help('도와주다'라는 뜻을 지닌 동사)와 **목적어, 목적격보어**로 구성된 문장과 이 문장을 부정하는 방법에 대해 공부할 거예요.

❷ **주어**와 get, help의 과거형, 진행형, 미래형에 **목적어, 목적격보어**로 구성된 문장과 이 문장을 부정하는 방법을 공부할 거예요.

❸ **주어**와 get, help, 목적어, 목적격보어 다음에 **부사**나 **전치사구**가 결합하는 문장과 이 문장을 부정하는 방법을 공부할 거예요.

❹ **What**과 **How**로 시작하는 감탄을 나타내는 문장에 대해 공부할 거예요.

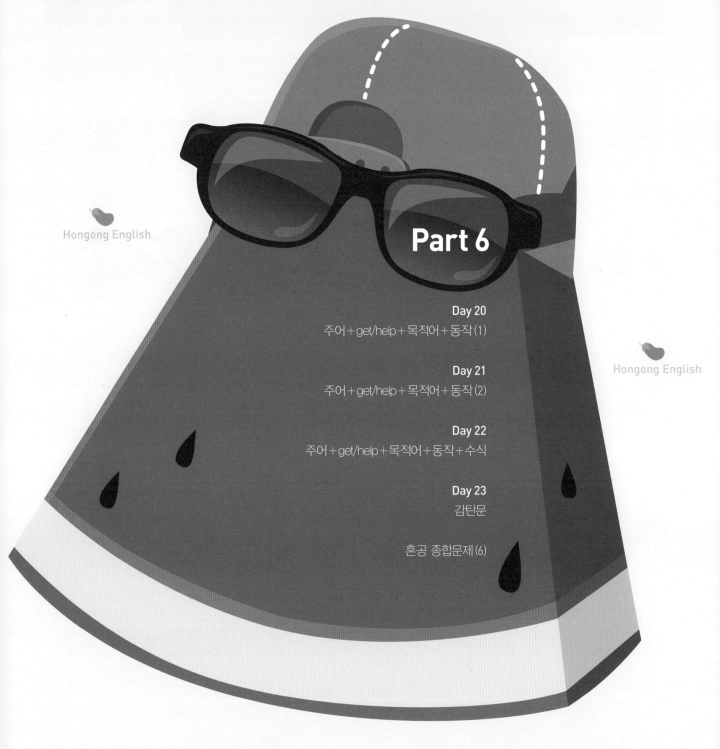

# Part 6

**혼공개념 039** 주어+get/help+목적어+목적격보어

'주어+get/help+목적어+목적격보어' 문장에서 동사 get이나 help는 '~은(는) ~가 ~하게 한다(~하는 것을 도와준다)'라는 뜻으로 쓰여요. 이때 '동작'을 나타내는 목적격보어로는 'to+동사원형'을 써요.

**1**

I          +          get          +          him          +          to stand up          →          I get him to stand up.
주어(나는)          동사(~하게 하다)          목적어(그를)          목적격보어(일어서다)          나는 그가 일어서게 한다.

**2**   You          +          help          +          me          to cook          →          You help me to cook.
주어(너는)          동사(도와주다)          목적어(나를)          목적격보어 (요리하다)          너는 내가 요리하는 것을 도와준다.

**3**   She          +          helps          +          us          dance          →          She helps us dance.
주어(그녀는)          동사(도와주다)          목적어(우리를)          목적격보어(춤추다)          그녀는 우리가 춤추는 것을 도와준다.

 **혼공쌤 꿀~팁**   help 동사의 특징   get 동사의 목적격보어는 'to+동사원형'이 와야 하지만, help 동사의 목적격보어로는 'to+동사원형' 대신 동사원형을 써도 돼요.
• I help her to go. = I help her go.          • He helps her to read. = He helps her read.
  나는 그녀가 가는 것을 도와준다.          그는 그녀가 읽는 것을 도와준다.

**바로! 확인문제 01**   다음 우리말에 알맞은 영어 문장을 고르시오.          정답과 해설 46쪽

(1) 나는 그가 일어서게 한다.
  ① I get him to stand up.
  ② I get to stand up him.

(2) 나는 네가 요리하게 한다.
  ① I get to cook you.
  ② I get you to cook.

(3) 너는 우리가 춤추는 것을 도와준다.
  ① You help us dance.
  ② You help dance us.

(4) 너는 그가 일어서는 것을 도와준다.
  ① You help him to stand up.
  ② You help to stand up him.

(5) 그녀는 내가 가는 것을 도와준다.
  ① She helps to go me.
  ② She helps me to go.

(6) 그는 그녀가 읽는 것을 도와준다.
  ① He helps read her.
  ② He helps her read.

## 주어＋부정＋get/help＋목적어＋목적격보어

'주어＋get/help＋목적어＋목적격보어' 문장은 get이나 help 앞에 don't, doesn't를 써서 부정할 수 있어요. 이런 부정의 문장은 '~은(는) ~가 ~하게 하지 않는다'와 '~은(는) ~가 ~하는 것을 도와주지 않는다'라고 해석해요.

**1**

| I | ＋ | don't | ＋ | get him to stand up | → | I don't get him to stand up. |

주어(나는) 　 부정(아니다) 　 동사＋목적어＋목적격보어 　 나는 그가 일어서게 하지 않는다.
(그가 일어서게 하다)

**2**

| You | ＋ | don't | ＋ | help me to cook | → | You don't help me to cook. |

주어(너는) 　 부정(아니다) 　 동사＋목적어＋목적격보어 　 너는 내가 요리하는 것을 도와주지 않는다.
(내가 요리하는 것을 도와주다)

**3**

| She | ＋ | doesn't | ＋ | help us dance | → | She doesn't help us dance. |

주어(그녀는) 　 부정(아니다) 　 동사＋목적어＋목적격보어 　 그녀는 우리가 춤추는 것을 도와주지 않는다.
(우리가 춤추는 것을 도와주다)

 혼공샘 꿀~팁

목적격보어로 'to＋동사원형'을 쓰는 동사　get처럼 목적격보어로 'to＋동사원형'을 쓰는 동사로는 tell(말하다), ask(요청하다), teach(가르치다) 등이 있어요.

- I tell them to sleep.
  나는 그들에게 자라고 말한다.
- You ask her to jump.
  너는 그녀에게 점프하라고 요청한다.
- He teaches them to sing.
  그는 그들에게 노래하는 것을 가르친다.

---

**바로! 확인문제 02**　**다음 우리말에 알맞은 영어 문장을 고르시오.**　정답과 해설 46쪽

(1) 나는 그가 일어서게 하지 않는다.
　① I don't get him to stand up.
　② I don't get to stand up him.

(2) 너는 내가 요리하는 것을 도와주지 않는다.
　① You don't help to cook me.
　② You don't help me to cook.

(3) 그녀는 우리가 춤추는 것을 도와주지 않는다.
　① She doesn't help dance us.
　② She doesn't help us dance.

(4) 나는 그들에게 자라고 말한다.
　① I tell them to sleep.
　② I tell to sleep them.

(5) 너는 그녀에게 점프하라고 요청한다.
　① You ask to jump her.
　② You ask her to jump.

(6) 그는 그들에게 노래하는 것을 가르친다.
　① He teaches them to sing.
　② He teaches to sing them.

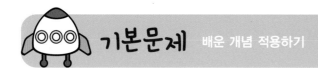
Ⓐ 다음 영어 문장에 알맞은 우리말 해석을 고르시오.

(1) I get him to stand up.

① 나는 그가 일어서게 한다.

② 나는 그가 일어서게 하지 않는다.

(2) He helps her to read.

① 그는 그녀가 읽는 것을 도와준다.

② 그는 그녀가 읽는 것을 도와주지 않는다.

(3) He helps us dance.

① 그는 우리가 춤추는 것을 도와준다.

② 그는 우리가 춤추는 것을 도와주지 않는다.

(4) She doesn't help me to cook.

① 그녀는 내가 요리하는 것을 도와준다.

② 그녀는 내가 요리하는 것을 도와주지 않는다.

(5) You don't get him to stand up.

① 너는 그가 일어서게 한다.

② 너는 그가 일어서게 하지 않는다.

(6) You tell them to sleep.

① 너는 그들에게 자라고 말한다.

② 너는 그들에게 자라고 말하지 않는다.

Ⓑ 다음 그림에 알맞게 제시된 영단어를 배열하시오.

(1)

(get / I / him / to stand up)

(2)

(help / to cook / You / me)

(3)

(us / She / dance / helps)

(4)

(don't / get / I / to stand up / him)

(5)

(me / don't / help / to cook / You)

(6)

(doesn't / help / dance / She / us)

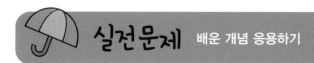 
**A** 다음 밑줄 친 부분을 우리말 의미에 알맞게 고치시오.

( 1 ) I help <u>go</u> her.  →  _____
나는 그녀가 가는 것을 도와준다.

( 2 ) You get him <u>stand up</u>.  →  _____
너는 그가 일어서게 한다.

( 3 ) He doesn't <u>us help</u> to dance.  →  _____
그는 우리가 춤추는 것을 도와주지 않는다.

( 4 ) She teaches me <u>sing</u>.  →  _____
그녀는 나에게 노래하는 것을 가르친다.

**B** 다음 우리말을 영어로 알맞게 쓴 문장을 고르시오.

> 너는 내가 요리하는 것을 도와주지 않는다.

① You help me to cook.  ② You don't help me to cooking.

③ You don't help me to cook.  ④ You doesn't help me to cook.

⑤ You don't help me cooked.

**C** 다음 중 <u>틀린</u> 문장을 고르시오.

① Jenny gets him to stand up.  ② You don't help us dance.

③ She teaches us to sing.  ④ James helps me read.

⑤ I help them going.

**D** 다음 〈보기〉처럼 주어진 문장을 고쳐 쓰시오.

> 〈 보기 〉
> I get him to stand up. → I don't get him to stand up.

( 1 ) I get you to sleep.  →  _____

( 2 ) You help me dance.  →  _____

( 3 ) Jun helps me to cook.  →  _____

( 4 ) They ask me to jump.  →  _____

( 5 ) David teaches her to sing.  →  _____

# Day 21 주어+get/help+목적어+동작(2)

공부한 날

___월 ___일

  혼공개념 041 주어+get/help(과거/진행/미래)+목적어+목적격보어

'주어+get/help+목적어+목적격보어' 문장에 동사의 과거형(got, helped), 진행형(be동사+일반동사+-ing),
미래형(will+동사원형)을 쓰면 다양한 시간 표현을 할 수 있어요.

**1**

| I | + | got | + | him to stand up | → | I got him to stand up. |

주어(나는)    동사(~하게 했다)    목적어+목적격보어      나는 그가 일어서게 했다.
(그가 일어서다)

**2**

| You | + | are helping | + | me to cook | → | You are helping me to cook. |

주어(너는)    동사(도와주는 중이다)    목적어+목적격보어      너는 내가 요리하는 것을 도와주는 중이다.
(내가 요리하다)

**3**

| She | + | will help | + | us dance | → | She will help us dance. |

주어(그녀는)    동사(도와줄 것이다)    목적어+목적격보어      그녀는 우리가 춤추는 것을 도와줄 것이다.
(우리가 춤추다)

 조동사 can can(~할 수 있다)을 써서 '가능, 허락'을 표현할 수 있어요.
• You can help me to cook.      • She can help us dance.
   너는 내가 요리하는 것을 도와줄 수 있다.    그녀는 우리가 춤추는 것을 도와줄 수 있다.

---

바로! 확인문제 01 **다음 우리말에 알맞은 영어 문장을 고르시오.**      정답과 해설 48쪽

(1) 나는 그가 일어서게 했다.

   ① I got him to stand up.

   ② I got to stand up him.

(2) 너는 그가 춤추게 했다.

   ① You got him to dance.

   ② You got to dance him.

(3) 너는 내가 요리하는 것을 도와주는 중이다.

   ① You helping are me to cook.

   ② You are helping me to cook.

(4) 그녀는 우리가 춤추는 것을 도와줄 것이다.

   ① She will help us dance.

   ② She help will us dance.

(5) 너는 내가 요리하는 것을 도와줄 수 있다.

   ① You help can me to cook.

   ② You can help me to cook.

(6) 그녀는 우리가 춤추는 것을 도와줄 수 있다.

   ① She can help us dance.

   ② She help can us dance.

## 주어+부정+get/help(과거/진행/미래)+목적어+목적격보어

과거형 문장을 부정할 때에는 didn't를 일반동사 앞에 써요. 진행형(be동사+일반동사+-ing)을 부정할 때는 be동사 뒤에 not을, 미래형(will+동사원형)을 부정할 때에는 조동사 will 뒤에 not을 써요.

**1**

| I | + | didn't | + | get him to stand up | → | I didn't get him to stand up. |
|---|---|---|---|---|---|---|
| 주어(나는) | | 부정(아니었다) | | 동사+목적어+목적격보어<br>(그가 일어서게 하다) | | 나는 그가 일어서게 하지 않았다. |

 **get과 같은 문장구조의 want** 동사 want(~을 원하다)는 '목적어+목적격보어'가 오는 문장을 쓸 수 있어요. 이때 목적격보어는 get과 마찬가지로 'to+동사원형'이 와야 해요.
• I want you to study hard.  • My parents didn't want me to go out at night.
  나는 네가 열심히 공부하는 것을 원한다.    나의 부모님께서는 내가 밤에 밖에 나가는 것을 원하지 않으셨다.

**2**

| You | + | are not | + | helping me to cook | → | You are not helping me to cook. |
|---|---|---|---|---|---|---|
| 주어(너는) | | 부정(아니다) | | 동사+목적어+목적격보어<br>(내가 요리하는 것을 도와주는 중이다) | | 너는 내가 요리하는 것을 도와주는 중이 아니다. |

**3**

| She | + | will not | + | help us dance | → | She will not help us dance. |
|---|---|---|---|---|---|---|
| 주어(그녀는) | | 부정(않을 것이다) | | 동사+목적어+목적격보어<br>(우리가 춤추는 것을 도와주다) | | 그녀는 우리가 춤추는 것을 도와주지 않을 것이다. |

---

### 바로! 확인문제 02  다음 우리말에 알맞은 영어 문장을 고르시오.

정답과 해설 48쪽

(1) 나는 그가 일어서게 하지 않았다.
  ① I didn't get him to stand up.
  ② I didn't get to stand up him.

(2) 나는 네가 열심히 공부하는 것을 원한다.
  ① I want to study hard you.
  ② I want you to study hard.

(3) 나의 부모님께서는 내가 밤에 밖에 나가는 것을 원하지 않으셨다.
  ① My parents didn't want to go out me at night.
  ② My parents didn't want me to go out at night.

(4) 너는 내가 요리하는 것을 도와주는 중이 아니다.
  ① You are helping not me to cook.
  ② You are not helping me to cook.

(5) 그녀는 우리가 춤추는 것을 도와주지 않을 것이다.
  ① She will help not us dance.
  ② She will not help us dance.

(6) 그는 우리가 일어서는 것을 도와주지 않을 것이다.
  ① He will not help us stand up.
  ② He will not help stand up us.

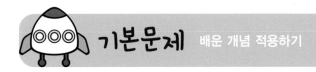 
**A** 다음 영어 문장에 알맞은 우리말 해석을 고르시오.

(1) I got her to stand up.

　① 나는 그녀가 일어서게 했다.

　② 나는 그녀가 일어서게 하지 않았다.

(2) She didn't get him to stand up.

　① 그녀는 그가 일어서게 했다.

　② 그녀는 그가 일어서게 하지 않았다.

(3) You will help me dance.

　① 너는 내가 춤추는 것을 도와줄 것이다.

　② 너는 내가 춤추는 것을 도와주지 않을 것이다.

(4) You are helping them to cook.

　① 너는 그들이 요리하는 것을 도와주는 중이다.

　② 너는 그들이 요리하는 것을 도와주는 중이 아니다.

(5) She is not helping them dance.

　① 그녀는 그들이 춤추는 것을 도와주는 중이다.

　② 그녀는 그들이 춤추는 것을 도와주는 중이 아니다.

(6) He will not help me go out at night.

　① 그는 내가 밤에 밖에 나가는 것을 도와줄 것이다.

　② 그는 내가 밤에 밖에 나가는 것을 도와주지 않을 것이다.

**B** 다음 그림에 알맞게 제시된 영단어를 배열하시오.

(1)

(I / to stand up / him / got)

_____

(2)

(are / helping / to cook / You / me)

_____

(3)

(will / help / dance / us / She)

_____

(4)

(didn't / get / to stand up / I / him)

_____

(5)

(me / helping / not / are / You / to cook)

_____

(6)

(not / will / help / dance / She / us)

_____

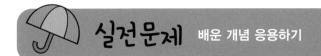
**A** 다음 밑줄 친 부분을 우리말 의미에 알맞게 고치시오.

( 1 ) I didn't get her <u>stand up</u>.    → _____

나는 그녀가 일어서게 하지 않았다.

( 2 ) She is helping me <u>cooking</u>.    → _____

그녀는 내가 요리하는 것을 도와주는 중이다.

( 3 ) You can help them <u>danced</u>.    → _____

너는 그들이 춤추는 것을 도와줄 수 있다.

( 4 ) He wants you <u>study hard</u>.    → _____

그는 네가 열심히 공부하는 것을 원한다.

**B** 다음 우리말을 영어로 알맞게 쓴 문장을 고르시오.

> 그녀는 그가 일어서게 하지 않았다.

① She doesn't get him to stand up.    ② She didn't get him to stand up.

③ She didn't get him stand up.    ④ She doesn't get him to standing up.

⑤ She didn't get to him stand up.

**C** 다음 중 <u>틀린</u> 문장을 고르시오.

① Lily helped us dance.    ② We got him to read a book at night.

③ My father wants me to study hard.    ④ You didn't get me to stand up.

⑤ She is helping me cooked.

**D** 다음 〈보기〉처럼 주어진 문장을 시제에 맞게 부정하시오.

〈 보기 〉

I got him to stand up. → I didn't get him to stand up.

( 1 ) She will help us dance.    → _____

( 2 ) You got me to read a book.    → _____

( 3 ) He is helping me to learn English.    → _____

( 4 ) I will get him to stand up.    → _____

( 5 ) You are helping me to cook.    → _____

# Day 22 주어+get/help+목적어+ 동작+수식

공부한 날
월 일

  주어+get/help(현재/과거)+목적어+목적격보어+부사/전치사구

'주어+get/help+목적어+목적격보어' 문장에 '~하게'라는 뜻을 지닌 부사를 사용하거나 '시간, 장소, 위치'를 나타내는 표현을 덧붙이면 다양한 뜻을 나타낼 수 있어요.

**1**

I
주어(나는)

\+

get him to stand up
동사+목적어+목적격보어
(그가 일어서게 하다)

\+

fast
부사(빠르게)

→

I get him to stand up fast.
나는 그가 빠르게 일어서게 한다.

**2**

You
주어(너는)

\+

help me to cook
동사+목적어+목적격보어
(내가 요리하는 것을 도와주다)

\+

in the kitchen
전치사구(부엌에서)

→

You help me to cook
in the kitchen.
너는 내가 부엌에서 요리하는 것을 도와준다.

**3**

She
주어(그녀는)

\+

helped us dance
동사+목적어+목적격보어
(우리가 춤추는 것을 도와주었다)

\+

last week
부사구(지난주에)

→

She helped us dance
last week.
그녀는 우리가 춤추는 것을 지난주에 도와주었다.

---

**지나간 시간 표현하기** last week(지난주), last night(어젯밤), last month(지난달), last year(작년)처럼 last를 쓰면 지나간 시간을 표현할 수 있어요.

• I got him to read a book last night.
나는 그가 어젯밤에 책을 읽게 했다.

• You helped me to learn English last year.
너는 내가 영어를 배우는 것을 작년에 도와주었다.

---

 **01** 다음 우리말에 알맞은 영어 문장을 고르시오.

정답과 해설 49쪽

(1) 나는 그가 빠르게 일어서게 한다.

① I get him to stand up fast.

② I get fast him to stand up.

(2) 너는 내가 부엌에서 요리하는 것을 도와준다.

① You help me to cook in the kitchen.

② You help in the kitchen me to cook.

(3) 그녀는 우리가 춤추는 것을 지난주에 도와주었다.

① She helped us dance last week.

② She helped dance last week us.

(4) 너는 내가 영어를 배우는 것을 작년에 도와주었다.

① You helped to learn English last year me.

② You helped me to learn English last year.

(5) 나는 그가 어젯밤에 책을 읽게 했다.

① I got him to read a book last night.

② I got to read a book last night him.

(6) 그는 내가 요리하는 것을 지난주에 도와주었다.

① He helped to cook last week me.

② He helped me to cook last week.

주어 + 부정(현재/과거) + get/help + 목적어 + 목적격보어 + 부사/전치사구

현재형 문장은 일반동사 앞에 don't, doesn't를 쓰고, 과거형 문장은 일반동사 앞에 didn't를 써서 부정을 나타내요.

**1**

I
주어(나는)

\+

don't
부정(아니다)

\+

get him to stand up fast
동사+목적어+목적격보어+부사
(그가 빠르게 일어서게 하다)

→

I don't get him
to stand up fast.
나는 그가 빠르게 일어서게 하지 않는다.

**2**

You
주어(너는)

\+

don't
부정(아니다)

\+

help me to cook
in the kitchen
동사+목적어+목적격보어+전치사구
(내가 부엌에서 요리하는 것을 도와주다)

→

You don't help me
to cook in the kitchen.
너는 내가 부엌에서 요리하는 것을 도와주지
않는다.

**3**

She
주어(그녀는)

\+

didn't
부정(아니었다)

\+

help us dance last week
동사+목적어+목적격보어+부사구
(우리가 춤추는 것을 지난주에 도와주다)

→

She didn't help us dance
last week.
그녀는 우리가 춤추는 것을 지난주에
도와주지 않았다.

---

**바로! 확인문제 02** 다음 우리말에 알맞은 영어 문장을 고르시오.

정답과 해설 49쪽

(1) 그는 내가 부엌에서 요리하는 것을 도와주지 않았다.
  ① He didn't help to cook in the kitchen me.
  ② He didn't help me to cook in the kitchen.

(2) 너는 내가 부엌에서 요리하는 것을 도와주지 않는다.
  ① You don't help to cook in the kitchen me.
  ② You don't help me to cook in the kitchen.

(3) 그녀는 내가 부엌에서 요리하는 것을 도와주지 않는다.
  ① She doesn't help in the kitchen me to cook.
  ② She doesn't help me to cook in the kitchen.

(4) 너는 그가 어젯밤에 책을 읽게 하지 않았다.
  ① You didn't get him to read a book last night.
  ② You didn't get to read a book last night him.

(5) 그녀는 우리가 춤추는 것을 지난주에 도와주지 않았다.
  ① She didn't help us dance last week.
  ② She didn't help us last week dance.

(6) 나는 그가 빠르게 일어나게 하지 않는다.
  ① I don't get him to stand up fast.
  ② I don't get to stand up fast him.

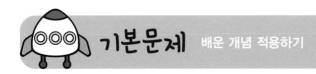
Ⓐ 다음 영어 문장에 알맞은 우리말 해석을 고르시오.

（1） I get you to stand up fast.

　① 나는 네가 빠르게 일어서게 한다.

　② 나는 네가 빠르게 일어서게 하지 않는다.

（2） You got me to read a book last night.

　① 너는 내가 어젯밤에 책을 읽게 했다.

　② 너는 내가 어젯밤에 책을 읽지 않게 했다.

（3） He helped them to learn English last year.

　① 그는 그들이 영어를 배우는 것을 작년에 도와주었다.

　② 그는 그들이 영어를 배우는 것을 작년에 도와주지 않았다.

（4） You don't help me to cook in the kitchen.

　① 너는 내가 부엌에서 요리하는 것을 도와준다.

　② 너는 내가 부엌에서 요리하는 것을 도와주지 않는다.

Ⓑ 다음 그림에 알맞게 제시된 영단어를 배열하시오.

（1）

(him / I / get / to stand up / fast)

_____

（2）

(help / to cook / me / You / in the kitchen)

_____

（3）

(us / helped / dance / last week / She)

_____

（4）

(I / him / don't / get / to stand up / fast)

_____

（5）

(don't / help / You / to cook / in the kitchen / me)

_____

（6）

(didn't / help / She / dance / last week / us)

_____

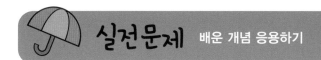 
**A** 다음 밑줄 친 부분을 우리말 의미에 알맞게 고치시오.

(1) I get him <u>stand</u> up fast.　　　　　　　　→ _____
나는 그가 빠르게 일어서게 한다.

(2) She helped me <u>learning</u> English last year.　→ _____
그녀는 내가 영어를 배우는 것을 작년에 도와주었다.

(3) He <u>doesn't help</u> us dance last week.　　　→ _____
그는 우리가 춤추는 것을 지난주에 도와주었다.

(4) Linda <u>gets</u> me to read a book last night.　→ _____
Linda는 내가 어젯밤에 책을 읽게 했다.

**B** 다음 우리말을 영어로 알맞게 쓴 문장을 고르시오.

> 그들은 그녀가 부엌에서 요리하는 것을 도와주지 않는다.

① They help her cook in the kitchen.　　② They help her to cook in the kitchen.

③ They don't help her cooked in the kitchen.　④ They don't help her to cook in the kitchen.

⑤ They don't help to cook in the kitchen her.

**C** 다음 중 **틀린** 문장을 고르시오.

① You get her to read a book.　　　　② I help them to learn English.

③ She doesn't get you to stand up fast.　④ He didn't help dancing her last week.

⑤ They don't help me to cook in the kitchen.

**D** 다음 〈보기〉처럼 주어진 문장을 시제에 맞게 부정하시오.

> 〈 보기 〉
> You help me to cook in the kitchen. → You don't help me to cook in the kitchen.

(1) I get her to stand up fast.　　　　　　→ _____

(2) You helped me dance last week.　　　　→ _____

(3) They help him to cook in the kitchen.　→ _____

(4) We helped her to learn English last year.　→ _____

(5) Jason got me to read a book last night.　→ _____

### 혼공개념 045  what+a/an+형용사+명사!

'진짜 ~한 ~다!'처럼 감탄을 나타내는 문장은 'What + a/an + 형용사 + 명사'의 순서로 쓰고, 문장 끝에 느낌표(!)를 써야 해요.

**1**

What  +  a  +  nice  +  car  →  What a nice car!
                  형용사(멋진)   명사(차)          진짜 멋진 차다!

**2**  What  +  an  +  exciting  +  game  →  What an exciting game!
                      형용사(흥미진진한)  명사(게임)          진짜 흥미진진한 게임이다!

**혼공쌤 꿀~팁** **복수 명사가 쓰인 감탄문** 복수 명사가 감탄문에 쓰이면 a/an은 생략하고 명사에 복수를 나타내는 s나 es를 붙이면 돼요.
• What good dogs!        • What young students!        • What tall trees!
  진짜 좋은 개들이다!          진짜 어린 학생들이다!          진짜 큰 나무들이다!

**3**  What  +  a  +  lovely  +  baby  →  What a lovely baby!
                  형용사(사랑스러운)  명사(아기)          진짜 사랑스러운 아기다!

---

### 바로! 확인문제 01  다음 우리말에 알맞은 영어 문장을 고르시오.
정답과 해설 51쪽

( 1 ) 진짜 멋진 차다!

① What a car nice!

② What a nice car!

( 2 ) 진짜 흥미진진한 게임이다!

① What an exciting game!

② What a game exciting!

( 3 ) 진짜 사랑스러운 아기다!

① What a baby lovely!

② What a lovely baby!

( 4 ) 진짜 어린 학생들이다!

① What students young!

② What young students!

( 5 ) 진짜 큰 나무들이다!

① What trees tall!

② What tall trees!

( 6 ) 진짜 좋은 개들이다!

① What dogs good!

② What good dogs!

## How + 형용사/부사 + 주어 + 동사!

'~가 얼마나 ~한지!'처럼 감탄을 나타내는 문장은 'How + 형용사/부사 + 주어 + 동사'의 순서로 쓰고, 문장 끝에 느낌표(!)를 써야 해요.

**1**

| How | + | handsome | + | I am | → | How handsome I am! |
|---|---|---|---|---|---|---|
|  |  | 형용사(잘생긴) |  | 주어+be동사(나는) |  | 나는 얼마나 잘생겼는지! |

**2**

| How | + | tall | + | you are | → | How tall you are! |
|---|---|---|---|---|---|---|
|  |  | 형용사(키가 큰) |  | 주어+be동사(너는) |  | 너는 얼마나 키가 큰지! |

**3**

| How | + | smart | + | he is | → | How smart he is! |
|---|---|---|---|---|---|---|
|  |  | 형용사(똑똑한) |  | 주어+be동사(그는) |  | 그는 얼마나 똑똑한지! |

**what 감탄문의 특징** 'what 감탄문'도 'how 감탄문'처럼 문장 끝에 '주어 + 동사'를 쓸 수 있어요. 하지만 **혼공개념 045**에서 배운 것처럼 '주어 + 동사'를 생략하고 써도 돼요.

- What a big cat it is! = What a big cat!
  (그것은) 진짜 큰 고양이다!

- What tall trees they are! = What tall trees!
  (그것들은) 정말 큰 나무들이다!

---

### 바로! 확인문제 02 다음 우리말에 알맞은 영어 문장을 고르시오.

정답과 해설 51쪽

(1) 나는 얼마나 잘생겼는지!
 ① How handsome am I!
 ② How handsome I am!

(2) 너는 얼마나 키가 큰지!
 ① How tall you are!
 ② How tall are you!

(3) 그는 얼마나 똑똑한지!
 ① How smart is he!
 ② How smart he is!

(4) (그것은) 진짜 큰 고양이다!
 ① What a big cat is it!
 ② What a big cat it is!

(5) (그것들은) 정말 큰 나무들이다!
 ① What tall trees they are!
 ② What tall trees are they!

(6) (그것은) 진짜 멋진 차다!
 ① What a nice car is it!
 ② What a nice car it is!

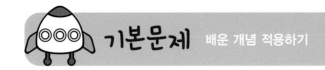
A 다음 영어 문장에 알맞은 우리말 해석을 고르시오.

( 1 ) What an exciting game!

　① 진짜 흥미진진한 게임이다!

　② 진짜 흥미진진한 게임이 아니다!

( 2 ) What a lovely baby!

　① 진짜 사랑스러운 아기다!

　② 진짜 사랑스러운 아기가 아니다!

( 3 ) What young students!

　① 진짜 어린 학생들이다!

　② 진짜 어린 학생들이 아니다!

( 4 ) How handsome I am!

　① 나는 잘생기지 않았다!

　② 나는 얼마나 잘생겼는지!

( 5 ) How tall you are!

　① 너는 얼마나 키가 큰지!

　② 진짜 너는 키가 크지 않아!

( 6 ) How smart he is!

　① 그는 어떻게 똑똑할까!

　② 그는 얼마나 똑똑한지!

B 다음 그림에 알맞게 제시된 영단어를 배열하시오.

( 1 )

(a / nice / What / car)

_____

( 2 )

(exciting / an / game / What)

_____

( 3 )

(What / a / baby / lovely)

_____

( 4 )

(am / handsome / I / How)

_____

( 5 )

(you / tall / How / are)

_____

( 6 )

(is / he / smart / How)

_____

Ⓐ 다음 밑줄 친 부분을 우리말 의미에 알맞게 고치시오.

(1) <u>How</u> an exciting game!      →  _____
진짜 흥미진진한 게임이다!

(2) What young <u>student</u>!      →  _____
진짜 어린 학생들이다!

(3) <u>What</u> handsome I am!      →  _____
나는 얼마나 잘생겼는지!

(4) How tall you <u>is</u>!      →  _____
너는 얼마나 키가 큰지!

Ⓑ 다음 우리말을 영어로 알맞게 쓴 문장을 고르시오.

> 그가 얼마나 잘생겼는지!

① What handsome he is!           ② What a handsome is he!

③ How handsome is he!            ④ How handsome he is!

⑤ How a handsome he is!

Ⓒ 다음 중 틀린 문장을 고르시오.

① What an exciting game!          ② What tall trees they are!

③ What big cats they are!         ④ How nice he are!

⑤ How smart you are!

Ⓓ 다음 〈보기〉처럼 What, How 중에 하나를 선택하여 감탄문을 완성하시오.

─〈 보기 〉─
(How / What) he / tall / is → How tall he is!

(How / What) a / nice / car → What a nice car!

(1) (How / What)  game / an / interesting      →  _____

(2) (How / What) nice / they / are      →  _____

(3) (How / What) smart / girl / a      →  _____

(4) (How / What) lovely / is / she      →  _____

(5) (How / What)  car / a / big      →  _____

| 1-3 | 다음 영어 문장에 알맞은 우리말 해석을 고르시오.

**1** He helps me to stand up.

① 나는 그가 일어서게 한다.     ② 나는 그가 일어서게 도와준다.

③ 그는 나를 일어서게 한다.     ④ 그녀는 나를 일어서게 도와준다.

⑤ 그는 내가 일어서는 것을 도와준다.

**2** You will not get him to cook in the kitchen.

① 너는 그가 부엌에서 요리하게 하지 않았다.

② 너는 그가 부엌에서 요리하게 했다.

③ 너는 그가 부엌에서 요리하게 하는 중이다.

④ 너는 그가 부엌에서 요리하게 하지 않을 것이다.

⑤ 너는 그가 부엌에서 요리하게 하는 중이 아니다.

**3** How lovely he is!

① 그는 누구를 사랑할까!     ② 그는 얼마나 사랑스러운지!

③ 그는 어떻게 사랑스러울까!     ④ 그는 왜 사랑스러울까!

⑤ 그는 언제 사랑스러울까!

| 4-5 | 다음 중 밑줄 친 부분이 잘못된 것을 고르시오.

**4** ① She gets me <u>stand</u> up fast.     ② She helped me <u>to cook</u> in the kitchen.

③ He is <u>helping</u> me to dance.     ④ He will not <u>get</u> us to dance.

⑤ They were helping him <u>cook</u> last week.

**5** ① He wants her <u>to sing</u>.     ② She didn't tell us <u>to sleep</u>.

③ You asked her <u>jumped</u>.     ④ You will not help us <u>teach</u> children.

⑤ I didn't get him <u>to cook</u>.

**6** 다음 중 밑줄 친 부분이 올바른 것을 고르시오.

① What a nice <u>games</u>!     ② What a nice <u>babies</u>!

③ What young <u>student</u>!     ④ How smart she <u>are</u>!

⑤ How lovely they <u>are</u>!

| 7-9 | 다음 그림과 우리말에 알맞게 빈칸에 들어갈 영단어를 쓰시오.

**7**

그녀는 우리가 춤추는 것을 도와주지 않는다.

She doesn't _____ _____ dance.

**8**

나는 그가 빠르게 일어서게 한다.

I get him _____ _____ up fast.

**9**

진짜 흥미진진한 게임이다!

What _____ exciting _____!

**10** 다음 우리말에 알맞게 주어진 동사의 형태를 바꾸어 빈칸에 쓰시오.

> 그들은 그녀가 부엌에서 요리하게 했다.

They got her _____ _____ in the kitchen. (cook)

| 11-12 | 다음 〈보기〉처럼 주어진 문장을 고쳐 쓰시오.

> 〈 보기 〉
> He helps me cook in the kitchen. → He doesn't help me cook in the kitchen. (부정문)

**11** I get him to stand up fast.

( 1 ) _____. (과거형)

( 2 ) _____. (부정문)

**12** They want me to go out at night.

( 1 ) _____. (미래형)

( 2 ) _____. (부정문)

## Part 7 - 공부할 내용 미리보기

**Can you come**
너는 올 수 있니

**+**

**to the festival**
그 축제에

**→**

**Can you come to the festival?**
너는 그 축제에 올 수 있니?

❶ '오다'라는 뜻을 지닌 동사 come과 '가다'라는 뜻을 지닌 동사 go의 다양한 쓰임에 대해 공부할 거예요.

❷ '시작하다'라는 뜻을 지닌 동사 start와 '데리고 가다'라는 뜻을 지닌 동사 take의 다양한 쓰임에 대해 공부할 거예요.

❸ '말하다'라는 뜻을 지닌 동사 talk와 '멈추다'라는 뜻을 지닌 동사 stop의 다양한 쓰임에 대해 공부할 거예요.

❹ '보다'라는 뜻을 지닌 동사 watch(see)와 '걷다'라는 뜻을 지닌 동사 walk의 다양한 쓰임에 대해 공부할 거예요.

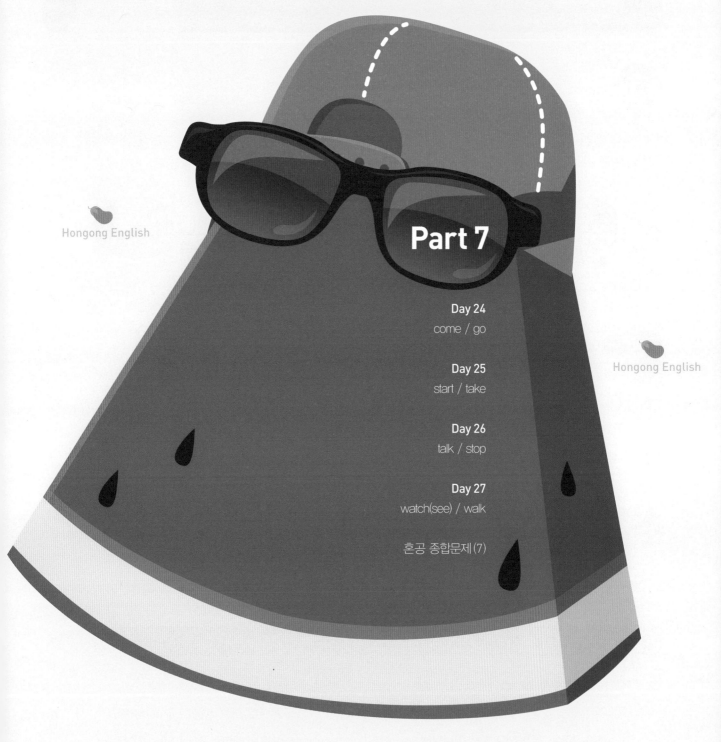

# Part 7

## Day 24 come / go

### 혼공개념 047  come 오다 - came 왔다

come(오다)은 말하는 사람 쪽으로 이동하는 것을 표현할 때 쓰는 동사이지요. 예를 들어 친구에게 자신의 집에 놀러 올 수 있는지를 물어볼 때 쓸 수 있어요. come의 과거형은 came(왔다)이지요.

**1**

  Can you come
너는 올 수 있니

+

  to the festival
그 축제에

→

  Can you come to the festival?
너는 그 축제에 올 수 있니?

> **한 걸음 더**
> · Come here and sit down. 여기에 와서 앉아.
> · Tom came from Seoul. Tom은 서울에서 왔다.
> · Come to the front. 앞으로 와.
> · What time did you come? 너는 몇 시에 왔니?

**2**  Dreams
꿈은

+

come true
이루어지다

→

Dreams come true.
꿈은 이루어진다.

> **혼공샘 꿀~팁**  come의 다른 뜻  come은 사람이 이동하는 것을 나타낼 때 주로 쓰지만, 어떤 상태가 점점 바뀌는 것을 나타낼 때도 쓸 수 있어요. 내 꿈이 이루어지지 않은 상태에서 이루어지는 상태로 '이동한다'고 생각하면 되지요. 그래서 come true 는 'true(사실의)'로 이동하는 것이므로 '이루어진다'라고 해석하면 돼요.

### 바로! 확인문제 01  다음 우리말에 알맞은 영어 문장을 고르시오.

정답과 해설 53쪽

(1) 너는 그 축제에 올 수 있니?

① Can you come to the festival?

② Can you came to the festival?

(2) 여기에 와서 앉아.

① Come here and sit down.

② Came here and sit down.

(3) Tom은 서울에서 왔다.

① Tom will come from Seoul.

② Tom came from Seoul.

(4) 앞으로 와.

① Come to the front.

② Came to the front.

(5) 너는 몇 시에 왔니?

① What time do you come?

② What time did you come?

(6) 꿈은 이루어진다.

① Dreams come true.

② Dreams came true.

**혼공개념 048** go 가다 - went 갔다

go(가다)는 아침에 학교갈 때 엄마에게 할 수 있는 말이에요. 즉, 상대방과 거리가 멀어질 때 쓸 수 있는 동사이지요. go의 과거형은 went(갔다)이지요.

**1**

Let's go
가자

\+

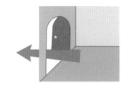
outside
밖으로

→

Let's go outside.
밖으로 나가자.

**한 걸음 더**
- Did you go to the party? 너는 그 파티에 갔었니?
- I went on a trip. 나는 여행 갔었다.
- Let's go to the park. 그 공원으로 가자.
- We usually go by car. 우리는 보통 자동차로 간다.

 교통수단을 표현하는 by와 on '~로 가다'를 표현할 때 by 다음에 교통수단을 써요. 하지만 '걸어서'는 on foot을 쓴다는 것에 주의해야 해요.
- I go to school by bus.
  나는 버스로 학교에 간다.
- I go to school by taxi.
  나는 택시로 학교에 간다.
- I go to school by subway.
  나는 지하철로 학교에 간다.
- I go to school on foot.
  나는 걸어서 학교에 간다.

**2** I went shopping
나는 쇼핑하러 갔다

\+

with my mother
나의 어머니와 함께

→

I went shopping with my mother.
나는 나의 어머니와 함께 쇼핑하러 갔다.

 go -ing '~하러 가다'라는 뜻으로 쓰이는 표현이지요.
- go shopping 쇼핑하러 가다
- go hiking 하이킹하러 가다
- go fishing 낚시하러 가다
- go camping 캠핑하러 가다

---

**바로! 확인문제 02** 다음 우리말에 알맞은 영어 문장을 고르시오. 정답과 해설 53쪽

( 1 ) 밖으로 나가자.
① Let's go outside.
② Let's went outside.

( 2 ) 너는 그 파티에 갔었니?
① Did you go to the party?
② Did you come to the party?

( 3 ) 나는 여행 갔었다.
① I go on a trip.
② I went on a trip.

( 4 ) 그 공원으로 가자.
① Let's go to the park.
② Let's went to the park.

( 5 ) 우리는 보통 자동차로 간다.
① We usually go by car.
② We usually went by car.

( 6 ) 나는 나의 어머니와 함께 쇼핑하러 갔다.
① I go shopping with my mother.
② I went shopping with my mother.

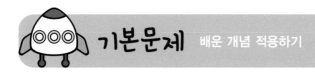

**A** 다음 영어 문장에 알맞은 우리말 해석을 고르시오.

(1) Can you come to the festival?

① 너는 그 축제에 올 수 있니?

② 너는 그 축제에 갈 수 있니?

(2) Come to the front.

① 앞으로 와.

② 뒤로 와.

(3) What time did you come?

① 너는 몇 시에 왔니?

② 너는 몇 시에 갔니?

(4) Dreams come true.

① 꿈이 온다.

② 꿈은 이루어진다.

(5) Let's go outside.

① 안으로 들어오자.

② 밖으로 나가자.

(6) Did you go to the party?

① 너는 그 파티에 가니?

② 너는 그 파티에 갔었니?

(7) We usually go by car.

① 우리는 보통 차로 간다.

② 우리는 보통 차에 간다.

(8) I went shopping with my mother.

① 나는 나의 어머니와 함께 쇼핑하러 간다.

② 나는 나의 어머니와 함께 쇼핑하러 갔다.

**B** 다음 그림에 알맞게 제시된 영단어를 배열하시오.

(1)

(to the festival / come / Can you)

(2)

(Dreams / true / come)

(3)

(go / Let's / outside)

(4)

(with my mother / went / shopping / I)

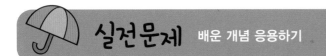 
**A** 다음 밑줄 친 부분을 우리말 의미에 알맞게 고치시오.

(1) <u>Go</u> here and sit down.          →  _____

여기에 와서 앉아.

(2) Tom <u>went</u> from Seoul.          →  _____

Tom은 서울에서 왔다.

(3) I <u>come</u> to school by bus.          →  _____

나는 버스로 학교에 간다.

(4) She <u>goes</u> hiking with her father.          →  _____

그녀는 그녀의 아버지와 함께 하이킹하러 갔다.

**B** 다음 우리말을 영어로 알맞게 쓴 문장을 고르시오.

그는 캠핑하러 갔다.

① He came camping.          ② He went camping.

③ He come camp.          ④ He goes camping.

⑤ He went camp.

**C** 다음 중 밑줄 친 come(came)의 의미가 '오다(왔다)'가 <u>아닌</u> 것을 고르시오.

① Can you <u>come</u> here?          ② You <u>came</u> from Canada.

③ Your dream <u>came</u> true.          ④ She <u>came</u> to school.

⑤ What time will you <u>come</u>?

**D** 다음 〈보기〉에서 알맞은 표현을 골라 문장을 완성하시오.

〈 보기 〉

by car          by bus          by subway          by taxi          on foot

(1) She goes to school (차로).          →  _____

(2) Dad goes to work (지하철로).          →  _____

(3) Mom goes to work (택시로).          →  _____

(4) We go to school (버스로).          →  _____

(5) His brothers go to school (걸어서).          →  _____

## 혼공개념 049  start 시작하다 – started 시작했다

start(시작하다)는 어떤 일을 시작하는 것을 표현할 때 쓰는 동사이지요. 수업, 파티, 게임 등 일상에서 일어나는 다양한 일을 시작할 때 쓸 수 있어요. start의 과거형은 started(시작했다)이지요.

**1**

| Let's start | + | the game | → | Let's start the game. |
| 시작하자 | | 그 게임을 | | 그 게임을 시작하자. |

한 걸음 더
- I will start. 나는 시작할 것이다.
- Can you start on Monday? 너는 월요일에 시작할 수 있니?
- The party started at 9. 그 파티는 9시에 시작했다.
- When can we start? 우리는 언제 시작할 수 있니?

**2**   The phone        +        started to ring        →        The phone started to ring.
      전화가                          울리기 시작했다                          전화가 울리기 시작했다.

 혼공쌤 꿀~팁   'start to + 동사원형'과 'start + 동사 + -ing'  '~하는 것을 시작하다'라는 표현을 할 때는 'start to + 동사원형'과 'start + 동사 + -ing'를 모두 쓸 수 있어요.
- I start to dance. = I start dancing.      • She started to study. = She started studying.
  나는 춤추기 시작한다.                          그녀는 공부하기 시작했다.

---

### 바로! 확인문제 01   다음 우리말에 알맞은 영어 문장을 고르시오.     정답과 해설 54쪽

(1) 그 게임을 시작하자.
  ① Let's start the game.
  ② Let's started the game.

(2) 너는 월요일에 시작할 수 있니?
  ① Can you start on Monday?
  ② Can you started on Monday?

(3) 그 파티는 9시에 시작했다.
  ① The party starts at 9.
  ② The party started at 9.

(4) 전화가 울리기 시작했다.
  ① The phone starts to ring.
  ② The phone started to ring.

(5) 나는 춤추기 시작했다.
  ① I start danced.
  ② I started to dance.

(6) 나는 공부하기 시작했다.
  ① I start studied.
  ② I started studying.

**take 데리고 가다 - took 데리고 갔다**

take(데리고 가다)는 사람을 어디로 데리고 갈 때 쓰는 동사로, 물건의 경우에는 '가지고 가다'로 해석해요. 커피 전문점에 표기되어 있는 take out을 '가지고 나가다'로 생각하면 쉽게 이해가 되지요. take의 과거형은 took(데리고 갔다)이지요.

**1**

I will take        +        him        →        I will take him.
나는 데리고 갈 것이다              그를                      나는 그를 데리고 갈 것이다

 **한걸음 더**
· Take them to school. 그들을 학교에 데리고 가라.
· My mom takes me to Seoul. 나의 엄마는 나를 서울에 데리고 간다.
· Who took it? 누가 그것을 가지고 갔어?
· She took him to the hospital. 그녀는 그를 병원에 데리고 갔다.

**혼공쌤 꿀~팁**  take의 다양한 쓰임  take 다음에 오는 몇몇 단어들은 특별히 정해진 뜻을 가지는데 숙어처럼 익혀 두세요.
· I take a picture.          · May I take your order?          · Take this medicine.
나는 사진을 찍는다.          주문하시겠습니까?              이 약을 먹어라.

**2**  I took the bus        +        to school        →        I took the bus to school.
나는 버스를 타고 갔다                  학교에                      나는 버스를 타고 학교에 갔다.

 **혼공쌤 꿀~팁**  take 교통수단  '~을(를) 타다'라는 표현은 take 다음에 교통수단을 써서 나타낼 수 있어요.
· I take the subway to school.      · I take the taxi to school.      · I take the train to school.
나는 지하철을 타고 학교에 간다.        나는 택시를 타고 학교에 간다.        나는 기차를 타고 학교에 간다.

---

**바로! 확인문제 02**  **다음 우리말에 알맞은 영어 문장을 고르시오.**      정답과 해설 54쪽

(1) 나는 그를 데리고 갈 것이다.
① I will take him.
② I will took him.

(2) 나의 엄마는 나를 서울에 데리고 갔다.
① My mom takes me to Seoul.
② My mom took me to Seoul.

(3) 너는 사진을 찍는다.
① You take a picture.
② You took a picture.

(4) 주문하시겠습니까?
① May I take your order?
② May I took your order?

(5) 나는 버스를 타고 학교에 갔다.
① I take the bus to school.
② I took the bus to school.

(6) 그녀는 지하철을 타고 학교에 갔다.
① She takes the subway to school.
② She took the subway to school.

Ⓐ 다음 영어 문장에 알맞은 우리말 해석을 고르시오.

(1) Let's start the game.
  ① 그 게임을 시작하자.
  ② 그 게임을 시작했다.

(2) Can you start on Monday?
  ① 너는 월요일에 시작할 수 있니?
  ② 너는 월요일에 시작했었니?

(3) The party started at 9.
  ① 그 파티는 9시에 시작한다.
  ② 그 파티는 9시에 시작했다.

(4) She started studying.
  ① 그녀는 공부하기 시작한다.
  ② 그녀는 공부하기 시작했다.

(5) Take them to school.
  ① 그들을 학교에 데리고 가라.
  ② 그들을 학교에 데리고 갔다.

(6) He takes her to the hospital.
  ① 그는 그녀를 병원에 데리고 간다.
  ② 그는 그녀를 병원에 데리고 갔다.

(7) Take this medicine.
  ① 이 약을 먹어라.
  ② 이 약을 먹었다.

(8) I took the train to school.
  ① 나는 기차를 타고 학교에 간다.
  ② 나는 기차를 타고 학교에 갔다.

Ⓑ 다음 그림에 알맞게 제시된 영단어를 배열하시오.

(1)

(the game / Let's / start)

_____

(2)

(to ring / The phone / started)

_____

(3)

(will / I / take / him)

_____

(4)

(to school / I / took / the bus)

_____

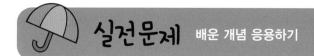
**A** 다음 밑줄 친 부분을 우리말 의미에 알맞게 고치시오.

(1) When can we started? → _____

우리는 언제 시작할 수 있니?

(2) I start to danced. → _____

나는 춤추기 시작한다.

(3) She takes me to school. → _____

그녀는 나를 학교에 데리고 갔다.

(4) May I took your order? → _____

주문하시겠습니까?

**B** 다음 우리말을 영어로 알맞게 쓴 문장을 고르시오.

누가 그것을 가지고 갔어?

① When took it? ② Who takes it?

③ How takes it? ④ Who took it?

⑤ When taking it?

**C** 다음 중 틀린 문장을 고르시오.

① I start to dance. ② They started came.

③ She started singing. ④ We started to go.

⑤ You start studying.

**D** 다음 〈보기〉처럼 주어진 문장을 고쳐 쓰시오.

〈 보기 〉

I start to dance. → I start dancing.

(1) We start to sing. → _____

(2) Tom starts to work. → _____

(3) My sister started to come. → _____

(4) Mary started to eat. → _____

(5) He started to run. → _____

### 혼공개념 051  talk 말하다 - talked 말했다

talk(말하다)는 우리의 일상생활에서 빼놓을 수 없는 활동인 말하기를 표현할 때 쓰는 동사예요. 특히 '~
에게 말을 걸다'라는 표현을 할 때는 'talk to + 사람'으로 쓰지요. talk의 과거형은 talked(말했다)이지요.

**1**

I can talk          +          quietly          →          I can talk quietly.
나는 말할 수 있다                    조용히                         나는 조용히 말할 수 있다.

**한 걸음 더**
- I want to talk to you. 나는 너와 이야기하고 싶다.
- You can talk to her. 너는 그녀에게 말할 수 있다.
- He talked to me last night. 그는 나에게 어젯밤에 말했다.
- Who talked to you? 누가 너에게 말했니?

**2**   You talked          +          about the book          →          You talked about the book.
       너는 말했다                         그 책에 대해                         너는 그 책에 대해 말했다.

**혼공쌤 꿀~팁**  talk about '~에 대해 말하다'라는 표현으로 talk about 뒤에 말하려는 것을 쓰면 돼요.
- I talked about you.          • My teacher talked about the test.          • We can talk about the festival.
  나는 너에 대해 말했다.            나의 선생님은 그 시험에 대해 말했다.               우리는 그 축제에 대해 말할 수 있다.

---

**바로! 확인문제  01**  다음 우리말에 알맞은 영어 문장을 고르시오.          정답과 해설 55쪽

(1) 나는 조용히 말할 수 있다.
  ① I talked quietly.
  ② I can talk quietly.

(2) 그는 나에게 어젯밤에 말했다.
  ① He talks to me last night.
  ② He talked to me last night.

(3) 누가 너에게 말했니?
  ① Who talks to you?
  ② Who talked to you?

(4) 너는 그 책에 대해 말했다.
  ① You talk about the book.
  ② You talked about the book.

(5) 그녀는 너에 대해 말했다.
  ① She talks about you.
  ② She talked about you.

(6) 나의 선생님은 그 시험에 대해 말했다.
  ① My teacher talks about the test.
  ② My teacher talked about the test.

**stop 멈추다 - stopped 멈췄다**

stop(멈추다)은 하던 일을 멈추거나 중단하는 것을 표현할 때 쓰는 동사이지요. stop의 과거형은 stopped (멈췄다)이지요. 과거형을 쓸 때 마지막 자음 p를 한 번 더 쓴 다음 ed를 붙이는 것에 주의해야 해요.

**1**  +  →

| Let's stop | + | the car | → | Let's stop the car. |
|---|---|---|---|---|
| 멈추자 | | 그 차를 | | 그 차를 멈추자. |

**한 걸음 더**
· I will stop and think. 나는 멈추고 생각할 것이다.
· Can you stop? 너는 멈출 수 있니?
· She stopped and waited. 그녀는 멈췄고 기다렸다.
· He stopped at the door. 그는 그 문에서 멈췄다.

**2**

| I can't stop | + | running | → | I can't stop running. |
|---|---|---|---|---|
| 나는 멈출 수 없다 | | 달리는 것을 | | 나는 달리는 것을 멈출 수 없다. |

 **혼공샘 꿀~팁**
can't stop 동사+-ing '~을(를) 멈출 수 없다, ~할 수밖에 없다'라는 표현이에요. can't stop 뒤에는 동사에 -ing를 붙인 형태가 와야 해요.
· I can't stop eating.    · She can't stop studying.    · They couldn't stop dancing.
나는 먹는 것을 멈출 수 없다.    그녀는 공부하는 것을 멈출 수 없다.    그들은 춤추는 것을 멈출 수 없었다.

---

**바로! 확인문제 02** 다음 우리말에 알맞은 영어 문장을 고르시오.                    정답과 해설 55쪽

(1) 그 차를 멈추자.
① Let's stop the car.
② Let's stopped the car.

(2) 너는 멈출 수 있니?
① Can you stop?
② Can you stopped?

(3) 그녀는 멈췄고 기다렸다.
① She stops and waited.
② She stopped and waited.

(4) 그는 그 문에서 멈췄다.
① He stops at the door.
② He stopped at the door.

(5) 나는 먹는 것을 멈출 수 없다.
① I can't stop eat.
② I can't stop eating.

(6) 그들은 춤추는 것을 멈출 수 없었다.
① They can't stop dancing.
② They couldn't stop dancing.

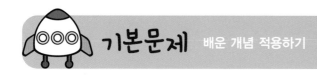
**A** 다음 영어 문장에 알맞은 우리말 해석을 고르시오.

(1) I can talk quietly.

　① 나는 조용히 말할 수 있다.

　② 나는 큰 소리로 말할 수 있다.

(2) He talked to me.

　① 그는 나에게 말한다.

　② 그는 나에게 말했다.

(3) Who talked to you?

　① 누가 너에게 말하니?

　② 누가 너에게 말했니?

(4) My teacher talked about the test.

　① 나의 선생님은 그 시험에 대해 말한다.

　② 나의 선생님은 그 시험에 대해 말했다.

(5) Let's stop the car.

　① 그 차를 멈추자.

　② 그 차를 멈췄다.

(6) He stopped at the door.

　① 그는 그 문에서 멈춘다.

　② 그는 그 문에서 멈췄다.

(7) I can't stop eating.

　① 나는 먹는 것을 멈출 수 있다.

　② 나는 먹는 것을 멈출 수 없다.

(8) They couldn't stop dancing.

　① 그들은 춤추는 것을 멈출 수 없다.

　② 그들은 춤추는 것을 멈출 수 없었다.

**B** 다음 그림에 알맞게 제시된 영단어를 배열하시오.

(1)

(can / quietly / I / talk)

_____

(2)

(talked / You / the book / about)

_____

(3)

(Let's / the car / stop)

_____

(4)

(can't / running / stop / I)

_____

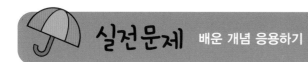
**A** 다음 밑줄 친 부분을 우리말 의미에 알맞게 고치시오.

( 1 ) I want to <u>talked</u> to you.　　→ _____

　　　나는 너와 이야기하고 싶다.

( 2 ) She <u>talk</u> to me last week.　　→ _____

　　　그녀는 나에게 지난주에 말했다.

( 3 ) He <u>stops</u> and waited.　　→ _____

　　　그는 멈췄고 기다렸다.

( 4 ) We can't stop <u>to dance</u>.　　→ _____

　　　우리는 춤추는 것을 멈출 수 없다.

**B** 다음 우리말을 영어로 알맞게 쓴 문장을 고르시오.

그녀는 생각하는 것을 멈출 수 없었다.

① She couldn't stopped thinking.　　② She stopped thinking.

③ She couldn't stop thinking.　　④ She stops thinking.

⑤ She can't stop thinking.

**C** 다음 중 <u>틀린</u> 문장을 고르시오.

① Mr. Kim stopped the test.　　② He didn't stop the music.

③ My dad stopped her.　　④ They stop the car.

⑤ The police officer stop the taxi.

**D** 다음 〈보기〉처럼 주어진 문장을 고쳐 쓰시오.

〈 보기 〉

I can't stop <u>eat</u>. → I can't stop eating.

( 1 ) You can't stop <u>think</u>.　　→ _____

( 2 ) Mom can't stop <u>cry</u>.　　→ _____

( 3 ) Mary can't stop <u>go</u>.　　→ _____

( 4 ) We can't stop <u>run</u>.　　→ _____

( 5 ) They can't stop <u>clean</u>.　　→ _____

혼공개념 053 **watch(see) 보다 - watched(saw) 봤다**

watch(보다)는 관심 있는 것을 일정 시간 동안 계속 볼 때 쓰는 동사이고, see(보다)는 눈을 뜨고 있기 때문에 내 눈에 들어오는 것을 말할 때 쓰는 동사이지요. watch의 과거형은 watched(봤다)이고 see의 과거형은 saw(봤다)이지요.

| They were watching | + | TV | → | They were watching TV. |
|---|---|---|---|---|
| 그들은 보고 있는 중이었다 | | TV를 | | 그들은 TV를 보고 있는 중이었다. |

**한 걸음 더**
· I'm watching this video. 나는 이 비디오를 보는 중이다.
· He watched the play last night. 그는 어젯밤에 그 연극을 봤다.
· We will watch the show all day. 우리는 하루 종일 그 쇼를 볼 것이다.
· She watches the movie every year. 그녀는 매년 그 영화를 본다.

**2** I can't see + anything → I can't see anything.
나는 볼 수 없다 　아무것도 　나는 아무것도 볼 수 없다.

**혼공쌤 꿀~팁**
**see a movie와 watch a movie** 극장에서 영화를 볼 때 기대했던 내용이 아니라서 다른 영화를 보고 싶어도 중간에 바꿀 수 없으니 이런 경우에는 see a movie를 써요. 하지만 집에서는 보통은 마음에 들거나 관심 있는 영화를 보기 때문에 이런 경우에는 watch a movie를 쓰지요. 그리고 TV도 보고 싶은 채널을 선택해서 보기 때문에 watch TV라고 쓰지요.
· I saw a movie.　　　　　　　· We watched a movie in the living room.
　나는 영화 한 편을 봤다.　　　　우리는 거실에서 영화 한 편을 봤다.

**바로! 확인문제 01** 다음 우리말에 알맞은 영어 문장을 고르시오. 　정답과 해설 57쪽

(1) 그들은 TV를 보고 있는 중이었다.
　① They are watching TV.
　② They were watching TV.

(2) 나는 이 비디오를 보는 중이다.
　① I'm watch this video.
　② I'm watching this video.

(3) 그는 어젯밤에 그 연극을 봤다.
　① He watched the play last night.
　② He watches the play last night.

(4) 우리는 하루 종일 그 쇼를 볼 것이다.
　① We will watch the show all day.
　② We will watching the show all day.

(5) 그녀는 매년 그 영화를 본다.
　① She watches the movie every year.
　② She watched the movie every year.

(6) 나는 아무것도 볼 수 없다.
　① I can't watch anything.
　② I can't see anything.

**054** walk 걷다 – walked 걸었다

우리는 일상생활에서 많은 시간 동안 두 발로 걸어 다니지요. walk(걷다)는 이렇게 걷는 것을 표현할 때 쓰는 동사이지요. walk의 과거형은 walked(걸었다)이지요.

**1**

I walk          +          to school          →          I walk to school.
나는 걸어가다                    학교에                        나는 학교에 걸어간다.

- Can you walk? 너는 걸을 수 있니?
- Shall we walk or go by bus? 우리 걸어갈까요 아니면 버스로 갈까요?
- I can't walk that far. 나는 그렇게 멀리는 걸을 수 없다.
- He walked slowly. 그는 천천히 걸었다.

'Shall we ~?' '우리 ~할까요?'라고 상대방에게 어떤 것을 권할 때 'Shall we ~?'를 쓸 수 있어요.
- Shall we dance?          • Shall we eat out?
  우리 춤출까요?                우리 외식할까요?

**2**     I walk          +     my dog     +     every day     →     I walk my dog every day.
나는 걷게 하다(산책시키다)        나의 개를              매일              나는 나의 개를 매일 걷게 한다(산책시킨다).

walk가 '걷게 하다'라는 뜻으로 쓰이는 경우 '걷다'의 뜻을 지닌 walk 뒤에 개(강아지)가 오면 '걷게 하다'라는 뜻으로 쓰여요.
- I walk him every morning.          • I walk my puppy.
  나는 매일 아침마다 그를 걷게 한다.          나는 내 강아지를 걷게 한다(산책시킨다).

**바로! 확인문제 02** 다음 우리말에 알맞은 영어 문장을 고르시오.                    정답과 해설 57쪽

(1) 나는 학교에 걸어간다.
  ① I walk to school.
  ② I walked to school.

(2) 너는 걸을 수 있니?
  ① Can you walking?
  ② Can you walk?

(3) 우리 걸어갈까요 아니면 버스로 갈까요?
  ① Shall we walking or go by bus?
  ② Shall we walk or go by bus?

(4) 나는 그렇게 멀리는 걸을 수 없다.
  ① I can't walked that far.
  ② I can't walk that far.

(5) 그는 천천히 걸었다.
  ① He walked slowly.
  ② He walks slowly.

(6) 나는 내 개를 매일 산책시킨다.
  ① I walk my dog every day.
  ② I walks my dog every day.

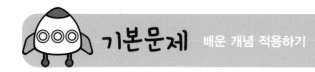
Ⓐ 다음 영어 문장에 알맞은 우리말 해석을 고르시오.

（1） They were watching TV.

　① 그들은 TV를 본다.

　② 그들은 TV를 보고 있는 중이었다.

（2） He watched the play last night.

　① 그는 어젯밤에 그 연극을 봤다.

　② 그는 어젯밤에 그 연극을 보지 않았다.

（3） I'm watching this video.

　① 나는 이 비디오를 볼 것이다.

　② 나는 이 비디오를 보는 중이다.

（4） We will watch the show all day.

　① 우리는 하루 종일 그 쇼를 볼 것이다.

　② 우리는 하루 종일 그 쇼를 보았다.

（5） I can't walk that far.

　① 나는 그렇게 멀리는 걸을 수 없다.

　② 나는 그렇게 멀리는 걸을 수 없었다.

（6） He walked slowly.

　① 그는 천천히 걷는다.

　② 그는 천천히 걸었다.

（7） Shall we walk or go by bus?

　① 우리 걸어갈까요 아니면 버스로 갈까요?

　② 우리 걸어가거나 버스로 가자.

（8） Can you walk?

　① 너는 걸을 수 있었니?

　② 너는 걸을 수 있니?

Ⓑ 다음 그림에 알맞게 제시된 영단어를 배열하시오.

（1）

(watching / They / were / TV)

（2）

(see / I can't / anything)

（3）

(walk / to school / I)

（4）

(walk / my dog / I / every day)

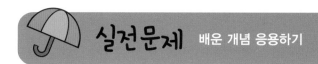
**A** 다음 밑줄 친 부분을 우리말 의미에 알맞게 고치시오.

(1) I can't <u>watch</u> anything.          →  _____

나는 아무것도 볼 수 없다.

(2) He will <u>watches</u> the show all day.  →  _____

그는 하루 종일 그 쇼를 볼 것이다.

(3) Can you <u>walking</u>?          →  _____

너는 걸을 수 있니?

(4) I <u>walk</u> him every morning.       →  _____

나는 매일 아침 그를 걷게 했다.


**B** 다음 우리말을 영어로 알맞게 쓴 문장을 고르시오.

너는 TV를 너무 많이 본다.

① You watching TV too much.          ② You are watching TV too much.

③ You watch TV too much.          ④ You watched TV too much.

⑤ You watches TV too much.


**C** 다음 중 밑줄 친 walk의 의미가 '걷다'가 아닌 것을 고르시오.

① I <u>walk</u> to school.          ② He <u>walks</u> slowly.

③ Can you <u>walk</u>?          ④ I <u>walk</u> my dog every day.

⑤ I can't <u>walk</u> that far.


**D** 다음 〈보기〉에서 알맞은 단어를 골라 문장을 완성하시오.

〈 보기 〉

watch    watching    see    saw

(1) I _____ TV. 나는 TV를 본다(시청한다).

(2) She _____ him on the street. 그녀는 길에서 그를 봤다.

(3) We were _____ the show last night. 우리는 어젯밤 쇼를 보는 중이었다.

(4) I can't _____ anything. 나는 아무것도 볼 수 없다.

**| 1-3 |** 다음 영어 문장에 알맞은 우리말 해석을 고르시오.

**1** Can you come to the festival?

① 너는 그 축제에 왔었니?　　　　② 너는 그 축제에 올 수 있니?

③ 너는 그 축제에 올 예정이니?　　④ 너는 그 축제에 올 수 없니?

⑤ 너는 그 축제에 오고 있는 중이니?

**2** The party started at 9.

① 그 파티는 9시에 시작한다.　　　② 그 파티는 9시에 시작할 예정이다.

③ 그 파티는 9시에 시작했다.　　　④ 그 파티는 9시에 시작하지 않는다.

⑤ 그 파티는 9시에 시작하지 않았다.

**3** I can talk quietly.

① 나는 조용하게 말할 수 없다.　　② 나는 큰 소리로 말할 수 있다.

③ 나는 조용하게 말할 수 있다.　　④ 나는 큰 소리로 말할 수 없다.

⑤ 나는 조용하게 말할 수 없었다.

**| 4-5 |** 다음 중 밑줄 친 부분이 잘못된 것을 고르시오.

**4** ① I am watching this video.　　② She watchs TV too much.

③ She watched the play last night.　④ He will watch this video.

⑤ Jane and Peter watch the show happily.

**5** ① Let's go outside.　　　　　② I went to the party.

③ I went shopping.　　　　　④ Let's go camp.

⑤ I am going to the park.

**6** 다음 중 밑줄 친 부분이 올바른 문장을 고르시오.

① I will took him.　　　　　② I can takes a picture.

③ She take bus to school.　　④ My mom took me to Seoul.

⑤ Tom and Mary takes me to school.

| 7-9 | 다음 그림과 우리말에 알맞게 빈칸에 들어갈 영단어를 쓰시오.

**7**

그 차를 멈추자.

Let's _____ the car.

**8**

나는 내 개를 매일 산책시킨다.

I _____ my dog every day.

**9**

나는 아무것도 볼 수 없다.

I can't _____ anything.

**10** 다음 우리말에 알맞은 단어를 빈칸에 쓰시오.

( 1 ) 나는 지하철로 학교에 간다.

I go to school _____ subway.

( 2 ) 나는 학교에 버스를 타고 갔다.

I took a bus _____ school.

| 11-12 | 다음 〈보기〉처럼 주어진 문장을 고쳐 쓰시오.

〈 보기 〉

I start to dance. → I start dancing.

**11** She started to study.

→ _____.

**12** He starts to run.

→ _____.

## Part 8 - 공부할 내용 미리보기

❶ '좋아하다'라는 뜻을 지닌 동사 like와 '생각하다'라는 뜻을 지닌 동사 think의 다양한 쓰임에 대해 공부할 거예요.

❷ '만들다'라는 뜻을 지닌 동사 make와 '원하다'라는 뜻을 지닌 동사 want의 다양한 쓰임에 대해 공부할 거예요.

❸ '묻다'라는 뜻을 지닌 동사 ask와 '느끼다'라는 뜻을 지닌 동사 feel의 다양한 쓰임에 대해 공부할 거예요.

❹ '얻다'라는 뜻을 지닌 동사 get과 '놀다'라는 뜻을 지닌 동사 play의 다양한 쓰임에 대해 공부할 거예요.

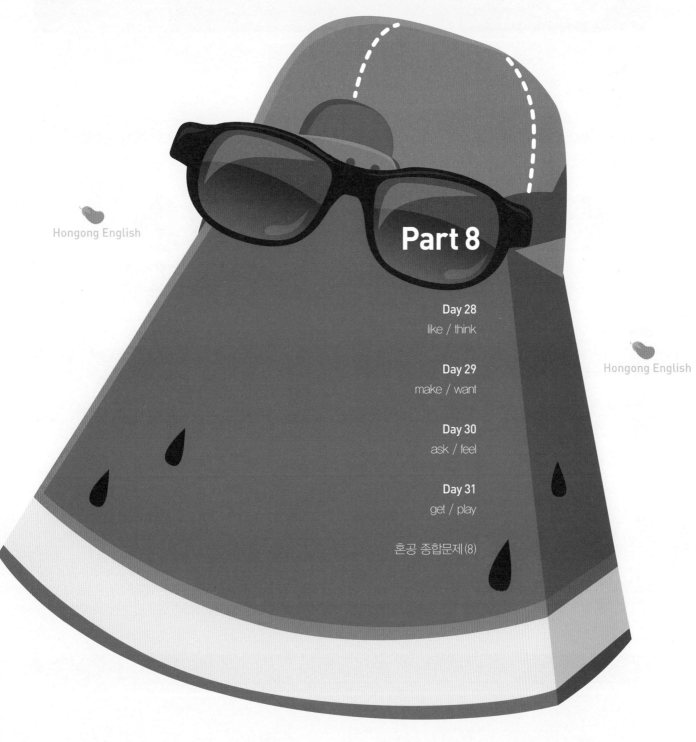

# Part 8

## 혼공개념 055  like 좋아하다 - liked 좋아했다

like(좋아하다)는 생활 속에서 좋아하는 것을 표현할 때 쓰는 동사로, like 다음에 좋아하는 대상을 쓰면 '~을 좋아하다'라는 의미가 돼요. like의 과거형은 liked(좋아했다)이지요.

**1**  I like  +   chicken  →   I like chicken.

나는 좋아하다        닭고기를        나는 닭고기를 좋아한다.

> **한 걸음 더**
> · He likes Jane. 그는 Jane을 좋아한다.
> · Mom will like this restaurant. 엄마는 이 식당을 좋아할 것이다.
> · Do you like pizza? 너는 피자를 좋아하니?
> · They liked singing and dancing. 그들은 노래하는 것과 춤추는 것을 좋아했다.

> **혼공쌤 꿀~팁**
> like + 동사 + -ing  like 뒤에 오는 목적어 자리에는 명사뿐만 아니라 동사에 -ing를 붙인 형태도 써서 '~하는 것을 좋아한다'를 표현할 수 있어요.
> · I like reading.      · I like watching TV.
>   나는 책 읽는 것을 좋아한다.     나는 TV 보는 것을 좋아한다.

**2** He runs  +  like the wind  →  He runs like the wind.

그는 달리다        바람처럼        그는 바람처럼 달린다.

> **혼공쌤 꿀~팁**
> like의 다른 쓰임  like는 '~처럼'이라는 뜻으로도 쓰여요. 이런 뜻으로 쓰일 때에는 like 뒤에 '~처럼'에 해당하는 대상이 와요. 이때 like는 동사로 쓰인 것이 아니므로 주어가 3인칭 단수라 해도 s나 es를 붙이지 않아요.
> · It looks like a strawberry.      · I walk like a duck.
>   그것은 딸기처럼 보인다.     나는 오리처럼 걷는다.

### 바로! 확인문제 01  다음 우리말에 알맞은 영어 문장을 고르시오.
정답과 해설 59쪽

(1) 나는 닭고기를 좋아한다.
  ① I like chicken.   ② I liked chicken.

(2) 그는 Jane을 좋아한다.
  ① He like Jane.   ② He likes Jane.

(3) 엄마는 이 식당을 좋아할 것이다.
  ① Mom will likes this restaurant.
  ② Mom will like this restaurant.

(4) 너는 피자를 좋아하니?
  ① Do you like pizza?
  ② Do you liked pizza?

(5) 그들은 노래하는 것과 춤추는 것을 좋아했다.
  ① They liked singing and dancing.
  ② They like singing and dancing.

(6) 그는 바람처럼 달린다.
  ① He runs like the wind.
  ② He runs likes the wind.

# think 생각하다 - thought 생각했다

think(생각하다)는 어떤 것에 대한 자신의 생각이나 의견을 나타낼 때 쓰는 동사이지요. think의 과거형은 thought(생각했다)이지요. 평소에 습관적으로 I think(나는 생각한다), I thought(나는 생각했다)를 사용하도록 해보세요.

**1**

 I think
나는 생각하다

\+ it is delicious
그것은 맛있다

→  I think it is delicious.
나는 그것이 맛있다고 생각한다.

**한 걸음 더**
- What do you think? 너는 어떻게 생각하니?(의견을 물을 때 사용)
- I don't think so. 나는 그렇게 생각하지 않는다.
- He thinks it's expensive. 그는 그것이 비싸다고 생각한다.
- She thought it was difficult. 그녀는 그것이 어렵다고 생각했다.

**2**     I think     +     about her     →     I think about her.
나는 생각하다         그녀에 대해            나는 그녀에 대해 생각한다.

 혼공쌤 꿀~팁

think about '~에 대해 생각하다'라는 표현으로 think about 뒤에는 생각할 대상을 써요.
- He thought about the test.
  그는 그 시험에 대해 생각했다.
- Let's think about our plan.
  우리의 계획에 대해 생각해보자.

---

**바로! 확인문제 02** 다음 우리말에 알맞은 영어 문장을 고르시오.                    정답과 해설 59쪽

(1) 나는 그것이 맛있다고 생각한다.
① I think it is delicious.
② I thought it is delicious.

(2) 너는 어떻게 생각하니?
① What do you think?
② What do you thought?

(3) 나는 그렇게 생각하지 않는다.
① I don't thinks so.
② I don't think so.

(4) 그는 그것이 비싸다고 생각한다.
① He think it's expensive.
② He thinks it's expensive.

(5) 그녀는 그것이 어렵다고 생각했다.
① She think it was difficult.
② She thought it was difficult.

(6) 나는 그녀에 대해 생각한다.
① I think about her.
② I thought about her.

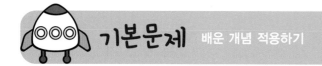
Ⓐ 다음 영어 문장에 알맞은 우리말 해석을 고르시오.

(1) Do you like pizza?

　① 너는 피자를 좋아하니?

　② 너는 피자를 싫어하니?

(2) He likes Jane.

　① 그는 Jane을 좋아한다.

　② 그는 Jane을 좋아했다.

(3) I walk like a duck.

　① 나는 오리처럼 걷는다.

　② 나는 오리를 좋아한다.

(4) They liked singing and dancing.

　① 그들은 노래하는 것과 춤추는 것을 좋아한다.

　② 그들은 노래하는 것과 춤추는 것을 좋아했다.

(5) What do you think?

　① 너는 어디서 생각하니?

　② 너는 어떻게 생각하니?

(6) I think about her.

　① 나는 그녀에 대해서 생각한다.

　② 나는 그녀에 대해서 생각했다.

(7) I don't think so.

　① 나는 그렇게 생각한다.

　② 나는 그렇게 생각하지 않는다.

(8) He thinks it's expensive.

　① 그는 그것이 비싸다고 생각했다.

　② 그는 그것이 비싸다고 생각한다.

Ⓑ 다음 그림에 알맞게 제시된 영단어를 배열하시오.

(1)

(like / chicken / I)

(2)

(Do / like / pizza / you)

(3)

(it is / think / delicious / I)

(4)

(difficult / it was / She / thought)

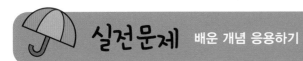 
Ⓐ 다음 밑줄 친 부분을 우리말 의미에 알맞게 고치시오.

(1) He like Jane.  →  _____

그는 Jane을 좋아한다.

(2) Mom will likes this restaurant.  →  _____

엄마는 이 식당을 좋아할 것이다.

(3) He think about the test.  →  _____

그는 그 시험에 대해 생각한다.

(4) She thinks it was difficult.  →  _____

그녀는 그것이 어렵다고 생각했다.

Ⓑ 다음 우리말을 영어로 알맞게 쓴 문장을 고르시오.

나는 그것이 어렵다고 생각했다.

① I think it is difficult.          ② I think was it difficult.

③ I thought is difficult.          ④ I thought it was difficult.

⑤ I thought it is difficult.

Ⓒ 다음 중 밑줄 친 like의 뜻이 다른 하나를 고르시오.

① I like pizza.                    ② Do you like chicken?

③ Tom likes this restaurant.       ④ They like singing.

⑤ I walk like a duck.

Ⓓ 다음 〈보기〉처럼 주어진 문장을 고쳐 쓰시오.

〈 보기 〉

I like sing. → I like singing.

(1) I like read.              →  _____

(2) You liked think.         →  _____

(3) They like eat.           →  _____

(4) Mary likes watch TV.     →  _____

(5) We like sing and dance.  →  _____

## Day 29 make / want

 **혼공개념 057** make 만들다 - made 만들었다

엄마가 맛있는 음식을 만들고, 아이들은 블록으로 재미있는 모형을 만들죠. make(만들다)는 이렇게 만드는 작업을 표현할 때 쓰는 동사이지요. make의 과거형은 made(만들었다)이지요.

**1**

I will make
나는 만들 것이다

+

a sandwich
샌드위치를 만들다

→

I will make a sandwich.
나는 샌드위치를 만들 것이다.

**한 걸음 더**
· Let's make a snowman. 눈사람을 만들자.
· Mary made a chocolate cake yesterday. Mary는 어제 초콜릿 케이크를 만들었다.
· I didn't make cookies. 나는 쿠키를 만들지 않았다.
· I'm making dinner. 나는 저녁을 만들고 있는 중이다.

**2** Did you + make the bed + this morning → Did you make the bed this morning?
너는 했니      이부자리를 정리하다      오늘 아침에      너는 오늘 아침에 이부자리를 정리했니?

 **혼공쌤 꿀~팁** make the bed 언뜻 생각하면 '침대를 만들다'라는 뜻인 것 같지만 실제로는 다른 뜻으로 쓰여요. 자신이 자고 일어난 침대(자리)를 다시 깔끔하게 사용할 수 있도록 만드는 것을 생각해보세요. 그래서 make the bed는 '이부자리를 정리하다'라는 뜻이 되는 거에요.

**바로! 확인문제 01** 다음 우리말에 알맞은 영어 문장을 고르시오.          정답과 해설 60쪽

(1) 나는 샌드위치를 만들 것이다.
   ① I will made a sandwich.
   ② I will make a sandwich.

(2) 눈사람을 만들자.
   ① Let's make a snowman.
   ② Let's made a snowman.

(3) Mary는 어제 초콜릿 케이크를 만들었다.
   ① Mary makes a chocolate cake yesterday.
   ② Mary made a chocolate cake yesterday.

(4) 나는 쿠키를 만들지 않았다.
   ① I didn't make cookies.
   ② I didn't made cookies.

(5) 나는 저녁을 만들고 있는 중이다.
   ① I'm making dinner.
   ② I'm make dinner.

(6) 너는 오늘 아침에 이부자리를 정리했니?
   ① Did you made the bed this morning?
   ② Did you make the bed this morning?

**혼공개념 058** **want 원하다 - wanted 원했다**

원어민들이 입만 열면 쓰는 동사 중에 하나가 want인데요. want(원하다)는 어떤 것을 원할 때 쓰는 동사로, 특히 어떤 동작을 하고 싶을 때는 'want to + 동사원형'을 써요. want의 과거형은 wanted(원했다)이지요.

**1**  +  →

Do you want     +     some ice cream     →     Do you want some ice cream?
너는 원하니           아이스크림 좀           아이스크림 좀 먹을래?

**한 걸음 더**
- He wants a new cat. 그는 새 고양이를 갖고 싶어 한다.
- She wanted to travel abroad. 그녀는 해외로 여행을 가고 싶었다.
- Do you want to play outside? 너는 밖에 나가서 놀고 싶니?
- What do you want to eat? 너는 무엇을 먹고 싶니?

**혼공쌤 꿀~팁** want to + 동사원형 '~하고 싶다'라는 표현으로 want to 뒤에는 반드시 동사원형을 써야 해요.
- I want to go home.     • She wants to see you.     • They didn't want to leave.
  나는 집에 가고 싶다.       그녀는 너를 보고 싶어 한다.       그들은 떠나고 싶지 않았다.

**2** I want to be     +     a singer     →     I want to be a singer.
나는 ~이 되고 싶다         가수          나는 가수가 되고 싶다.

**혼공쌤 꿀~팁** want to be + 직업 어떤 직업을 가지고 싶을 때 주로 사용하는 표현으로 want to be 다음에 직업을 쓰고 '~이 되고 싶다'라고 해석해요.
- I want to be a famous cook.     • She wanted to be a writer.     • Mark wants to be a baseball player.
  나는 유명한 요리사가 되고 싶다.      그녀는 작가가 되고 싶었다.      Mark는 야구선수가 되고 싶다.

---

**바로! 확인문제 02** 다음 우리말에 알맞은 영어 문장을 고르시오.      정답과 해설 60쪽

(1) 아이스크림 좀 먹을래?
  ① Do you want some ice cream?
  ② Do you wanted some ice cream?

(2) 그는 새 고양이를 갖고 싶어 한다.
  ① He wants a new cat.
  ② He wanted a new cat.

(3) 그녀는 해외로 여행을 가고 싶었다.
  ① She wants to travel abroad.
  ② She wanted to travel abroad.

(4) 너는 밖에 나가서 놀고 싶니?
  ① Do you want to play outside?
  ② Do you wanted to play outside?

(5) 너는 무엇을 먹고 싶니?
  ① What do you want to eat?
  ② What do you wanted to eat?

(6) 나는 가수가 되고 싶다.
  ① I want to be a singer.
  ② I wanted to be a singer.

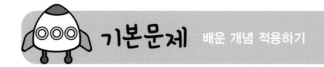
### A 다음 영어 문장에 알맞은 우리말 해석을 고르시오.

(1) Let's make a snowman.

　① 눈사람을 만들자.

　② 눈사람을 던지자.

(2) Did you make the bed this morning?

　① 너는 오늘 아침에 이부자리를 정리했니?

　② 너는 오늘 아침에 책상 정리했니?

(3) I'm making dinner.

　① 나는 저녁을 먹고 있다.

　② 나는 저녁을 만들고 있는 중이다.

(4) I didn't make cookies.

　① 나는 쿠키를 만들지 않았다.

　② 나는 쿠키를 주지 않았다.

(5) What do you want to eat?

　① 너는 무엇을 사고 싶니?

　② 너는 무엇을 먹고 싶니?

(6) She wanted to travel abroad.

　① 그녀는 해외로 여행을 가고 싶었다.

　② 그녀는 해외로 여행을 가고 싶지 않았다.

(7) I want to be a singer.

　① 나는 가수가 되고 싶다.

　② 나는 작가가 되고 싶다.

(8) Do you want some ice cream?

　① 아이스크림 좀 먹을래?

　② 아이스크림 좀 나눠줄래?

### B 다음 그림에 알맞게 제시된 영단어를 배열하시오.

(1)

(will / make a sandwich / I)

_____

(2)

오늘 아침

(make the bed / Did you /

this morning)

_____

(3)

먹어볼래?

(some ice cream / want / Do you)

_____

(4)

(I / a singer / want to be)

_____

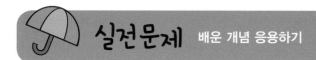 
### A 다음 밑줄 친 부분을 우리말 의미에 알맞게 고치시오.

(1) Jenny is <u>making</u> a chocolate cake yesterday.    →  _____

Jenny는 어제 초콜릿 케이크를 만들었다.

(2) They <u>want see</u> you.    →  _____

그들은 너를 보고 싶어 한다.

(3) He didn't <u>made</u> the bed this morning.    →  _____

그는 오늘 아침에 이부자리를 정리하지 않았다.

(4) Mark wanted <u>to is</u> a famous writer.    →  _____

Mark는 유명한 작가가 되고 싶었다.

### B 다음 우리말을 영어로 알맞게 쓴 문장을 고르시오.

우리는 해외로 여행을 가고 싶지 않았다.

① They didn't want to travel abroad.    ② We didn't want travel abroad.

③ We didn't want to travel abroad.    ④ We didn't make to travel abroad.

⑤ They didn't wanted to travel abroad.

### C 다음 중 밑줄 친 것이 <u>틀린</u> 것을 고르시오.

① Let's <u>make</u> a snowman.    ② He will <u>make</u> a sandwich.

③ She <u>made</u> a chocolate cake.    ④ Did you <u>made</u> the bed?

⑤ The bakers are <u>making</u> cookies.

### D 다음 〈보기〉에서 알맞은 것을 골라 문장을 완성하시오.

〈 보기 〉

to be    wanted    make    made    want to

(1) She will _____ cookies. 그녀는 쿠키를 만들 것이다.

(2) We didn't _____ leave. 우리는 떠나고 싶지 않았다.

(3) Mary _____ a new dog. Mary는 새 강아지를 갖고 싶어 했다.

(4) He wanted _____ a famous singer. 그는 유명한 가수가 되고 싶었다.

(5) They _____ a snowman. 그들은 눈사람을 만들었다.

# Day 30 ask / feel

 **혼공개념 059** ask 묻다 – asked 물었다

ask(묻다)는 상대방에게 질문할 때 주로 쓰는 동사이지요. 또한 무엇을 부탁하거나, 요청할 때에도 널리 쓰여요. ask의 과거형은 asked(물었다)이지요.

**1**

Can I ask you
제가 당신에게 물어봐도 될까요

\+ a question
질문을

→ Can I ask you a question?
제가 당신에게 질문해도 되나요?

> **한 걸음 더**
> · I want to ask you something. 나는 너에게 뭔가 물어보고 싶다.
> · He asked me about my sister. 그는 나에게 나의 여동생에 대해 물었다.
> · "What is this?" she asked. "이것은 무엇인가요?" 그녀가 물었다.
> · We asked for help. 우리는 도움을 요청했다.

**ask for** ask for 뒤에 명사가 오면 '~을 요청하다'라는 표현이 되지요.
· Tom asked for a glass of water.   · She asked for the bill.   · They asked for more pizza.
   Tom은 물 한 잔을 요청했다.      그녀는 계산서를 달라고 요청했다.   그들은 피자를 더 달라고 요청했다.

**2** Can I ask you
제가 당신에게 물어봐도 될까요

\+ a favor
부탁을

→ Can I ask you a favor?
제가 당신에게 부탁 좀 해도 될까요?

---

 **바로! 확인문제 01** 다음 우리말에 알맞은 영어 문장을 고르시오.   정답과 해설 61쪽

(1) 제가 당신에게 질문해도 되나요?
  ① Can I ask you a question?
  ② Can I asked you a question?

(2) 나는 너에게 뭔가 물어보고 싶다.
  ① I want to asked you something.
  ② I want to ask you something.

(3) 그는 나에게 나의 여동생에 대해 물었다.
  ① He asks me about my sister.
  ② He asked me about my sister.

(4) "이것은 무엇인가요?" 그녀가 물었다.
  ① "What is this?" she asks.
  ② "What is this?" she asked.

(5) 우리는 도움을 요청했다.
  ① We asked for help.
  ② We asks for help.

(6) 제가 당신에게 부탁 좀 해도 될까요?
  ① Can I ask you a favor?
  ② Can I asked you a favor?

**feel 느끼다 – felt 느꼈다**

우리는 잠자는 시간을 제외하고 늘 어떤 기분을 느끼면서 살고 있어요. feel(느끼다)은 이런 기분, 느낌, 의향 등을 표현할 때 쓰는 동사이지요. feel의 과거형은 felt(느꼈다)이지요.

**1**

| I feel | + | safe now | → | I feel safe now. |
| 나는 느낀다 | | 지금 안전한 | | 나는 지금 안전하다고 느낀다. |

**한 걸음 더**

· How are you feeling? 너는 기분이 어때?

· She felt so happy. 그녀는 정말 행복하다고 느꼈다.

· I feel cold. 나는 춥다고 느낀다.

· I don't feel good. 나는 몸이 좀 안 좋다.

**2** I feel like ＋ watching a movie → I feel like watching a movie.

나는 ～하고 싶다　　　　　영화를 보다　　　　　　　　　　　나는 영화를 보고 싶다.

 **혼공쌤 꿀~팁**

feel like＋동사-ing　'～하고 싶다'라는 표현으로 feel like 뒤에 '동사-ing'가 와야 해요.

· I feel like going for a walk. · I don't feel like studying. · Do you feel like crying?
　나는 산책하고 싶다.　　　　　나는 공부하고 싶지 않다.　　　너는 울고 싶니?

---

**바로! 확인문제 02** **다음 우리말에 알맞은 영어 문장을 고르시오.** 　　　정답과 해설 61쪽

(1) 나는 지금 안전하다고 느낀다.

① I feel safe now.

② I felt safe now.

(2) 그녀는 정말 행복하다고 느꼈다.

① She feels so happy.

② She felt so happy.

(3) 나는 춥다고 느낀다.

① I feel cold.

② I felt cold.

(4) 나는 몸이 좀 안 좋다.

① I don't feel good.

② I don't felt good.

(5) 나는 영화를 보고 싶다.

① I felt like watching a movie.

② I feel like watching a movie.

(6) 너는 울고 싶니?

① Do you feel like cry?

② Do you feel like crying?

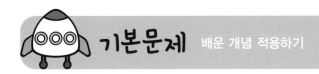
ⓐ 다음 영어 문장에 알맞은 우리말 해석을 고르시오.

(1) We asked for help.

　① 우리는 도움을 요청했다.

　② 우리는 도움을 거부했다.

(2) He asked me about my sister.

　① 그는 나에게 나의 여동생에 대해 들었다.

　② 그는 나에게 나의 여동생에 대해 물었다.

(3) "What is this?" she asked.

　① "이것은 무엇인가요?" 그녀가 물었다.

　② "이것은 무엇인가요?" 그녀가 묻는다.

(4) I want to ask you something.

　① 나는 너에게 뭔가 물어보고 싶다.

　② 나는 그녀에게 뭔가 물어보고 싶다.

(5) I feel cold.

　① 나는 춥다고 느낀다.

　② 나는 덥다고 느낀다.

(6) She felt so happy.

　① 그녀는 정말 행복하다고 말했다.

　② 그녀는 정말 행복하다고 느꼈다.

(7) I don't feel good.

　① 나는 몸이 괜찮다.

　② 나는 몸이 좀 안 좋다.

(8) I feel safe now.

　① 나는 지금 안전하다고 믿는다.

　② 나는 지금 안전하다고 느낀다.

ⓑ 다음 그림에 알맞게 제시된 영단어를 배열하시오.

(1)

(I / a favor / ask you / Can)

_____

(2)

(Can / ask you / a question / I)

_____

(3)

(now / feel / I / safe)

_____

(4)

(feel like / I / watching a movie)

_____

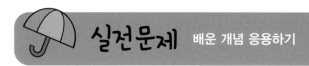 
**A** 다음 밑줄 친 부분을 우리말 의미에 알맞게 고치시오.

(1) Tom <u>asks</u> for a glass of water.   →  _____

   Tom은 물 한 잔을 요청했다.

(2) I don't <u>ask</u> like crying.   →  _____

   나는 울고 싶지 않다.

(3) How are you <u>feel</u>?   →  _____

   너는 기분이 어때?

(4) Can I <u>feel</u> you a favor?   →  _____

   제가 당신에게 부탁 좀 해도 될까요?

**B** 다음 우리말을 영어로 알맞게 쓴 문장을 고르시오.

나는 오늘 몸이 안 좋다.

① I didn't feel good today.　　　② I don't feel bad today.

③ I feel good today.　　　④ I don't felt good today.

⑤ I don't feel good today.

**C** 다음 중 **틀린** 문장을 고르시오.

① Can I ask you a favor?　　　② They asked for more money.

③ She asked for the bill.　　　④ Mr. Kim asked some questions me.

⑤ The old man asked me about my parents.

**D** 다음 〈보기〉처럼 주어진 문장을 시제에 맞게 고쳐 쓰시오.

〈 보기 〉
I watch a movie → I feel like watching a movie.

(1) She studies.   →  _____

(2) My mom <u>went</u> for a walk.   →  _____

(3) My brother <u>cries</u>.   →  _____

(4) Do you <u>watch</u> a movie?   →  _____

(5) They <u>don't</u> go for a walk.   →  _____

 **get 얻다 – got 얻었다**

get(얻다)은 여러 가지 뜻을 지니고 있는데 기본적으로 나에게 어떤 것이 '생긴다, 들어온다'는 표현을 할 때 쓰는 동사이지요. get의 과거형은 got(얻었다)이지요.

**1**

I got          +          a new coat          →          I got a new coat.
나는 얻었다(샀다)          새 코트를          나는 새 코트를 얻었다(샀다).

**한 걸음 더**
· Where did you get it? 너는 그것을 어디서 얻었어(샀어)?
· He got a new job today. 그는 오늘 새로운 직장을 얻었다.
· She got a birthday present. 그녀는 생일 선물을 받았다.
· I got an idea. 나는 좋은 생각이 났다.

**2**    I don't get          +          it          →          I don't get it.
나는 이해하지 못하다          그것을          나는 그것을 이해하지 못한다.

 **혼공샘 꿀~팁** get의 중요한 다른 뜻 get은 '~을 이해하다'라는 뜻으로도 자주 등장하는 동사이지요.
· I get it now.          · Did you get it?          · They didn't get the joke.
나는 이제 그것을 이해한다.          너는 그것을 이해했니?          그들은 그 농담을 이해하지 못했다.

---

**바로! 확인문제 01** 다음 우리말에 알맞은 영어 문장을 고르시오.          정답과 해설 63쪽

(1) 나는 새 코트를 샀다.
① I get a new coat.
② I got a new coat.

(2) 너는 그것을 어디서 샀어?
① Where did you get it?
② Where did you got it?

(3) 그는 오늘 새로운 직장을 얻었다.
① He gets a new job today.
② He got a new job today.

(4) 그녀는 생일 선물을 받았다.
① She got a birthday present.
② She gets a birthday present.

(5) 나는 좋은 생각이 났다.
① I got an idea.
② I get an idea.

(6) 나는 그것을 이해하지 못한다.
① I don't get it.
② I don't got it.

**play 놀다 – played 놀았다**

우리의 생활은 다양한 놀이로 가득차 있어요. play(놀다)는 친구와 놀고, 운동을 하고, 악기를 연주하는 것을 모두 표현할 수 있는 동사이지요. play의 과거형은 played(놀았다)이지요.

**1**

Let's play
놀자

\+

outside
밖에서

→

Let's play outside.
밖에서 놀자.

**한 걸음 더**

· I am playing with my friends. 나는 내 친구들과 놀고 있는 중이다.

· He always played with us. 그는 항상 우리들과 놀았다.

· I wanted to play with them. 나는 그들과 놀고 싶었다.

· Can you play soccer? 너는 축구를 할 수 있니?

play + 운동 이름  동사 play 뒤에 운동 이름을 쓰면 '~ 운동을 하다'라는 표현이 돼요.

· I played baseball yesterday.    · We are playing badminton.    · Do you want to play basketball?
나는 어제 야구를 했다.           우리는 배드민턴을 하고 있는 중이다.     너는 농구를 하고 싶니?

**2**

I can play
나는 연주할 수 있다

\+

the piano
피아노를

→

I can play the piano.
나는 피아노를 연주할 수 있다.

play + the 악기 이름  '악기 연주를 하다'라는 표현은 동사 play 뒤에 악기 이름을 써서 나타낼 수 있어요. 이때 악기 이름 앞에 반드시 정관사 the를 써야 한다는 것에 주의해야 해요.

· I can't play the violin.    · Can you play the clarinet?    · I like to play the guitar.
나는 바이올린 연주를 할 수 없다.     너는 클라리넷 연주를 할 수 있니?     나는 기타 연주하는 것을 좋아한다.

---

**바로! 확인문제 02**  **다음 우리말에 알맞은 영어 문장을 고르시오.**  정답과 해설 63쪽

( 1 ) 밖에서 놀자.

① Let's play outside.

② Let's played outside.

( 2 ) 나는 내 친구들과 놀고 있는 중이다.

① I am playing with my friends.

② I am played with my friends.

( 3 ) 그는 항상 우리들과 놀았다.

① He always plays with us.

② He always played with us.

( 4 ) 나는 그들과 놀고 싶었다.

① I want to play with them.

② I wanted to play with them.

( 5 ) 너는 축구를 할 수 있니?

① Can you play soccer?

② Can you play the soccer?

( 6 ) 나는 피아노를 연주할 수 있다.

① I can play the piano.

② I can played the piano.

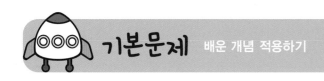
Ⓐ 다음 영어 문장에 알맞은 우리말 해석을 고르시오.

(1) He got a new job today.
① 그는 오늘 새로운 직장을 갔다.
② 그는 오늘 새로운 직장을 얻었다.

(2) Where did you get it?
① 너는 그것을 어디서 봤어?
② 너는 그것을 어디서 샀어?

(3) I got an idea.
① 나는 좋은 생각이 났다.
② 나는 좋은 생각이 안 났다.

(4) She got a birthday present.
① 그녀는 생일 선물을 떨어뜨렸다.
② 그녀는 생일 선물을 받았다.

(5) I wanted to play with them.
① 나는 그들과 놀고 싶었다.
② 나는 그들과 놀고 싶지 않았다.

(6) He always played with us.
① 그는 항상 그들과 놀았다.
② 그는 항상 우리들과 놀았다.

(7) I am playing with my friends.
① 나는 내 친구들과 먹고 있다.
② 나는 내 친구들과 놀고 있는 중이다.

(8) Can you play soccer?
① 너는 농구를 할 수 있니?
② 너는 축구를 할 수 있니?

Ⓑ 다음 그림에 알맞게 제시된 영단어를 배열하시오.

(1)

(got / I / a new coat)

(2)

(get / it / don't / I)

(3)

(play / Let's / outside)

(4)

(piano / can / the / I / play)

**A** 다음 밑줄 친 부분을 우리말 의미에 알맞게 고치시오.

(1) Do you want to <u>played</u> basketball?    → _____
너는 농구를 하고 싶니?

(2) We always <u>play</u> with him.    → _____
우리는 항상 그와 놀았다.

(3) Where did you <u>gets</u> it?    → _____
너는 그것을 어디서 샀어?

(4) They are <u>play</u> with their friends.    → _____
그들은 그들의 친구들과 놀고 있는 중이다.

**B** 다음 우리말을 영어로 알맞게 쓴 문장을 고르시오.

> 너는 바이올린 연주를 할 수 있니?

① Can you plays the violin?        ② Can you played the violin?

③ Can you playing the violin?        ④ Can you are play the violin?

⑤ Can you play the violin?

**C** 다음 중 밑줄 친 get이 '이해하다(이해했다)'로 쓰이지 않은 문장을 고르시오.

① I <u>get</u> it now.        ② Did you <u>get</u> it?

③ I don't <u>get</u> it.        ④ Jacob will <u>get</u> a new job.

⑤ They didn't <u>get</u> the joke.

**D** 다음 〈보기〉에서 알맞은 단어를 골라 문장을 완성하시오.

〈 보기 〉

play        get        played        got        playing

(1) Jacob and Tom _____ soccer. Jacob과 Tom은 축구를 했다.

(2) Did you _____ it? 너는 그것을 이해했니?

(3) He _____ a birthday present. 그는 생일 선물을 받았다.

(4) We are _____ with a cat. 우리는 고양이와 놀고 있는 중이다.

(5) She can _____ tennis. 그녀는 테니스를 할 수 있다.

| 1-3 | 다음 영어 문장에 알맞은 우리말 해석을 고르시오.

**1** I think it's delicious.

① 나는 그것이 맛없다고 생각한다.　　② 나는 그것이 비싸다고 생각한다.

③ 나는 그것이 맛있다고 생각한다.　　④ 나는 그것이 어렵다고 생각한다.

⑤ 나는 그것이 쉽다고 생각한다.

**2** Do you feel like crying?

① 너는 말하고 싶니?　　　　　　　② 너는 울고 싶니?

③ 너는 웃고 싶지 않니?　　　　　　④ 너는 먹고 싶니?

⑤ 너는 우는 것을 좋아하니?

**3** Did you make the bed this morning?

① 너는 오늘 아침에 그 침대를 만들었니?　　② 너는 오늘 아침에 그 침대에서 잤니?

③ 너는 오늘 아침에 이부자리를 정리했니?　　④ 너는 오늘 아침에 침대에서 떨어졌니?

⑤ 너는 오늘 아침에 그 침대를 봤니?

| 4-5 | 다음 중 밑줄 친 부분이 **틀린** 것을 고르시오.

**4** ① I like watching TV.　　　　　② They will like this restaurant.

③ She likes Mark.　　　　　　　④ Do you likes pizza?

⑤ He walks like a cat.

**5** ① I want to play outside.　　　② She wanted to travel abroad.

③ They didn't want to leave.　　④ She wants to see you.

⑤ Do you want to some ice cream?

**6** 다음 중 밑줄 친 부분이 올바른 문장을 고르시오.

① Can I asked you a favor?　　② We asks for help.

③ He asked me about my sister.　　④ Can I asks you a question?

⑤ "What is this?" she asking.

| 7-9 | 다음 그림과 우리말에 알맞게 빈칸에 들어갈 영단어를 쓰시오.

**7**

나는 그것을 이해하지 못한다.

I don't _____ it.

**8**

그는 바람처럼 달린다.

He runs _____ the wind.

**9**

나는 피아노를 연주할 수 있다.

I can _____ the piano.

**10** 다음 우리말에 알맞은 단어를 빈칸에 쓰시오.

( 1 ) Jane은 커피 한 잔을 요청했다.

Jane _____ for a cup of coffee.

( 2 ) 나는 집에 가고 싶었다.

I wanted _____ go home.

| 11-12 | 다음 〈보기〉처럼 주어진 문장을 고쳐 쓰시오.

〈 보기 〉

She studies. → She feels like studying.

**11** She goes for a walk.

→ _____ .

**12** He doesn't study.

→ _____ .

초등영문법

기초구문편

책 속 〈Day별〉

영단어장 & 정답과 해설

혼공북스

혼공 초등영문법
기초구문편

책 속 〈Day별〉
영단어장

혼공북스

# ⟨Day별⟩ 영단어 정리 및 3회 써보기

이 책에 등장하는 영단어를 순서대로 정리하고 우리말 발음과 뜻을 제시했어요. 영단어 철자, 우리말 발음 그리고 뜻을 익힌 후 영단어를 직접 세 번씩 쓰면서 익혀보세요. 영단어와 미리 친해지면 이 책을 공부하기가 훨씬 쉬울 거예요.

| Day | 단어 | 발음 | 뜻 | 1회 쓰기 | 2회 쓰기 | 3회 쓰기 |
|---|---|---|---|---|---|---|
| Day 01 | I | 아이 | 때 나 | | | |
| | go | 고우 | 통 가다 | | | |
| | get up | 겟 업 | 통 일어나다 | | | |
| | you | 유 | 때 너 | | | |
| | listen | 리쓴 | 통 듣다 | | | |
| | she | 쉬 | 때 그녀 | | | |
| | run | 뤈 | 통 달리다 | | | |
| | he | 히 | 때 그 | | | |
| | it | 잇 | 때 그것 | | | |
| | they | 데이 | 때 그들 | | | |
| | don't | 도운트 | do not의 축약형 | | | |
| | doesn't | 더즌트 | does not의 축약형 | | | |
| | jump | 점프 | 통 점프하다 | | | |
| | sleep | 슬리이프 | 통 잠자다 | | | |
| | ran | 뤤 | 통 달렸다 | | | |
| | my | 마이 | 때 나의 | | | |
| | dad | 대드 | 명 아빠 | | | |
| | mom | 맘 | 명 엄마 | | | |
| | brother | 브롸덜 | 명 형, 남동생 | | | |
| Day 02 | will | 윌 | 조 ~할 것이다 | | | |
| | got up | 갓업 | 통 일어났다 | | | |
| | are | 아아 | 통 ~이다, ~하다, ~에 있다 | | | |
| | were | 워 | 통 ~이었다, ~했다, ~에 있었다 | | | |
| | we | 위 | 때 우리 | | | |
| | am | 엠 | 통 ~이다, ~하다, ~에 있다 | | | |
| | is | 이즈 | 통 ~이다, ~하다, ~에 있다 | | | |
| | was | 워즈 | 통 ~이었다, ~했다, ~에 있었다 | | | |

| Day | 단어 | 발음 | 뜻 | 1회 쓰기 | 2회 쓰기 | 3회 쓰기 |
|---|---|---|---|---|---|---|
| Day 02 | didn't | 디든트 | did not의 축약형 | | | |
| | sing | 씽 | 동 노래하다 | | | |
| Day 03 | dance | 댄스 | 동 춤추다 | | | |
| | nicely | 나이슬리 | 부 멋지게 | | | |
| | cried | 크라이드 | 동 울었다 | | | |
| | sadly | 새들리 | 부 슬프게 | | | |
| | park | 파아크 | 명 공원 | | | |
| | night | 나이트 | 명 밤 | | | |
| | lived | 리브드 | 동 살았다 | | | |
| | sit | 씻 | 동 앉다 | | | |
| | bench | 벤취 | 명 벤치 | | | |
| | cry | 크라이 | 동 울다 | | | |
| | slept | 슬렙트 | 동 잠잤다 | | | |
| | Korea | 코뤼아 | 명 한국 | | | |
| | sat | 쎗 | 동 앉았다 | | | |
| | sister | 씨스털 | 명 누나, 여동생 | | | |
| | eat | 이이트 | 동 먹다 | | | |
| | well | 웰 | 부 잘 | | | |
| | work | 월크 | 동 일하다 | | | |
| Day 04 | student | 스투던트 | 명 학생 | | | |
| | doctor | 닥터 | 명 의사 | | | |
| | cook | 큭 | 명 요리사 | | | |
| | these | 디즈 | 대 이것들 | | | |
| | those | 도우즈 | 대 저것들 | | | |
| | friend | 프뤤드 | 명 친구 | | | |
| | tomato | 터메이토우 | 명 토마토 | | | |
| | aren't | 아뤠ㄴ트 | are not의 축약형 | | | |
| | isn't | 이즌트 | is not의 축약형 | | | |
| | singer | 씽어 | 명 가수 | | | |
| | banana | 버내너 | 명 바나나 | | | |
| | ball | 볼 | 명 공 | | | |
| | teacher | 티처 | 명 선생님 | | | |

| Day | 단어 | 발음 | 뜻 | 1회 쓰기 | 2회 쓰기 | 3회 쓰기 |
|---|---|---|---|---|---|---|
| Day 05 | nurse | 널스 | 몡 간호사 | | | |
| | hospital | 하스피탈 | 몡 병원 | | | |
| | police officer | 폴리스 오피서 | 몡 경찰관 | | | |
| | wasn't | 워즌트 | was not의 축약형 | | | |
| | weren't | 워렌트 | were not의 축약형 | | | |
| | won't | 워운트 | will not의 축약형 | | | |
| | boy | 보이 | 몡 소년 | | | |
| | China | 촤이너 | 몡 중국 | | | |
| Day 06 | happy | 해피 | 혱 행복한 | | | |
| | tall | 톨 | 혱 키가 큰 | | | |
| | tired | 타열드 | 혱 피곤한 | | | |
| | very | 베어리 | 붜 아주, 매우 | | | |
| | smart | 스마아트 | 혱 똑똑한 | | | |
| | sad | 새드 | 혱 슬픈 | | | |
| | safe | 세이프 | 혱 안전한 | | | |
| | grandma | 그랜마 | 몡 할머니 | | | |
| | grandpa | 그랜파 | 몡 할아버지 | | | |
| | hungry | 헝그리 | 혱 배고픈 | | | |
| | fast | 패스트 | 혱 빠른 | | | |
| | young | 영 | 혱 젊은 | | | |
| Day 07 | strong | 스트롱 | 혱 강한 | | | |
| | old | 오울드 | 혱 늙은 | | | |
| | never | 네버 | 붜 결코 ~않는 | | | |
| | sometimes | 썸타임즈 | 붜 때때로 | | | |
| | often | 오펀 | 붜 종종 | | | |
| | usually | 유절리 | 붜 보통 | | | |
| | always | 올웨이즈 | 붜 항상 | | | |
| | lucky | 러키 | 혱 운이 좋은 | | | |
| | woman | 워먼 | 몡 여자 | | | |
| | long | 롱 | 혱 긴 | | | |
| | dog | 도그 | 몡 개 | | | |
| | big | 빅 | 혱 큰 | | | |
| | building | 빌딩 | 몡 건물 | | | |

| Day | 단어 | 발음 | 뜻 | 1회 쓰기 | 2회 쓰기 | 3회 쓰기 |
|---|---|---|---|---|---|---|
| **Day 07** | new | 누 | ⑱ 새로운 | | | |
| | children | 췰드런 | ⑲ 아이들 | | | |
| | girl | 걸 | ⑲ 소녀 | | | |
| **Day 08** | clean | 클린 | ⑧ 청소하다 | | | |
| | room | 룸 | ⑲ 방 | | | |
| | apple | 애펄 | ⑲ 사과 | | | |
| | teach | 티치 | ⑧ 가르치다 | | | |
| | can | 캔 | ㉗ ~할 수 있다 | | | |
| **Day 09** | cleaned | 클린드 | ⑧ 청소했다 | | | |
| | ate | 에잇 | ⑧ 먹었다 | | | |
| | late | 레이트 | ⑲ 늦게 | | | |
| **Day 10** | classroom | 클래스룸 | ⑲ 교실 | | | |
| | now | 나우 | ⑲ 지금 | | | |
| | yesterday | 예스터데이 | ⑲ 어제 | | | |
| | next | 넥스트 | ⑱ 다음의 | | | |
| | year | 이어 | ⑲ 년, 해 | | | |
| **Day 11** | give | 기브 | ⑧ 주다 | | | |
| | him | 힘 | ⑭ 그를 | | | |
| | book | 북 | ⑲ 책 | | | |
| | send | 센드 | ⑧ 보내 주다 | | | |
| | me | 미 | ⑭ 나를 | | | |
| | letter | 레터 | ⑲ 편지 | | | |
| | us | 어스 | ⑭ 우리를 | | | |
| | English | 잉글리쉬 | ⑲ 영어 | | | |
| | buy | 바이 | ⑧ 사 주다 | | | |
| | lend | 렌드 | ⑧ 빌려주다 | | | |
| | show | 쇼우 | ⑧ 보여 주다 | | | |
| | tell | 텔 | ⑧ 말해 주다 | | | |
| | bring | 브링 | ⑧ 가져다주다 | | | |
| | her | 허 | ⑭ 그녀를 | | | |
| | his | 히즈 | ⑭ 그의 | | | |
| **Day 12** | gave | 게이브 | ⑧ 주었다 | | | |
| | bought | 바아트 | ⑧ 사 주었다 | | | |

| Day | 단어 | 발음 | 뜻 | 1회 쓰기 | 2회 쓰기 | 3회 쓰기 |
|---|---|---|---|---|---|---|
| Day 13 | story | 스토뤼 | 몡 이야기 | | | |
| | angrily | 앵그럴리 | 뿐 화가 나서 | | | |
| | showed | 쇼우드 | 동 보여 줬다 | | | |
| | picture | 픽춰 | 몡 사진 | | | |
| | happily | 해펄리 | 뿐 행복하게 | | | |
| | here | 히어 | 뿐 여기에서 | | | |
| | there | 데어 | 뿐 저기에서 | | | |
| | kitchen | 키췬 | 몡 부엌 | | | |
| | angry | 앵그뤼 | 혱 화난 | | | |
| | told | 토울드 | 동 말했다 | | | |
| | them | 뎀 | 때 그들을 | | | |
| Day 14 | make | 메이크 | 동 ~하게 하다 | | | |
| | movie | 무비 | 몡 영화 | | | |
| | bored | 보어드 | 혱 지루한 | | | |
| Day 15 | made | 메이드 | 동 ~하게 했다 | | | |
| | should | 슈드 | 조 ~해야 한다 | | | |
| | must | 머스트 | 조 ~해야 한다 | | | |
| | drive | 드라이브 | 동 운전하다 | | | |
| | car | 카아 | 몡 차 | | | |
| | take | 테이크 | 동 복용하다 | | | |
| | pill | 필 | 몡 알약 | | | |
| | rich | 뤼치 | 혱 부자인 | | | |
| | shouldn't | 슈든트 | should not의 축약형 | | | |
| | ride | 라이드 | 동 타다 | | | |
| | bicycle | 바이시컬 | 몡 자전거 | | | |
| Day 16 | calm | 카암 | 혱 차분한 | | | |
| | restaurant | 레스터란 | 몡 식당 | | | |
| | front | 프런트 | 몡 앞쪽 | | | |
| | hamburger | 햄버거 | 몡 햄버거 | | | |
| | supermarket | 수퍼마킷 | 몡 슈퍼마켓 | | | |
| Day 17 | have | 해브 | 동 ~하게 하다 | | | |
| | let | 렛 | 동 ~하게 허락하다 | | | |
| | wash | 와쉬 | 동 씻다 | | | |

| Day | 단어 | 발음 | 뜻 | 1회 쓰기 | 2회 쓰기 | 3회 쓰기 |
|---|---|---|---|---|---|---|
| Day 17 | hand | 핸드 | 명 손 | | | |
| | use | 유즈 | 동 사용하다 | | | |
| | computer | 컴퓨터 | 명 컴퓨터 | | | |
| | your | 요어 | 대 너의 | | | |
| | desk | 데스크 | 명 책상 | | | |
| | table | 테이벌 | 명 테이블 | | | |
| Day 18 | had | 해드 | 동 ～하게 했다 | | | |
| | their | 데어 | 대 그들의 | | | |
| | pencil | 펜소 | 명 연필 | | | |
| Day 19 | do | 두 | 동 하다 | | | |
| | homework | 홈월크 | 명 숙제 | | | |
| | hard | 하아드 | 부 열심히 | | | |
| | speak | 스피이크 | 동 말하다 | | | |
| | outside | 아웃사이드 | 부 밖으로 | | | |
| | morning | 모닝 | 명 아침 | | | |
| | study | 스터디 | 동 공부하다 | | | |
| | hardly | 하들리 | 부 거의 ～아니다 | | | |
| | evening | 이브닝 | 명 저녁 | | | |
| | song | 쏭 | 명 노래 | | | |
| | excited | 익싸이티드 | 형 흥분한 | | | |
| Day 20 | get | 겟 | 동 ～하게 하다 | | | |
| | help | 헬프 | 동 도와주다 | | | |
| | stand up | 스탠덥 | 동 일어서다 | | | |
| | cook | 큭 | 동 요리하다 | | | |
| | read | 뤼이드 | 동 읽다 | | | |
| | ask | 애스크 | 동 요청하다 | | | |
| Day 21 | got | 갓 | 동 ～하게 했다 | | | |
| | helped | 헬프트 | 동 도와주었다 | | | |
| | want | 원트 | 동 원하다 | | | |
| | parent | 페런트 | 명 부모 | | | |
| | father | 파더 | 명 아버지 | | | |
| | learn | 런 | 동 배우다 | | | |

| Day | 단어 | 발음 | 뜻 | 1회 쓰기 | 2회 쓰기 | 3회 쓰기 |
|---|---|---|---|---|---|---|
| Day 22 | last | 래스트 | ⑲ 지난 | | | |
| | week | 위이크 | ⑲ 주 | | | |
| | month | 먼쓰 | ⑲ 달 | | | |
| Day 23 | nice | 나이스 | ⑲ 멋진 | | | |
| | exciting | 익싸이팅 | ⑲ 흥미진진한 | | | |
| | game | 게임 | ⑲ 게임 | | | |
| | good | 귿 | ⑲ 착한 | | | |
| | tree | 트리 | ⑲ 나무 | | | |
| | lovely | 러블리 | ⑲ 사랑스러운 | | | |
| | baby | 베이비 | ⑲ 아기 | | | |
| | handsome | 핸섬 | ⑲ 잘생긴 | | | |
| | cat | 캣 | ⑲ 고양이 | | | |
| | interesting | 인터레스팅 | ⑲ 재미있는 | | | |
| Day 24 | come | 컴 | ⑲ 오다 | | | |
| | came | 케임 | ⑲ 왔다 | | | |
| | festival | 페스티벌 | ⑲ 축제 | | | |
| | time | 타임 | ⑲ 시간 | | | |
| | dream | 드림 | ⑲ 꿈 | | | |
| | true | 트루 | ⑲ 사실의 | | | |
| | went | 웬트 | ⑲ 갔다 | | | |
| | Let's | 렛츠 | Let us의 축약형 | | | |
| | party | 파티 | ⑲ 파티 | | | |
| | trip | 트립 | ⑲ 여행 | | | |
| | bus | 버스 | ⑲ 버스 | | | |
| | subway | 썹웨이 | ⑲ 지하철 | | | |
| | school | 스쿨 | ⑲ 학교 | | | |
| | taxi | 택시 | ⑲ 택시 | | | |
| | foot | 풋 | ⑲ 발 | | | |
| | shop | 샵 | ⑲ 쇼핑하다 | | | |
| | mother | 마더 | ⑲ 어머니 | | | |
| | fish | 피쉬 | ⑲ 낚시하다 | | | |
| | hike | 하이크 | ⑲ 하이킹하다 | | | |
| | camp | 캐앰프 | ⑲ 캠핑을 가다 | | | |

| Day | 단어 | 발음 | 뜻 | 1회 쓰기 | 2회 쓰기 | 3회 쓰기 |
|---|---|---|---|---|---|---|
| Day 25 | start | 스타트 | 동 시작하다 | | | |
| | take | 테이크 | 동 데리고 가다 | | | |
| | started | 스타티드 | 동 시작했다 | | | |
| | Monday | 먼데이 | 명 월요일 | | | |
| | phone | 포운 | 명 전화 | | | |
| | ring | 링 | 동 울리다 | | | |
| | took | 특 | 동 데리고 갔다 | | | |
| | order | 오더 | 명 주문 | | | |
| | medicine | 메디슨 | 명 약 | | | |
| | train | 트레인 | 명 기차 | | | |
| | when | 웬 | 부 언제 | | | |
| | who | 후 | 대 누구 | | | |
| | how | 하우 | 부 어떻게 | | | |
| Day 26 | talk | 토크 | 동 말하다 | | | |
| | stop | 스땁 | 동 멈추다 | | | |
| | talked | 톡트 | 동 말했다 | | | |
| | quietly | 콰이어틀리 | 부 조용히 | | | |
| | about | 어바웃 | 전 ~에 대해 | | | |
| | test | 테스트 | 명 시험 | | | |
| | stopped | 스탑트 | 동 멈췄다 | | | |
| | think | 띵크 | 동 생각하다 | | | |
| | waited | 웨이티드 | 동 기다렸다 | | | |
| | door | 도어 | 명 문 | | | |
| | music | 뮤직 | 명 음악 | | | |
| Day 27 | watch | 와취 | 동 보다 | | | |
| | see | 씨이 | 동 보다 | | | |
| | walk | 워크 | 동 걷다 | | | |
| | watched | 와취트 | 동 봤다 | | | |
| | saw | 싸 | 동 봤다 | | | |
| | play | 플레이 | 명 연극 | | | |
| | show | 쇼우 | 명 쇼 | | | |
| | all | 올 | 형 모두(전부) | | | |

| Day | 단어 | 발음 | 뜻 | 1회 쓰기 | 2회 쓰기 | 3회 쓰기 |
|---|---|---|---|---|---|---|
| Day 27 | day | 데이 | 명 하루 | | | |
| | every | 에브리 | 형 모든 | | | |
| | anything | 에니띵 | 대 아무것 | | | |
| | living room | 리빙룸 | 명 거실 | | | |
| | far | 파 | 부 멀리 | | | |
| | slowly | 슬로울리 | 부 천천히 | | | |
| | shall | 쉘 | 조 ~일 것이다 | | | |
| | puppy | 퍼피 | 명 강아지 | | | |
| | too | 투 | 부 너무 | | | |
| | much | 머취 | 부 많이 | | | |
| | street | 스트뤼이트 | 명 길 | | | |
| Day 28 | like | 라익 | 동 좋아하다 | | | |
| | liked | 라익트 | 동 좋아했다 | | | |
| | chicken | 취킨 | 명 닭고기 | | | |
| | pizza | 핏차 | 명 피자 | | | |
| | wind | 윈드 | 명 바람 | | | |
| | strawberry | 스트롸베리 | 명 딸기 | | | |
| | duck | 덕 | 명 오리 | | | |
| | thought | 따아트 | 동 생각했다 | | | |
| | delicious | 딜리셔스 | 형 맛있는 | | | |
| | so | 쏘우 | 부 그렇게 | | | |
| | expensive | 익스펜시브 | 형 비싼 | | | |
| | difficult | 디피컬트 | 형 어려운 | | | |
| | plan | 플랜 | 명 계획 | | | |
| Day 29 | make | 메이크 | 동 만들다 | | | |
| | made | 메이드 | 동 만들었다 | | | |
| | sandwich | 샌드위치 | 명 샌드위치 | | | |
| | snowman | 스노우맨 | 명 눈사람 | | | |
| | chocolate | 초클럿 | 명 초콜릿 | | | |
| | cake | 케익 | 명 케이크 | | | |
| | cookie | 쿠키 | 명 쿠키 | | | |
| | dinner | 디너 | 명 저녁 | | | |
| | bed | 베드 | 명 침대 | | | |

| Day | 단어 | 발음 | 뜻 | 1회 쓰기 | 2회 쓰기 | 3회 쓰기 |
|---|---|---|---|---|---|---|
| Day 29 | some | 썸 | 형 약간의 | | | |
| | ice cream | 아이스크림 | 명 아이스크림 | | | |
| | travel | 트래블 | 동 여행하다 | | | |
| | abroad | 어브롸드 | 부 해외로 | | | |
| | home | 호움 | 부 집으로 | | | |
| | leave | 리이브 | 동 떠나다 | | | |
| | famous | 페이머스 | 형 유명한 | | | |
| | writer | 롸이터 | 명 작가 | | | |
| | baseball | 베이스볼 | 명 야구 | | | |
| | player | 플레이어 | 명 선수 | | | |
| | baker | 베이커 | 명 제빵사 | | | |
| Day 30 | ask | 에스크 | 동 묻다 | | | |
| | feel | 필 | 동 느끼다 | | | |
| | asked | 에스크트 | 동 물었다 | | | |
| | question | 퀘스천 | 명 질문 | | | |
| | something | 썸띵 | 명 어떤 것 | | | |
| | glass | 글래스 | 명 잔 | | | |
| | water | 워터 | 명 물 | | | |
| | bill | 빌 | 명 계산서 | | | |
| | favor | 패이버 | 명 부탁 | | | |
| | felt | 펠트 | 동 느꼈다 | | | |
| | safe | 세이프 | 형 안전한 | | | |
| | cold | 코울드 | 형 추운 | | | |
| | bad | 배드 | 형 나쁜 | | | |
| | money | 머니 | 명 돈 | | | |
| Day 31 | get | 겟 | 동 얻다 | | | |
| | play | 플레이 | 동 놀다 | | | |
| | got | 갓 | 동 얻었다 | | | |
| | coat | 코우트 | 명 코트 | | | |
| | where | 웨어 | 부 어디 | | | |
| | job | 잡 | 명 직장 | | | |
| | today | 투데이 | 부 오늘 | | | |
| | birthday | 버쓰데이 | 명 생일 | | | |

| Day | 단어 | 발음 | 뜻 | 1회 쓰기 | 2회 쓰기 | 3회 쓰기 |
|---|---|---|---|---|---|---|
| **Day 31** | **present** | 프레즌트 | 명 선물 | | | |
| | **idea** | 아이디어 | 명 생각 | | | |
| | **joke** | 조우크 | 명 농담 | | | |
| | **played** | 플레이드 | 동 놀았다 | | | |
| | **soccer** | 싸커 | 명 축구 | | | |
| | **badminton** | 배드민턴 | 명 배드민턴 | | | |
| | **basketball** | 배스킷볼 | 명 농구 | | | |
| | **piano** | 피아노 | 명 피아노 | | | |
| | **violin** | 바이올린 | 명 바이올린 | | | |
| | **clarinet** | 클라리넷 | 명 클라리넷 | | | |
| | **guitar** | 기타 | 명 기타 | | | |
| | **tennis** | 테니스 | 명 테니스 | | | |

정답과 해설

혼공북스

## Day 01 주어+일반동사(1)

(1) ① (2) ② (3) ① (4) ② (5) ① (6) ②

(1) 주어 I를 먼저 쓰고, 동사 go를 써요.

(2) 주어 I를 먼저 쓰고, 동사 get up을 써요.

(3) 주어 You를 먼저 쓰고, 동사 listen을 써요.

(4) 주어 She를 먼저 쓰고, 주어가 3인칭 단수이므로 동사 run에 s를 붙여 runs를 써요.

(5) 주어 They를 먼저 쓰고, 동사 run을 써요.

(6) 주어 He를 먼저 쓰고, 주어가 3인칭 단수이므로 동사 get에 s를 붙여 gets up을 써요.

(1) ② (2) ① (3) ② (4) ① (5) ① (6) ①

(1) 주어 I를 먼저 쓰고, 부정을 나타내는 don't와 동사 get up을 써요.

(2) 주어 You를 먼저 쓰고, 부정을 나타내는 don't와 동사 listen을 써요.

(3) 주어 She를 먼저 쓰고, 부정을 나타내는 doesn't와 동사 run을 써요. 주어가 3인칭 단수이기 때문에 doesn't를 써요.

(4) 주어 He를 먼저 쓰고, 부정을 나타내는 doesn't와 동사원형 run을 써요. 주어가 3인칭 단수이기 때문에 doesn't를 써요.

(5) 주어 They를 먼저 쓰고, 부정을 나타내는 don't와 동사 jump를 써요.

(6) 주어 Tom and John을 먼저 쓰고, 부정을 나타내는 don't와 동사 sleep을 써요.

### 기본문제

Ⓐ (1) ① (2) ② (3) ② (4) ① (5) ② (6) ②
Ⓑ (1) I get up. (2) You listen. (3) She runs. (4) I don't get up. (5) You don't listen. (6) She doesn't run.

Ⓐ

(1) 부정을 나타내는 표현이 쓰이지 않았기 때문에 해석은 '나는 일어난다.'이지요.

(2) 부정을 나타내는 don't가 쓰였기 때문에 해석은 '너는 듣지 않는다.'이지요.

(3) 부정을 나타내는 doesn't가 쓰였기 때문에 해석은 '그녀는 달리지 않는다.'이지요.

(4) 부정을 나타내는 표현이 쓰이지 않았기 때문에 해석은 '그들은 달린다.'이지요.

(5) 부정을 나타내는 don't가 쓰였기 때문에 해석은 '그들은 점프하지 않는다.'이지요.

(6) 부정을 나타내는 don't가 쓰였기 때문에 해석은 'Tom과 John은 잠을 자지 않는다.'이지요.

Ⓑ

(1) 주어 I를 먼저 쓰고, 동사 get up을 써요. 해석은 '나는 일어난다.'이지요.

(2) 주어 You를 먼저 쓰고, 동사 listen을 써요. 해석은 '너는 듣는다.'이지요.

(3) 주어 She를 먼저 쓰고, 동사 runs를 써요. 해석은 '그녀는 달린다.'이지요.

(4) 주어 I를 먼저 쓰고, 부정을 나타내는 don't를 쓰고, 동사 get up을 쓰면 돼요. 해석은 '나는 일어나지 않는다.'이지요.

(5) 주어 You를 먼저 쓰고, 부정을 나타내는 don't를 쓰고, 동사 listen을 쓰면 돼요. 해석은 '너는 듣지 않는다.'이지요.

(6) 주어 She를 먼저 쓰고, 부정을 나타내는 doesn't를 쓰고, 동사 run을 쓰면 돼요. 해석은 '그녀는 달리지 않는다.'이지요.

### 실전문제

Ⓐ (1) don't (2) run (3) get (4) don't　Ⓑ ④
Ⓒ ③　Ⓓ (1) She doesn't get up. (2) You don't listen.
(3) Mark doesn't run. (4) My mom doesn't sleep.
(5) My brother doesn't jump.

Ⓐ

(1) 주어가 3인칭 단수가 아니므로 don't를 써서 현재 부정의 표현을 해요.

(2) 부정의 표현 다음에 동사원형이 와야 하므로 run을 써요.

(3) 주어가 3인칭 단수가 아니므로 동사 뒤에 s를 붙이지 않은 get을 써요.

(4) 주어가 3인칭 단수가 아니므로 don't를 써서 현재 부정의 표현을 해요.

**B**

주어 She를 먼저 쓰고, 주어가 3인칭 단수이므로 부정을 나타내는 doesn't를 써요. 이어서 동작을 나타내는 표현으로 동사 get up을 쓰면 돼요.

**C**

③ 주어가 3인칭 단수일 때 동사의 현재형에는 s나 es를 붙여야 해요. 따라서 My dad runs.로 써요.
① 나는 일어난다.
② 너는 듣는다.
③ 나의 아빠는 달린다.
④ 그들은 가지 않는다.
⑤ Mary와 Jacob은 점프하지 않는다.

**D**

(1) 주어가 3인칭 단수이므로 부정을 나타내는 doesn't와 동사원형을 써요.

(2) 주어가 3인칭 단수가 아니므로 부정을 나타내는 don't를 써요.

(3) 주어가 3인칭 단수이므로 부정을 나타내는 doesn't와 동사원형을 써요.

(4) 주어가 3인칭 단수이므로 부정을 나타내는 doesn't와 동사원형을 써요.

(5) 주어가 3인칭 단수이므로 부정을 나타내는 doesn't와 동사원형을 써요.

## Day 02 주어+일반동사(2)

### 바로! 확인문제 01 본문 14쪽

(1) ① (2) ② (3) ① (4) ① (5) ② (6) ①

(1) 주어 I를 먼저 쓰고, 과거를 나타내는 동사 got up을 써요.

(2) 주어 He를 먼저 쓰고, 현재진행형 동사 is listening을 써요.

(3) 주어 They를 먼저 쓰고, 미래를 나타내는 동사 will listen을 써요.

(4) 주어 She를 먼저 쓰고, 미래를 나타내는 동사 will run을 쓰는데 조동사 will 뒤에는 동사원형을 써요.

(5) 주어 You를 먼저 쓰고, 과거진행형 동사 were listening을 써요.

(6) 주어 Tom을 먼저 쓰고, 과거를 나타내는 동사 got up을 써요.

### 바로! 확인문제 02 본문 15쪽

(1) ② (2) ① (3) ② (4) ① (5) ② (6) ①

(1) 주어 I를 먼저 쓰고, didn't와 동사 get up을 써서 과거 부정 표현을 해요.

(2) 주어 She를 먼저 쓰고, didn't와 동사원형 listen을 써서 과거 부정 표현을 해요.

(3) 주어 You를 먼저 쓰고, are not과 동사 running을 써서 현재진행의 부정 표현을 해요.

(4) 주어 He를 먼저 쓰고, was not과 동사 listening을 써서 과거진행의 부정 표현을 해요.

(5) 주어 They를 먼저 쓰고, will not과 동사 run을 써서 미래 부정 표현을 해요.

(6) 주어 Peter를 먼저 쓰고, will not과 동사 get up을 써서 미래 부정 표현을 해요.

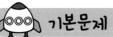 

Ⓐ (1) ② (2) ① (3) ② (4) ② (5) ① (6) ①
Ⓑ (1) I got up. (2) You were listening. (3) She will run.
(4) You are not listening. (5) He didn't get up.
(6) She will not run.

Ⓐ

(1) 과거형 동사 got up이 쓰여 해석은 '나는 일어났다.'이
지요.

(2) 미래형 동사 will run이 쓰여 해석은 '그녀는 달릴 것
이다.'이지요.

(3) 과거진행형의 부정을 나타내는 were not이 쓰여 해
석은 '너는 듣는 중이 아니었다.'이지요.

(4) 과거형의 부정을 나타내는 didn't가 쓰여 해석은 '그
들은 일어나지 않았다.'이지요.

(5) 현재진행형을 나타내는 is listening이 쓰여 해석은 '그
는 듣는 중이다.'이지요.

(6) 미래형의 부정을 나타내는 will not이 쓰여 해석은 '우
리는 달리지 않을 것이다.'이지요.

Ⓑ

(1) 주어 I를 먼저 쓰고, got up을 쓰면 돼요. 해석은 '나는
일어났다.'이지요.

(2) 주어 You를 먼저 쓰고, were listening을 쓰면 돼요.
해석은 '너는 듣고 있는 중이었다.'이지요.

(3) 주어 She를 먼저 쓰고, will run을 쓰면 돼요. 해석은
'그녀는 달릴 것이다.'이지요.

(4) 주어 You를 먼저 쓰고, are not을 쓰고, listening을 쓰
면 돼요. 해석은 '너는 듣는 중이 아니다.'이지요.

(5) 주어 He를 먼저 쓰고, didn't를 쓰고, get up을 쓰면
돼요. 해석은 '그는 일어나지 않았다.'이지요.

(6) 주어 She를 먼저 쓰고, will not을 쓰고, run을 쓰면
돼요. 해석은 '그녀는 달리지 않을 것이다.'이지요.

실전문제　　　　　　　　　　　본문 17쪽

Ⓐ (1) am (2) listening (3) get (4) run　Ⓑ ④
Ⓒ ⑤　Ⓓ (1) Tom is getting up. (2) Mary is listening.
(3) You are jumping. (4) My mom is sleeping.
(5) Mark and Judy are running.

Ⓐ

(1) 주어가 1인칭 단수이므로 be동사는 am을 써요.

(2) 과거진행의 부정 표현을 나타내기 위해 were not에

이어서 listening을 써요.

(3) 주어가 3인칭 단수일지라도 부정을 나타내는 didn't
뒤에는 동사원형이 와야 하므로 get을 써요.

(4) 주어가 3인칭 단수일지라도 부정을 나타내는 will not
뒤에는 동사원형이 와야 하므로 run을 써요.

Ⓑ

주어 She를 먼저 쓰고, 과거진행형 문장에 알맞은 부정
을 나타내는 was not을 써요. 이어서 동작을 나타내는 표
현으로 jumping을 쓰면 돼요. 따라서 알맞은 문장은 She
was not jumping.이지요.

Ⓒ

⑤ 과거형 문장의 부정 뒤에는 동사원형이 와야 해요. 따
라서 Mary and Jacob didn't sleep.으로 써야 해요.
① 나는 일어났다.
② 너는 듣는 중이 아니다.
③ 나의 엄마는 춤추는 중이었다.
④ 그들은 달리지 않을 것이다.
⑤ Mary와 Jacob은 잠을 자지 않았다.

Ⓓ

(1) 3인칭 단수인 주어에 어울리는 be동사의 현재형 is를
쓰고, getting up을 써요.

(2) 3인칭 단수인 주어에 어울리는 be동사의 현재형 is를
쓰고, listening을 써요.

(3) 2인칭 주어에 어울리는 be동사의 현재형 are를 쓰고,
jumping을 써요.

(4) 3인칭 단수인 주어에 어울리는 be동사의 현재형 is를
쓰고, sleeping을 써요.

(5) 3인칭 복수인 주어에 어울리는 be동사의 현재형 are
를 쓰고, running을 써요.

# Day 03 주어+일반동사+수식

바로! 확인문제 01     본문 18쪽

(1) ① (2) ① (3) ② (4) ② (5) ① (6) ②

___

(1) 주어 I를 먼저 쓰고, 동사 dance를 쓰고, 부사 nicely를 써요.

(2) 주어 You를 먼저 쓰고, 동사 cried를 쓰고, 부사 sadly를 써요.

(3) 주어 She를 먼저 쓰고, 동사 is running을 쓰고, 전치사구 in the park를 써요.

(4) 주어 I를 먼저 쓰고, 동사 sleep을 쓰고, 전치사구 at night을 써요.

(5) 주어 You를 먼저 쓰고, 동사 lived를 쓰고, 전치사구 in Seoul을 써요.

(6) 주어 He를 먼저 쓰고, 동사 is sitting을 쓰고, 전치사구 on the bench를 써요.

바로! 확인문제 02     본문 19쪽

(1) ① (2) ① (3) ① (4) ① (5) ② (6) ②

___

(1) 주어 I를 먼저 쓰고, 현재 부정을 나타내는 don't와 동사 dance를 쓰고, 부사 nicely를 써요.

(2) 주어 You를 먼저 쓰고, 과거 부정을 나타내는 didn't와 동사 cry를 쓰고, 부사 sadly를 써요.

(3) 주어 She를 먼저 쓰고, be동사의 부정 is not 다음에 running을 쓰고, 전치사구 in the park를 써요.

(4) 주어 I를 먼저 쓰고, 현재 부정을 나타내는 don't와 동사 sleep을 쓰고, 전치사구 at night을 써요.

(5) 주어 You를 먼저 쓰고, 과거 부정을 나타내는 didn't와 동사 live를 쓰고, 전치사구 in Seoul을 써요.

(6) 주어 He를 먼저 쓰고, be동사의 부정 is not 다음에 sitting을 쓰고, 전치사구 on the bench를 써요.

## 기본문제
본문 20쪽

Ⓐ (1) ① (2) ① (3) ② (4) ① (5) ② (6) ①
Ⓑ (1) I dance nicely. (2) You cried sadly. (3) She is running in the park. (4) I don't dance nicely. (5) You didn't cry sadly. (6) She is not running in the park.

Ⓐ

(1) 부정의 표현이 쓰이지 않았기 때문에 해석은 '나는 멋지게 춤춘다.'이지요.

(2) 부정의 표현이 쓰이지 않았기 때문에 해석은 '나는 밤에 잔다.'이지요.

(3) 부정을 나타내는 didn't가 쓰였기 때문에 해석은 '너는 슬프게 울지 않았다.'이지요.

(4) 부정의 표현이 쓰이지 않았기 때문에 해석은 '그녀는 공원에서 달리는 중이다.'이지요.

(5) 부정을 나타내는 doesn't가 쓰였기 때문에 해석은 '그녀는 멋지게 춤추지 않는다.'이지요.

(6) 부정의 표현이 쓰이지 않았기 때문에 해석은 '그는 벤치에 앉아 있는 중이다.'이지요.

Ⓑ

(1) 주어 I를 먼저 쓰고, 동사 dance를 쓰고, 부사 nicely를 써요. 해석은 '나는 멋지게 춤춘다.'이지요.

(2) 주어 You를 먼저 쓰고, 동사 cried를 쓰고, 부사 sadly를 써요. 해석은 '너는 슬프게 울었다.'이지요.

(3) 주어 She를 먼저 쓰고, 동사 is running을 쓰고, 전치사구 in the park를 써요. 해석은 '그녀는 공원에서 달리는 중이다.'이지요.

(4) 주어 I를 먼저 쓰고, 부정을 나타내는 don't를 쓰고, 동사 dance를 쓰고, 부사 nicely를 써요. 해석은 '나는 멋지게 춤추지 않는다.'이지요.

(5) 주어 You를 먼저 쓰고, 부정을 나타내는 didn't를 쓰고, 동사 cry를 쓰고, 부사 sadly를 써요. 해석은 '너는 슬프게 울지 않았다.'이지요.

(6) 주어 She를 먼저 쓰고, be동사의 부정 is not을 쓰고, 다음에 running을 쓰고, 전치사구 in the park를 써요. 해석은 '그녀는 공원에서 달리는 중이 아니다.'이지요.

## 실전문제
본문 21쪽

Ⓐ (1) doesn't (2) is not (3) not (4) nicely   Ⓑ ①
Ⓒ ③   Ⓓ (1) She didn't run in the park. (2) I didn't sleep at night. (3) You didn't live in Korea. (4) He didn't sit on the bench. (5) My sister didn't cry sadly.

___

Ⓐ

(1) 3인칭 단수 주어에 어울리는 부정을 나타내는 doesn't를 써서 현재 부정의 표현을 해요.

(2) 3인칭 단수 주어에 어울리는 be동사 is 뒤에 not을 써서 현재 부정의 표현을 해요.

(3) 3인칭 단수 주어에 어울리는 be동사 is 뒤에 not을 써서 현재 부정의 표현을 해요.

(4) 주어, 동사, 수식어 순서로 이루어진 문장에서 수식어 자리에는 '~하게'와 같이 부사 nicely를 써요.

**B**

주어 She를 먼저 쓰고, 3인칭 단수 주어에 어울리는 be동사의 부정 is not을 쓰고, 그 다음 running, 전치사구 in the park를 써요.

**C**

③ 부정을 나타내는 didn't 다음에는 동사원형을 쓰므로 lived가 아닌 live를 써야 해요.
① Anna는 밤에 자지 않는다.
② 나는 멋지게 춤추지 않는다.
③ 너는 서울에 살지 않았다.
④ 그녀는 벤치에 앉아 있는 중이다.
⑤ Kevin은 슬프게 울었다.

**D**

(1) 과거 문장의 부정은 didn't를 쓰고, 동사 ran은 동사원형인 run으로 써요.

(2) 과거 문장의 부정은 didn't를 쓰고, 동사 slept는 동사원형인 sleep으로 써요.

(3) 과거 문장의 부정은 didn't를 쓰고, 동사 lived는 동사원형인 live로 써요.

(4) 과거 문장의 부정은 didn't를 쓰고, 동사 sat은 동사원형인 sit으로 써요.

(5) 과거 문장의 부정은 didn't를 쓰고, 동사 cried는 동사원형인 cry로 써요.

## 혼공 종합문제 (1)

본문 22쪽

1 ② 2 ④ 3 ⑤ 4 ② 5 ⑤ 6 ③ 7 cried 8 is, running 9 dance, nicely 10 sitting 11 (1) David and John don't sleep. (2) David and John will sleep. 12 (1) She will run in the park. (2) She was running in the park.

**1** He는 '그는', gets up은 '일어나다'라는 뜻이므로 '그는 일어난다.'가 알맞아요.

**2** She는 '그녀는', doesn't run은 '달리지 않는다'라는 뜻이므로 '그녀는 달리지 않는다.'가 알맞아요.

**3** They는 '그들은', were not listening은 '듣는 중이 아니었다'라는 뜻이므로 '그들은 듣는 중이 아니었다.'가 알맞

아요.

**4.** ② 주어 Jane은 3인칭 단수이므로 부정을 나타내는 doesn't 다음에 동시원형 run을 써요.
① 그는 달린다.
② Jane은 달리지 않는다.
③ 그들은 잘 먹지 않는다.
④ 그녀는 일하지 않는다.
⑤ Tom과 John은 자지 않는다.

**5** ⑤ 주어 Jane and Mark는 복수이므로 뒤에 과거형 be동사는 were를 써요.
① 나는 듣고 있는 중이었다.
② 그녀는 듣고 있는 중이다.
③ 우리는 듣고 있는 중이다.
④ 그들은 듣고 있는 중이었다.
⑤ Jane과 Mark는 듣고 있는 중이었다.

**6** 부정을 나타내는 didn't, 조동사 will 뒤에는 동사원형이 와야 하므로 ③이 올바른 문장이고 나머지는 다음과 같이 써야 해요.
① He didn't get up.
② I didn't get up.
④ Jim will not get up.
⑤ They won't go.

**7** '울었다'는 과거이므로 cry의 과거형인 cried를 써요.

**8** '달리는 중이다'는 현재진행형이에요. 3인칭 단수 주어에 어울리는 be동사 is를 쓰고, 동사 run에 -ing를 붙여서 running이라고 써요.

**9** 부정을 나타내는 don't 다음에는 동사원형인 dance, 부사 nicely를 써요.

**10** '앉아 있는 중이다'는 현재진행형이에요. 3인칭 단수 주어에 어울리는 be동사 is를 쓰고, 동사 sit에 -ing를 붙여서 sitting을 써요.

**11** (1) 주어 David and John을 먼저 쓰고, 부정을 나타내는 don't를 쓰고, 동사 sleep을 써요.

(2) 주어 David and John을 먼저 쓰고, 미래를 나타내는 조동사 will을 쓰고, 동사 sleep을 써요.

**12** (1) 주어 She를 먼저 쓰고, 미래를 나타내는 조동사 will을 쓰고, 동사 run을 쓰고, 전치사구 in the park를 써요.

(2) 주어 She를 먼저 쓰고, be동사 was를 쓰고, 동사 run에 -ing를 붙여서 running을 쓰고, 전치사구 in the park를 써요.

ⓐ (1) ① (2) ① (3) ② (4) ② (5) ① (6) ②

ⓑ (1) I am a student. (2) You are a doctor. (3) She is a cook. (4) I am not a student. (5) You aren't a doctor. (6) She isn't a cook.

---

(1) ① (2) ② (3) ② (4) ① (5) ② (6) ①

(1) 주어 I를 먼저 쓰고, be동사 am을 쓰고, 마지막으로 명사 a student를 써요.

(2) 주어 You를 먼저 쓰고, be동사 are를 쓰고, 마지막으로 명사 a doctor를 써요.

(3) 주어 She를 먼저 쓰고, be동사 is를 쓰고, 마지막으로 명사 a cook을 써요.

(4) 주어 He를 먼저 쓰고, be동사 is를 쓰고, 마지막으로 명사 a student를 써요.

(5) 주어 We를 먼저 쓰고, be동사 are를 쓰고, 마지막으로 명사 friends를 써요. We가 복수이므로 friend에 s를 붙인 명사의 복수형이 와야 해요.

(6) 주어 These를 먼저 쓰고, be동사 are를 쓰고, 마지막으로 명사 tomatoes를 써요. These가 복수이므로 tomato에 es를 붙인 명사의 복수형이 와야 해요.

---

ⓐ

(1) 부정의 표현이 쓰이지 않았기 때문에 해석은 '나는 학생이다.'이지요.

(2) 부정의 표현이 쓰이지 않았기 때문에 해석은 '너는 의사이다.'이지요.

(3) 부정을 나타내는 not이 쓰였기 때문에 해석은 '그녀는 요리사가 아니다.'이지요.

(4) 부정을 나타내는 isn't가 쓰였기 때문에 해석은 '그는 학생이 아니다.'이지요.

(5) 부정의 표현이 쓰이지 않았기 때문에 해석은 '우리는 친구들이다.'이지요.

(6) 부정을 나타내는 aren't가 쓰였기 때문에 해석은 '이것들은 토마토들이 아니다.'이지요.

---

(1) ② (2) ② (3) ① (4) ② (5) ② (6) ①

(1) 주어 I를 먼저 쓰고, be동사 am을 쓰고, 뒤에 부정을 나타내는 not을 써요.

(2) be동사 am과 not은 줄여 쓰지 않아요.

(3) 주어 You를 먼저 쓰고, be동사 are를 쓰고, 부정을 나타내는 not을 써요.

(4) 주어 She를 먼저 쓰고, be동사 is를 쓰고, 부정을 나타내는 not을 써요.

(5) 주어 You를 먼저 쓰고, be동사 are를 쓰고, 부정을 나타내는 not을 쓰는데 are not은 aren't로 줄여 쓸 수 있어요.

(6) 주어 He를 먼저 쓰고, be동사 is를 쓰고, 부정을 나타내는 not을 쓰는데 is not은 isn't로 줄여 쓸 수 있어요.

---

ⓑ

(1) 주어 I를 먼저 쓰고, be동사의 현재형 am을 쓰고, 명사 a student를 쓰면 돼요. 해석은 '나는 학생이다.'이지요.

(2) 주어 You를 먼저 쓰고, be동사의 현재형 are를 쓰고, 명사 a doctor를 쓰면 돼요. 해석은 '너는 의사이다.'이지요.

(3) 주어 She를 먼저 쓰고, be동사의 현재형 is를 쓰고, 명사 a cook을 쓰면 돼요. 해석은 '그녀는 요리사이다.'이지요.

(4) 주어 I를 먼저 쓰고, be동사의 현재형 am을 쓰고, 부정을 나타내는 not을 쓰고, 명사 a student를 쓰면 돼요. 해석은 '나는 학생이 아니다.'이지요.

(5) 주어 You를 먼저 쓰고, be동사의 현재형 are와 부정 not을 줄인 aren't를 쓰고, 명사 a doctor를 쓰면 돼요. 해석은 '너는 의사가 아니다.'이지요.

(6) 주어 She를 먼저 쓰고, be동사의 현재형 is와 부정 not을 줄인 isn't를 쓰고, 명사 a cook을 쓰면 돼요. 해석은 '그녀는 요리사가 아니다.'이지요.

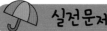 

**A** ( 1 ) tomatoes   ( 2 ) am not   ( 3 ) a singer   ( 4 ) are
**B** ②    **C** ⑤    **D** ( 1 ) Tom is not a cook.   ( 2 ) These are not balls.   ( 3 ) My dad is not a doctor.    ( 4 ) We are not cooks.   ( 5 ) My sister is not a teacher.

---

**A**

( 1 ) 주어가 3인칭 복수이기 때문에 명사도 복수형이 와야 하므로 tomatoes를 써요.

( 2 ) am과 not은 줄여서 쓰지 않아요.

( 3 ) 주어가 3인칭 단수이기 때문에 명사도 단수형이 와야 하므로 a singer를 써요

( 4 ) 복수 주어 We에 어울리는 be동사 are를 써요.

**B**

주어 They를 먼저 쓰고, be동사의 현재형 are와 부정의 not을 줄인 aren't를 쓰고, 마지막으로 복수명사 students를 쓰면 돼요.

**C**

⑤ 3인칭 복수 주어에 어울리는 be동사의 현재형 are를 써요.
① 나는 요리사이다.
② 너는 학생이 아니다.
③ 나의 엄마는 의사가 아니다.
④ 이것들은 바나나들이다.
⑤ Tom과 Jenny는 친구들이 아니다.

**D**

( 1 ) 부정은 be동사 is 뒤에 not을 써요.

( 2 ) 부정은 be동사 are 뒤에 not을 써요.

( 3 ) 부정은 be동사 is 뒤에 not을 써요.

( 4 ) 부정은 be동사 are 뒤에 not을 써요.

( 5 ) 부정은 be동사 is 뒤에 not을 써요.

# Day 05   주어+be동사+명사+수식

( 1 ) ①   ( 2 ) ②   ( 3 ) ②   ( 4 ) ①   ( 5 ) ②   ( 6 ) ②

---

( 1 ) 주어 I를 먼저 쓰고, be동사의 과거형 was를 쓰고, 명사 a teacher를 쓰고, 마지막으로 전치사구 in 2015를 쓰면 돼요.

( 2 ) 과거형 문장이므로 과거동사 was를 써요.

( 3 ) 주어 You를 먼저 쓰고, be동사의 과거형 were를 쓰고, 명사 a nurse를 쓰고, 마지막으로 전치사구 in the hospital을 쓰면 돼요.

( 4 ) 주어 She를 먼저 쓰고, 조동사 will을 쓰고, be동사의 동사원형 be를 쓰고, 명사 a singer를 쓰고, 마지막으로 전치사구 in Korea를 쓰면 돼요.

( 5 ) 주어 He를 먼저 쓰고, 조동사 will을 쓰고, be동사의 동사원형 be를 쓰고, 명사 a friend를 쓰면 돼요.

( 6 ) 주어 They를 먼저 쓰고, 조동사 will을 쓰고, be동사의 동사원형 be를 쓰고, 명사 police officers를 쓰면 돼요.

( 1 ) ①   ( 2 ) ②   ( 3 ) ②   ( 4 ) ①   ( 5 ) ②   ( 6 ) ①

---

( 1 ) 주어 I와 함께 쓰는 be동사의 과거형은 was이고, 부정은 뒤에 not을 써요.

( 2 ) 주어 You와 함께 쓰는 be동사의 과거형은 were이고, 부정은 뒤에 not을 써요.

( 3 ) 주어 She를 먼저 쓰고, 미래형 문장을 부정하는 will not을 써요. will not은 won't로 줄여 쓸 수 있지요.

( 4 ) 주어 He와 함께 쓰는 be동사의 과거형은 was이고, 부정은 뒤에 not을 써요. was not은 wasn't로 줄여 쓸 수 있지요.

( 5 ) 주어 We와 함께 쓰는 be동사의 과거형은 were이고, 부정은 뒤에 not을 써요. were not은 weren't로 줄여 쓸 수 있지요.

( 6 ) 주어 They를 먼저 쓰고, 미래형 문장을 부정하는 will not을 써요. will not은 won't로 줄여 쓸 수 있지요.

Ⓐ (1) ① (2) ② (3) ① (4) ① (5) ① (6) ②

Ⓑ (1) I was a teacher in 2015. (2) I was not a teacher in 2015. (3) She will be a singer in Korea. (4) You were not a nurse in the hospital. (5) You were a nurse in the hospital. (6) She will not be a singer in Korea.

Ⓐ

(1) 부정의 표현이 쓰이지 않았기 때문에 해석은 '나는 2015년에 선생님이었다.'이지요.

(2) 부정을 나타내는 weren't가 쓰였기 때문에 해석은 '너는 병원에서 간호사가 아니었다.'이지요.

(3) 부정의 표현이 쓰이지 않았기 때문에 해석은 '그녀는 한국에서 가수가 될 것이다.'이지요.

(4) 부정의 표현이 쓰이지 않았기 때문에 해석은 '그는 친구가 될 것이다.'이지요.

(5) 부정의 표현이 쓰이지 않았기 때문에 해석은 '우리는 경찰관이 될 것이다.'이지요.

(6) 부정을 나타내는 won't가 쓰였기 때문에 해석은 '그들은 의사가 되지 않을 것이다.'이지요.

Ⓑ

(1) 주어 I를 먼저 쓰고, I와 함께 쓰는 be동사의 과거형 was를 쓰고, 명사 a teacher를 쓰고, 마지막으로 전치사구 in 2015를 쓰면 돼요. 해석은 '나는 2015년에 선생님이었다.'이지요.

(2) 주어 I를 먼저 쓰고, I와 함께 쓰는 be동사의 과거형 was를 쓰고, 부정은 not을 쓰고, 명사 a teacher를 쓰고, 마지막으로 전치사구 in 2015를 쓰면 돼요. 해석은 '나는 2015년에 선생님이 아니었다.'이지요.

(3) 주어 She를 먼저 쓰고, 조동사 will을 쓰고, be동사의 동사원형 be를 쓰고, 명사 a singer를 쓰고, 마지막으로 전치사구 in Korea를 쓰면 돼요. 해석은 '그녀는 한국에서 가수가 될 것이다.'이지요.

(4) 주어 You를 먼저 쓰고, be동사의 과거형 were를 쓰고, 부정은 not을 쓰고, 명사 a nurse를 쓰고, 마지막으로 전치사구 in the hospital을 쓰면 돼요. 해석은 '너는 병원에서 간호사가 아니었다.'이지요.

(5) 주어 You를 먼저 쓰고, be동사의 과거형 were를 쓰고, 명사 a nurse를 쓰고, 마지막으로 전치사구 in the hospital을 쓰면 돼요. 해석은 '너는 병원에서 간호사였다.'이지요.

(6) 주어 She를 먼저 쓰고, 미래형의 부정인 조동사 will not을 쓰고, be동사의 동사원형 be를 쓰고, 명사 a singer를 쓰고, 마지막으로 전치사구 in Korea를 쓰면 돼요. 해석은 '그녀는 한국에서 가수가 되지 않을 것이다.'이지요.

Ⓐ (1) was (2) were (3) will be (4) weren't(were not)

Ⓑ ③    Ⓒ ③    Ⓓ (1) I will be a teacher.

(2) You will be a singer in Korea. (3) Jack will be a nurse in the hospital. (4) My mom will be a doctor in the hospital. (5) Tom and John will be cooks in China.

Ⓐ

(1) 주어 I에 어울리는 be동사 am의 과거형은 was를 써요.

(2) 주어 You에 어울리는 be동사 are의 과거형은 were를 써요.

(3) 미래형 문장은 조동사 will 뒤에 동사원형이 와야 하므로 will be를 써요.

(4) 복수 주어인 Jane and Tom에 어울리는 과거형 be동사 were를 쓰고, 부정은 뒤에 not을 써요. 줄여서 weren't로 써요.

Ⓑ

주어 We를 먼저 쓰고, We와 함께 쓰는 be동사의 과거형 were와 부정을 나타내는 not을 줄인 weren't를 쓰고, 마지막으로 명사 police officers를 쓰면 돼요.

Ⓒ

③ 주어 He와 함께 쓰는 be동사의 과거형인 was를 써요.
① 나는 병원에서 간호사였다.
② 나는 2012년에 의사가 아니었다.
③ 그는 2014년에 학생이었다.
④ 우리는 가수가 되지 않을 것이다.
⑤ 나의 아빠는 한국에서 요리사가 아니었다.

Ⓓ

(1) 조동사 will을 주어 I 뒤에 쓰고, be동사의 동사원형 be를 쓰면 돼요.

(2) 조동사 will을 주어 You 뒤에 쓰고, be동사의 동사원형 be를 쓰면 돼요.

(3) 조동사 will을 주어 Jack 뒤에 쓰고, be동사의 동사원형 be를 쓰면 돼요.

(4) 조동사 will을 주어 My mom 뒤에 쓰고, be동사의 동사원형 be를 쓰면 돼요.

(5) 조동사 will을 주어 Tom and John 뒤에 쓰고, be동사의 동사원형 be를 쓰면 돼요.

## Day 06 주어+be동사+형용사(1)

### 바로! 확인문제 01
본문 34쪽

(1) ① (2) ① (3) ② (4) ② (5) ② (6) ①

(1) 주어 I를 먼저 쓰고, be동사 am과 형용사 happy를 쓰면 돼요.

(2) 주어 You를 먼저 쓰고, be동사 are와 형용사 tall을 쓰면 돼요.

(3) 주어 He를 먼저 쓰고, be동사 is와 부사 very를 쓰고, 마지막으로 형용사 smart를 쓰면 돼요.

(4) 주어 She를 먼저 쓰고, be동사 is와 형용사 tired를 쓰면 돼요.

(5) 주어 We를 먼저 쓰고, be동사 are와 부사 very를 쓰고, 마지막으로 형용사 sad를 쓰면 돼요.

(6) 주어 It을 먼저 쓰고, be동사 is와 부사 very를 쓰고, 마지막으로 형용사 safe를 쓰면 돼요.

### 바로! 확인문제 02
본문 35쪽

(1) ② (2) ① (3) ② (4) ① (5) ① (6) ②

(1) 주어 I와 함께 쓰는 be동사의 현재형은 am이고, 부정은 뒤에 not을 써요.

(2) 주어 I와 be동사 am을 줄인 I'm을 먼저 쓰고, 부정은 뒤에 not을 써요.

(3) 주어 You와 함께 쓰는 be동사의 현재형은 are이고, 부정은 뒤에 not을 써요.

(4) 주어 You와 be동사 are를 줄인 You're를 먼저 쓰고, 부정은 뒤에 not을 써요.

(5) 주어 She와 함께 쓰는 be동사의 현재형은 is이고, 부정은 뒤에 not을 써요.

(6) 주어 She와 be동사의 현재형 is를 줄인 She's를 먼저 쓰고, 부정은 뒤에 not을 써요.

### 기본문제
본문 36쪽

Ⓐ (1) ① (2) ② (3) ② (4) ② (5) ① (6) ①
Ⓑ (1) I am happy. (2) I am not happy. (3) You are tall. (4) You are not tall. (5) She is tired. (6) She is not tired.

### Ⓐ

(1) 부정의 표현이 쓰이지 않았기 때문에 해석은 '나는 행복하다.'이지요.

(2) 부정을 나타내는 not이 쓰였기 때문에 해석은 '너는 키가 크지 않다.'이지요.

(3) 부정을 나타내는 not이 쓰였기 때문에 해석은 '그는 피곤하지 않다.'이지요.

(4) 부정을 나타내는 not이 쓰였기 때문에 해석은 '그들은 피곤하지 않다.'이지요.

(5) 부정의 표현이 쓰이지 않았기 때문에 해석은 '우리는 매우 똑똑하다.'이지요.

(6) 부정의 표현이 쓰이지 않았기 때문에 해석은 '그것은 매우 안전하다.'이지요.

### Ⓑ

(1) 주어 I를 먼저 쓰고, I와 함께 쓰는 be동사의 현재형 am을 쓰고, 마지막으로 형용사 happy를 쓰면 돼요. 해석은 '나는 행복하다.'이지요.

(2) 주어 I를 먼저 쓰고, I와 함께 쓰는 be동사의 현재형 am을 쓰고, 부정은 뒤에 not을 쓰고, 마지막으로 형용사 happy를 쓰면 돼요. 해석은 '나는 행복하지 않다.'이지요.

(3) 주어 You를 먼저 쓰고, You와 함께 쓰는 be동사의 현재형 are를 쓰고, 마지막으로 형용사 tall을 쓰면 돼요. 해석은 '너는 키가 크다.'이지요.

(4) 주어 You를 먼저 쓰고, You와 함께 쓰는 be동사의 현재형 are를 쓰고, 부정은 뒤에 not을 쓰고, 마지막으로 형용사 tall을 쓰면 돼요. 해석은 '너는 키가 크지 않다.'이지요.

(5) 주어 She를 먼저 쓰고, She와 함께 쓰는 be동사의 현재형 is를 쓰고, 마지막으로 형용사 tired를 쓰면 돼요. 해석은 '그녀는 피곤하다.'이지요.

(6) 주어 She를 먼저 쓰고, She와 함께 쓰는 be동사의 현재형 is를 쓰고, 부정은 뒤에 not을 쓰고, 마지막으로 형용사 tired를 쓰면 돼요. 해석은 '그녀는 피곤하지 않다.'이지요.

### 실전문제
본문 37쪽

Ⓐ (1) am (2) are (3) is not (4) are not
Ⓑ ④ Ⓒ ⑤ Ⓓ (1) I'm hungry. (2) You're smart.
(3) He's tall. (4) She's fast. (5) We're young.

### Ⓐ

(1) 주어 I에 어울리는 be동사 am을 써요.

(2) 주어 You에 어울리는 be동사 are를 써요.

(3) 주어 The boy에 어울리는 be동사의 현재형은 is이기 때문에 are not을 is not으로 써요.

(4) 주어 My grandma and grandpa에 어울리는 be동사의 현재형은 are이기 때문에 is not을 are not으로 써요.

**B**

주어 She를 먼저 쓰고, She와 함께 쓰는 be동사의 현재형 is를 쓰고, 부사 very와 형용사 sad를 쓰면 돼요.

**C**

⑤ 주어 Tom and Jerry가 복수이기 때문에 be동사의 현재형 are를 써요.
① 나는 슬프다.
② 너는 똑똑하다.
③ 그녀는 키가 크지 않다.
④ 나의 아빠는 배고프지 않다.
⑤ Tom and Jerry는 매우 피곤하다.

**D**

(1) 주어 I와 함께 쓰는 be동사의 현재형 am을 줄여서 I'm을 쓰고, 형용사 hungry를 써요.

(2) 주어 You와 함께 쓰는 be동사의 현재형 are를 줄여서 You're를 쓰고, 형용사 smart를 써요.

(3) 주어 He와 함께 쓰는 be동사의 현재형 is를 줄여서 He's를 쓰고, 형용사 tall을 써요.

(4) 주어 She와 함께 쓰는 be동사의 현재형 is를 줄여서 She's를 쓰고, 형용사 fast를 써요.

(5) 주어 We와 함께 쓰는 be동사의 현재형 are를 줄여서 We're를 쓰고, 형용사 young을 써요.

**Day 07** 주어+be동사+형용사(2)

**바로! 확인문제 01** 본문 38쪽

(1) ① (2) ② (3) ② (4) ① (5) ① (6) ②

(1) 주어 I를 먼저 쓰고, be동사의 과거형 was와 형용사 young을 쓰면 돼요.

(2) 주어 You를 먼저 쓰고, be동사의 과거형 were와 형용사 strong을 쓰면 돼요.

(3) 주어 She를 먼저 쓰고, 조동사 will과 동사원형 be를 쓰고, 마지막으로 형용사 old를 쓰면 돼요.

(4) 주어 She를 먼저 쓰고, be동사의 과거형 was와 형용사 strong을 쓰면 돼요.

(5) 주어 He를 먼저 쓰고, be동사의 과거형 was와 빈도부사 always를 쓰고, 마지막으로 형용사 hungry를 쓰면 돼요.

(6) 주어 They를 먼저 쓰고, 조동사 will과 빈도부사 never를 쓰고, 동사원형 be를 쓰고, 마지막으로 형용사 lucky를 쓰면 돼요.

**바로! 확인문제 02** 본문 39쪽

(1) ① (2) ② (3) ① (4) ① (5) ② (6) ②

(1) 주어 I와 함께 쓰는 be동사의 과거형은 was이고, 부정은 뒤에 not을 써요.

(2) 주어 You와 함께 쓰는 be동사의 과거형은 were이고, 부정은 뒤에 not을 써요.

(3) 주어 She를 먼저 쓰고, 조동사 will을 쓰고, 부정은 뒤에 not을 쓰고, be동사의 동사원형 be를 써요.

(4) 주어 He와 함께 쓰는 be동사의 과거형은 was이고, 부정은 뒤에 not을 써요.

(5) 주어 They와 함께 쓰는 be동사의 과거형은 were이고, 부정은 뒤에 not을 써요.

(6) 주어 He를 먼저 쓰고, 미래를 나타내는 조동사 will과 부정 not을 쓰고, be동사의 동사원형 be를 써요.

 기본문제      본문 40쪽

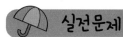 실전문제      본문 41쪽

Ⓐ (1) ① (2) ② (3) ① (4) ② (5) ② (6) ①

Ⓑ (1) I was young. (2) You were not strong. (3) She will not be old. (4) I was not young. (5) You were strong. (6) She will be old.

---

Ⓐ

(1) 부정의 표현이 쓰이지 않았기 때문에 해석은 '나는 젊었다.'이지요.

(2) 부정을 나타내는 not이 쓰였기 때문에 해석은 '너는 힘이 세지 않았다.'이지요.

(3) 부정의 표현이 쓰이지 않았기 때문에 해석은 '그녀는 늙을 것이다.'이지요.

(4) 부정을 나타내는 not이 쓰였기 때문에 해석은 '그는 배고프지 않을 것이다.'이지요.

(5) 빈도부사 never가 쓰였기 때문에 해석은 '그들은 절대 운이 좋을 수 없을 것이다.'이지요.

(6) 부정의 표현이 쓰이지 않았기 때문에 해석은 '우리는 피곤했다.'이지요.

Ⓑ

(1) 주어 I를 먼저 쓰고, I와 함께 쓰는 be동사의 과거형 was를 쓰고, 마지막으로 형용사 young을 쓰면 돼요. 해석은 '나는 젊었다.'이지요.

(2) 주어 You를 먼저 쓰고, You와 함께 쓰는 be동사의 과거형 were를 쓰고, 부정은 뒤에 not을 쓰고, 마지막으로 형용사 strong을 쓰면 돼요. 해석은 '너는 힘이 세지 않았다.'이지요.

(3) 주어 She를 먼저 쓰고, 미래를 나타내는 조동사 will을 쓰고, 부정 not과 동사원형 be를 쓰고, 마지막으로 형용사 old를 쓰면 돼요. 해석은 '그녀는 늙지 않을 것이다.'이지요.

(4) 주어 I를 먼저 쓰고, I와 함께 쓰는 be동사의 과거형 was를 쓰고, 부정은 뒤에 not을 쓰고, 마지막으로 형용사 young을 쓰면 돼요. 해석은 '나는 젊지 않았다.'이지요.

(5) 주어 You를 먼저 쓰고, You와 함께 쓰는 be동사의 과거형 were를 쓰고, 마지막으로 형용사 strong을 쓰면 돼요. 해석은 '너는 힘이 셌다.'이지요.

(6) 주어 She를 먼저 쓰고, 미래를 나타내는 조동사 will과 동사원형 be를 쓰고, 마지막으로 형용사 old를 쓰면 돼요. 해석은 '그녀는 늙을 것이다.'이지요.

Ⓐ (1) be (2) were (3) was (4) will not be    Ⓑ ④

Ⓒ ③    Ⓓ (1) It will not be long. (2) She will not be old. (3) The dogs were not big. (4) The building was not new. (5) Kevin was not hungry.

---

Ⓐ

(1) 조동사 will 뒤에는 동사원형이 와야 하므로 be를 써요.

(2) 주어 They와 함께 쓰는 be동사의 과거형은 were를 써요.

(3) 주어 I와 함께 쓰는 be동사의 과거형은 was를 써요.

(4) 부정을 나타내는 not을 조동사 will 뒤에 쓰고, 그 뒤에는 동사원형 be를 써요.

Ⓑ

주어 We를 먼저 쓰고, 미래를 나타내는 조동사 will을 쓰고, 빈도부사 never를 쓰고, 동사원형 be를 쓰고, 마지막으로 형용사 lucky를 쓰면 돼요.

Ⓒ

③ 주어 The woman은 3인칭 단수이므로 함께 쓰는 be동사의 과거형은 were가 아니라 was를 써요.
① 나는 행복할 것이다.
② 너는 힘이 셌다.
③ 그 여자는 젊었다.
④ 그는 늙지 않을 것이다.
⑤ 그들은 키가 클 것이다.

Ⓓ

(1) 미래를 나타내는 조동사 will의 부정은 뒤에 not을 써요.

(2) 미래를 나타내는 조동사 will의 부정은 뒤에 not을 써요.

(3) 주어 The dogs와 함께 쓰는 be동사의 과거형은 were이고, 부정은 be동사 뒤에 not을 써요.

(4) 주어 The building과 함께 쓰는 be동사의 과거형은 was이고, 부정은 be동사 뒤에 not을 써요.

(5) 주어 Kevin과 함께 쓰는 be동사의 과거형은 was이고, 부정은 be동사 뒤에 not을 써요.

**1** ④ **2** ③ **3** ② **4** ③ **5** ④ **6** ④ **7** was **8** will, be **9** were, not **10** were **11** (1) He was always hungry. (2) He will always be hungry. **12** (1) Mary and Kevin were doctors. (2) Mary and Kevin will be doctors.

**1** 부정을 나타내는 not이 쓰였으므로 해석은 '그녀는 키가 크지 않다.'가 알맞아요.

**2** be동사의 과거 부정을 나타내는 weren't가 쓰였으므로 해석은 '우리는 2019년에 선생님이 아니었다.'가 알맞아요.

**3** 미래를 나타내는 조동사 will이 쓰였고 부정의 표현이 쓰이지 않았기 때문에 해석은 '그들은 경찰관이 될 것이다.'가 알맞아요.

**4** ③ 주어 The children은 3인칭 복수이므로 be동사는 are를 써요.
① 그는 매우 똑똑하다.
② 그들은 피곤하다.
③ 그 아이들은 행복하다.
④ 그것은 매우 안전하다.
⑤ Tom과 Jenny는 젊다.

**5** ④ 주어 My brother는 3인칭 단수이므로 be동사의 과거형인 was를 쓰고, 부정은 뒤에 not을 써요. was not을 줄여서 wasn't로 쓸 수 있지요.
① 그들은 젊지 않았다.
② 나는 행복하지 않았다.
③ 그 소녀는 피곤하지 않았다.
④ 나의 남동생은 배고프지 않았다.
⑤ 너는 힘이 세지 않았다.

**6** ④ 주어 Mary를 먼저 쓰고, 조동사 will과 be동사의 동사원형 be를 쓰고, 명사 a singer를 쓴 올바른 문장이지요.
① 조동사 will을 부정할 때는 바로 뒤에 not을 쓰고, 뒤에는 be동사의 동사원형 be를 써요.
② 조동사 will 뒤에는 be동사의 동사원형 be를 써요.
③ 조동사 will을 먼저 쓰고, 뒤에는 be동사의 동사원형 be를 써요.
⑤ 조동사 will을 부정할 때는 바로 뒤에 not을 쓰고, 뒤에는 be동사의 동사원형 be를 써요.
① 그녀는 늙지 않을 것이다.
② 그는 친구가 될 것이다.
③ 우리는 힘이 세질 것이다.
④ Mary는 가수가 될 것이다.
⑤ 그들은 한국에서 의사가 되지 않을 것이다.

**7** I와 함께 쓰는 be동사의 과거형 was를 쓰면 돼요.

**8** 미래를 나타내므로 조동사 will을 쓰고, be동사는 동사원형 be를 쓰면 돼요.

**9** 주어 You와 함께 쓰는 be동사의 과거형 were를 쓰고, 부정을 나타내는 not을 쓰면 돼요.

**10** 과거형 문장이므로 주어 We와 함께 쓰는 be동사의 과거형 were를 써요.

**11** (1) 주어 He를 먼저 쓰고, be동사의 과거형 was를 쓰고, 빈도부사 always와 형용사 hungry를 쓰면 돼요. 해석은 '그는 항상 배고팠다.'이지요.

(2) 주어 He를 먼저 쓰고, 조동사 will을 쓰고, 빈도부사 always와 be동사의 동사원형 be를 쓰고, 마지막으로 형용사인 hungry를 쓰면 돼요. 해석은 '그는 항상 배고플 것이다.'이지요.

**12** (1) 주어 Mary and Kevin을 먼저 쓰고, be동사의 과거형 were를 쓰고, 마지막으로 명사 doctors를 쓰면 돼요. 해석은 'Mary와 Kevin은 의사였다.'이지요.

(2) 주어 Mary and Kevin을 먼저 쓰고, 조동사 will을 쓰고, be동사의 동사원형 be와 명사 doctors를 쓰면 돼요. 해석은 'Mary와 Kevin은 의사가 될 것이다.'이지요.

# Day 08 주어+일반동사+목적어(1)

 **기본문제**

본문 48쪽

Ⓐ (1) ① (2) ① (3) ② (4) ② (5) ② (6) ②
Ⓑ (1) I clean the room. (2) You eat apples. (3) She teaches children. (4) I don't clean the room. (5) You don't eat apples. (6) She doesn't teach children.

---

**바로! 확인문제 01**

본문 46쪽

(1) ② (2) ① (3) ① (4) ② (5) ② (6) ①

(1) 주어 I를 먼저 쓰고, 동사 clean, 목적어 the room을 순서대로 써요.

(2) 주어 You를 먼저 쓰고, 동사 eat, 목적어 apples를 순서대로 써요.

(3) 주어 She를 먼저 쓰고, 동사 teaches, 목적어 children을 순서대로 써요.

(4) 주어 I를 먼저 쓰고, 조동사 can, 동사 clean, 목적어 the room을 순서대로 써요.

(5) 주어 You를 먼저 쓰고, 조동사 can, 동사 eat, 목적어 apples를 순서대로 써요.

(6) 주어 She를 먼저 쓰고, 조동사 can, 동사 teach, 목적어 children을 순서대로 써요.

---

**바로! 확인문제 02**

본문 47쪽

(1) ② (2) ① (3) ① (4) ② (5) ① (6) ②

(1) 주어 I를 먼저 쓰고, 부정을 나타내는 don't, 동사 clean, 목적어 the room을 순서대로 써요.

(2) '방 하나'에서 '하나'라는 의미로는 부정관사 a를 쓰므로 a room이 포함된 I don't clean a room.이 알맞아요.

(3) '그 방'의 '그'는 정관사 the를 쓰므로 the room이 포함된 You clean the room.이 알맞아요.

(4) 주어 You를 먼저 쓰고, 부정을 나타내는 don't, 동사 eat, 목적어 apples를 순서대로 써요.

(5) 주어 You가 2인칭이므로 부정을 나타내는 don't를 쓰고, 동사 teach, 목적어 children을 순서대로 써요.

(6) 주어 She가 3인칭 단수이므로 부정을 나타내는 doesn't를 쓰고, 동사 teach, 목적어 children을 순서대로 써요.

---

Ⓐ

(1) 부정의 표현이 쓰이지 않았기 때문에 해석은 '나는 그 방을 청소한다.'이지요.

(2) 부정의 표현이 쓰이지 않았기 때문에 해석은 '너는 사과들을 먹는다.'이지요.

(3) 조동사 can이 쓰였기 때문에 해석은 '그녀는 아이들을 가르칠 수 있다.'이지요.

(4) 부정의 표현이 쓰이지 않았고, '하나'라는 의미의 부정관사 a가 쓰였기 때문에 해석은 '나는 방 하나를 청소한다.'이지요.

(5) 부정을 나타내는 don't가 쓰였기 때문에 해석은 '너는 사과들을 먹지 않는다.'이지요.

(6) 부정을 나타내는 doesn't가 쓰였기 때문에 해석은 '그녀는 아이들을 가르치지 않는다.'이지요.

---

Ⓑ

(1) 주어 I를 먼저 쓰고, 동사 clean, 목적어 the room을 순서대로 써요. 해석은 '나는 방을 청소한다.'이지요.

(2) 주어 You를 먼저 쓰고, 동사 eat, 목적어 apples를 순서대로 써요. 해석은 '너는 사과들을 먹는다.'이지요.

(3) 주어 She를 먼저 쓰고, 동사 teaches, 목적어 children을 순서대로 써요. 해석은 '그녀는 아이들을 가르친다.'이지요.

(4) 주어 I를 먼저 쓰고, 부정을 나타내는 don't, 동사 clean, 목적어 the room을 순서대로 써요. 해석은 '나는 그 방을 청소하지 않는다.'이지요.

(5) 주어 You를 먼저 쓰고, 부정을 나타내는 don't, 동사 eat, 목적어 apples를 순서대로 써요. 해석은 '너는 사과들을 먹지 않는다.'이지요.

(6) 주어 She를 먼저 쓰고, 부정을 나타내는 doesn't, 동사 teach, 목적어 children을 순서대로 써요. 해석은 '그녀는 아이들을 가르치지 않는다.'이지요.

---

**실전문제**

본문 49쪽

Ⓐ (1) teach (2) don't (3) doesn't (4) don't
Ⓑ ⑤  Ⓒ ③  Ⓓ (1) I don't teach children. (2) You don't eat apples. (3) He doesn't clean a room. (4) He doesn't eat apples. (5) She doesn't teach children.

---

**Ⓐ**

(1) 조동사 can 다음에는 동사원형 teach를 써요.

(2) 주어 I가 1인칭이므로 동사 clean 앞에 부정을 나타내는 don't를 써요.

(3) 주어 She가 3인칭 단수이므로 동사 teach 앞에 부정을 나타내는 doesn't를 써요.

(4) 주어 You가 쓰인 문장에서 동사 eat을 부정할 때는 동사 앞에 don't를 써요.

**Ⓑ**

주어 She가 3인칭 단수이므로 '~하지 않는다'라는 부정은 doesn't를 써요. 따라서 주어 She, 부정을 나타내는 doesn't, 동사 clean, 목적어 the room을 순서대로 써요.

**Ⓒ**

③ 주어 He가 3인칭 단수이므로 동사 clean 앞에 부정은 doesn't를 써요.
① 그녀는 아이들을 가르친다.
② 그녀는 아이들을 가르칠 수 있다.
③ 그는 그 방을 청소하지 않는다.
④ 너는 사과들을 먹지 않는다.
⑤ 나는 방 하나를 청소하지 않는다.

**Ⓓ**

(1) 주어 I가 1인칭이므로 동사 teach 앞에 부정을 나타내는 don't를 써요. 해석은 '나는 아이들을 가르치지 않는다.'이지요.

(2) 주어 You가 2인칭이므로 동사 eat 앞에 부정을 나타내는 don't를 써요. 해석은 '너는 사과들을 먹지 않는다.'이지요.

(3) 주어 He가 3인칭 단수이므로 동사 cleans 앞에 부정을 나타내는 doesn't를 써요. 이때 doesn't 뒤에는 동사원형이 와야 하기 때문에 clean이 알맞아요. 해석은 '그는 방 하나를 청소하지 않는다.'이지요.

(4) 주어 He가 3인칭 단수이므로 동사 eats 앞에 부정을 나타내는 doesn't를 써요. 이때, doesn't 뒤에는 동사원형이 와야 하기 때문에 eat이 알맞아요. 해석은 '그는 사과들을 먹지 않는다.'이지요.

(5) 주어 She가 3인칭 단수이므로 동사 teaches 앞에 부정을 나타내는 doesn't를 써요. 이때 doesn't 뒤에는 동사원형이 와야 하기 때문에 teach가 알맞아요. 해석은 '그녀는 아이들을 가르치지 않는다.'이지요.

---

**Day 09 주어+일반동사+목적어(2)**

**바로! 확인문제 01** 본문 50쪽

(1) ② (2) ② (3) ② (4) ① (5) ② (6) ②

(1) 주어 I를 먼저 쓰고, 동사 cleaned와 목적어 the room을 써요.

(2) 주어 I를 먼저 쓰고, 과거형이므로 과거동사 ate와 목적어 apples를 써요.

(3) 주어 You를 먼저 쓰고, 과거형이므로 과거동사 got up과 부사 late를 써요.

(4) 주어 You를 먼저 쓰고, 과거형이므로 과거동사 ran과 전치사구 in the park를 써요.

(5) 주어 You를 먼저 쓰고, 2인칭 주어 You에 어울리는 진행형 동사 are eating과 목적어 apples를 써요.

(6) 주어 She를 먼저 쓰고, 동사 will teach와 목적어 children을 써요.

**바로! 확인문제 02** 본문 51쪽

(1) ② (2) ① (3) ② (4) ② (5) ① (6) ②

(1) 과거형 문장을 부정할 때에는 일반동사 앞에 didn't를 써요.

(2) 과거형 문장을 부정할 때에는 일반동사 앞에 didn't를 써요.

(3) '~하지 않는 중이다'라는 현재진행형 부정의 표현은 be동사 are 다음에 not을 써요.

(4) '~하지 않을 것이다'라는 미래 부정의 표현은 조동사 will 다음에 not을 써요.

(5) '~하지 않을 것이다'라는 미래 부정의 표현은 조동사 will 다음에 not을 써요.

(6) 부정의 표현은 be동사 is 뒤에 not을 써요.

**기본문제** 본문 52쪽

Ⓐ (1) ① (2) ① (3) ② (4) ① (5) ② (6) ②
Ⓑ (1) I cleaned the room. (2) You are eating apples. (3) She will teach children. (4) I didn't clean the room. (5) You are not eating apples. (6) She will not teach children.

**A**

(1) 과거형 동사가 쓰였기 때문에 해석은 '나는 그 방을 청소했다.'이지요.

(2) 과거형 동사가 쓰였기 때문에 해석은 '너는 늦게 일어났다.'이지요.

(3) 현재진행형 동사가 쓰였기 때문에 해석은 '너는 사과들을 먹는 중이다.'이지요.

(4) 과거 부정을 나타내는 didn't가 쓰였기 때문에 해석은 '그는 그 방을 청소하지 않았다.'이지요.

(5) 현재진행형 동사에 부정을 나타내는 not이 쓰였기 때문에 해석은 '그녀는 사과들을 먹지 않는 중이다.'이지요.

(6) 부정을 나타내는 not이 쓰였기 때문에 해석은 '그녀는 아이들을 가르치지 않을 것이다.'이지요.

**B**

(1) 주어 I, 동사 cleaned, 목적어 the room을 순서대로 써요. 해석은 '나는 그 방을 청소했다.'이지요.

(2) 주어 You, 동사 are eating, 목적어 apples를 순서대로 써요. 해석은 '너는 사과들을 먹는 중이다.'이지요.

(3) 주어 She, 조동사 will, 동사 teach, 목적어 children을 순서대로 써요. 해석은 '그녀는 아이들을 가르칠 것이다.'이지요.

(4) 주어 I, 부정을 나타내는 didn't, 동사 clean, 목적어 the room을 순서대로 써요. 해석은 '나는 그 방을 청소하지 않았다.'이지요.

(5) 부정을 나타내는 not은 be동사 are 뒤에 써요. 따라서 주어 You, 동사 are not eating, 목적어 apples를 순서대로 써요. 해석은 '너는 사과들을 먹지 않는 중이다.'이지요.

(6) 부정을 나타내는 not은 조동사 will 뒤에 써요. 따라서 주어 She, 동사 will not teach, 목적어 children을 순서대로 써요. 해석은 '그녀는 아이들을 가르치지 않을 것이다.'이지요.

### 실전문제
본문 53쪽

**A** (1) ran (2) am (3) not (4) is not(isn't)
**B** ⑤ **C** ③ **D** (1) I am eating apples. (2) He is cleaning the room. (3) You are eating apples. (4) You are cleaning the room. (5) She is cleaning the room.

**A**

(1) '달리다'라는 동사 run의 과거형은 ran이에요.

(2) 주어 I가 1인칭이므로 be동사는 am을 써요.

(3) 조동사 will을 부정할 때는 will 뒤에 not을 써요.

**(4)** be동사 is를 부정할 때는 is 뒤에 not을 써요. is not은 줄여서 isn't로 써도 돼요.

**B**

'청소하지 않았다'라는 과거 표현의 부정은 didn't 다음에 동사원형을 쓰므로 cleaned가 아닌 clean이 알맞아요.

**C**

③ 조동사 will 다음에는 동사원형을 쓰므로 teaching이 아닌 teach가 알맞아요.
① 나는 그 방을 청소했다.
② 나는 사과들을 먹는 중이 아니다.
③ 그녀는 아이들을 가르칠 것이다.
④ 그는 그 방을 청소하지 않았다.
⑤ 그녀는 아이들을 가르치는 중이 아니다.

**D**

(1) 주어 I가 1인칭이므로 be동사 am과 eating을 써요.

(2) 주어 He가 3인칭 단수이므로 be동사 is와 cleaning을 써요.

(3) 주어 You가 2인칭이므로 be동사 are와 eating을 써요.

(4) 주어 You가 2인칭이므로 be동사 are와 cleaning을 써요.

(5) 주어 She가 3인칭 단수이므로 be동사 is와 cleaning을 써요.

**바로! 확인문제 이** 　　　　　본문 54쪽

(1) ② (2) ① (3) ① (4) ② (5) ① (6) ②

---

(1) 주어 I를 먼저 쓰고, 동사 clean, 목적어 the room, 부사 fast를 순서대로 써요.

(2) 주어 You를 먼저 쓰고, 동사 ate, 목적어 apples, 전치사구 on the bench를 순서대로 써요.

(3) 주어 She를 먼저 쓰고, 동사 is teaching, 목적어 children, 전치사구 in the classroom을 순서대로 써요.

(4) 주어 You를 먼저 쓰고, 동사 ate, 목적어 apples, 전치사구 on the bench, 시간을 나타내는 표현 yesterday를 순서대로 써요.

(5) 주어 She를 먼저 쓰고, 동사 is teaching, 목적어 children, 전치사구 in the classroom, 시간을 나타내는 표현 now를 순서대로 써요.

(6) 주어 She를 먼저 쓰고, 동사 will teach, 목적어 children, 전치사구 in the classroom, 시간을 나타내는 표현 next year를 순서대로 써요.

---

**바로! 확인문제 02** 　　　　　본문 55쪽

(1) ① (2) ② (3) ② (4) ① (5) ② (6) ①

---

(1) 주어 I를 먼저 쓰고, 부정을 나타내는 don't를 써요.

(2) 주어 You를 먼저 쓰고, 부정을 나타내는 didn't를 써요.

(3) 주어 You를 먼저 쓰고, 부정을 나타내는 didn't를 써요.

(4) 주어 She를 먼저 쓰고, 부정을 나타내는 didn't를 써요.

(5) 주어 She를 먼저 쓰고, be동사 is를 쓰고, 부정을 나타내는 not을 써요.

(6) 주어 He를 먼저 쓰고, be동사 is를 쓰고, 부정을 나타내는 not을 써요.

---

Ⓐ (1) ① (2) ① (3) ① (4) ②

Ⓑ (1) I clean the room fast. (2) You ate apples on the bench. (3) She is teaching children in the classroom. (4) I don't clean the room fast. (5) You didn't eat apples on the bench. (6) She is not teaching children in the classroom.

**Ⓐ**

(1) 부정의 표현이 쓰이지 않았기 때문에 해석은 '나는 그 방을 빠르게 청소한다.'이지요.

(2) 부정의 표현이 쓰이지 않았기 때문에 해석은 '나는 사과들을 벤치 위에서 먹었다.'이지요.

(3) 부정의 표현이 쓰이지 않았기 때문에 해석은 '그녀는 지금 교실에서 아이들을 가르치는 중이다.'이지요.

(4) 부정을 나타내는 didn't가 쓰였기 때문에 해석은 '너는 어제 사과들을 벤치 위에서 먹지 않았다.'이지요.

**Ⓑ**

(1) 주어 I를 먼저 쓰고, 동사 clean을 쓰고, 목적어 the room, 부사 fast를 순서대로 써요. 해석은 '나는 그 방을 빠르게 청소한다.'이지요.

(2) 주어 You를 먼저 쓰고, 동사 ate을 쓰고, 목적어 apples, 전치사구 on the bench를 순서대로 써요. 해석은 '너는 벤치 위에서 사과들을 먹었다.'이지요.

(3) 주어 She를 먼저 쓰고, 동사 is teaching을 쓰고, 목적어 children, 전치사구 in the classroom을 순서대로 써요. 해석은 '그녀는 교실에서 아이들을 가르치는 중이다.'이지요.

(4) 주어 I를 먼저 쓰고, 부정을 나타내는 don't를 쓰고, 동사 clean, 목적어 the room, 부사 fast를 순서대로 써요. 해석은 '나는 그 방을 빠르게 청소하지 않는다.'이지요.

(5) 주어 You를 먼저 쓰고, 부정어 didn't를 쓰고, 동사 eat, 목적어 apples, 전치사구 on the bench를 순서대로 써요. 해석은 '너는 벤치 위에서 사과들을 먹지 않았다.'이지요.

(6) 주어 She를 먼저 쓰고, 동사 is not teaching을 쓰고, 목적어 children, 전치사구 in the classroom을 순서대로 써요. 해석은 '그녀는 교실에서 아이들을 가르치는 중이 아니다.'이지요.

Ⓐ (1) don't   (2) eat   (3) are not   (4) didn't eat
Ⓑ ④    Ⓒ ⑤    Ⓓ (1) I didn't eat apples on the bench.
(2) You don't clean a room fast.   (3) He is not teaching children in the classroom.   (4) She didn't eat apples on the bench yesterday.   (5) I am not teaching children in the classroom now.

---

Ⓐ

(1) 주어 I가 1인칭이므로, 부정을 나타내는 don't를 써요.

(2) 부정을 나타내는 didn't 뒤에는 동사원형 eat을 써요.

(3) 현재진행형 문장을 부정하기 위해서는 be동사 are 다음에 not을 써요.

(4) 과거형 문장을 부정하기 위해서는 didn't 다음에 동사원형 eat을 써요.

Ⓑ

주어 She를 먼저 쓰고, 3인칭 단수 주어와 함께 쓰는 부정의 표현인 doesn't를 쓰고, 동사원형 clean과 목적어 the room, 부사 fast를 써요.

Ⓒ

⑤ 진행형 문장의 부정은 be동사 is 다음에 not을 쓰므로, She is not teaching children in the classroom.이 알맞아요.
① 나는 방 하나를 빠르게 청소한다.
② 너는 방 하나를 빠르게 청소하지 않았다.
③ 그는 어제 벤치 위에서 사과들을 먹었다.
④ 너는 벤치 위에서 사과들을 먹지 않았다.
⑤ 그녀는 교실에서 아이들을 가르치는 중이 아니다.

Ⓓ

(1) 과거형 문장의 부정은 didn't를 쓰고, 동사원형 eat을 써요.

(2) 현재형 문장의 부정은 don't를 쓰고, 동사원형 clean을 써요.

(3) 현재진행형 문장의 부정은 be동사 is 다음에 not을 써요.

(4) 과거형 문장의 부정은 didn't를 쓰고, 동사원형 eat을 써요.

(5) 현재진행형 문장의 부정은 be동사 am 다음에 not을 써요.

**1** ②   **2** ②   **3** ④   **4** ④   **5** ③   **6** ③   **7** will, teach   **8** didn't, eat   **9** don't, clean   **10** teaching   **11** (1) He ate apples on the bench. (2) He will eat apples on the bench.   **12** (1) Sophia and John are getting up late. (2) Sophia and John didn't get up late.

**1** 현재형 동사 clean이 쓰였기 때문에 해석은 '나는 그 방을 청소한다.'이지요.

**2** 현재형 부정을 나타내는 doesn't가 쓰였기 때문에 해석은 '그녀는 아이들을 가르치지 않는다.'이지요.

**3** 현재진행형을 나타내는 are eating이 쓰였기 때문에 해석은 '너는 벤치 위에서 사과들을 먹는 중이다.'이지요.

**4** ④ 주어 She는 3인칭 단수이므로 부정을 나타내려면 doesn't를 써요.
① 나는 그 방을 청소한다.
② Jenny는 아이들을 가르치지 않는다.
③ 그는 사과들을 먹을 수 있다.
④ 그녀는 그 방을 청소하지 않는다.
⑤ 그는 사과들을 먹지 않는다.

**5** ③ 부정을 나타내는 didn't 다음에는 동사원형이 오므로 cleans가 아닌 clean을 써요.
① David는 그 방을 청소했다.
② 나는 아이들을 가르칠 것이다.
③ 그녀는 그 방을 청소하지 않았다.
④ 너는 아이들을 가르치지 않을 것이다.
⑤ 나는 공원에서 달리지 않았다.

**6** ③ yesterday는 '어제'라는 뜻이므로 과거동사 ate과 같이 써요.
① 부정을 나타내는 didn't 다음에는 동사원형이 와야 하므로 ate이 아닌 eat을 써요.
② 부정을 나타내는 doesn't 다음에는 동사원형이 와야 하므로 cleans가 아닌 clean을 써요.
④ 현재진행형을 부정할 때는 be동사 is 다음에 not을 써요.
⑤ 현재진행형은 be동사 are 다음에 teaching을 써요.

**7** 미래형 문장이므로 조동사 will을 쓰고, '가르치다'라는 뜻의 동사 teach를 써요.

**8** 과거형 문장이므로 '~하지 않았다'라는 부정을 나타내는 didn't와 '먹다'라는 뜻의 동사 eat을 써요.

**9** 현재형 문장이므로 '~하지 않는다'라는 부정을 나타내는 don't와 '청소하다'라는 뜻의 동사 clean을 써요.

**10** 현재진행형은 be동사 뒤에 오는 동사에 -ing를 붙여야 하므로 teaching을 써요.

**11** (1) eat의 과거형은 ate이므로 He ate apples on the bench.라고 써요. 해석은 '그는 벤치 위에서 사과들을 먹

었다.'이지요.

(2) 주어 He 뒤에 미래를 나타내는 조동사 will을 써야 하므로 He will eat apples on the bench.라고 써요. 해석은 '그는 벤치 위에서 사과들을 먹을 것이다.'이지요.

**12** (1) 현재진행형은 주어 Sophia and John과 어울리는 be동사 are 다음에 getting up을 써서 Sophia and John are getting up late.라고 써요. 해석은 'Sophia와 John은 늦게 일어나는 중이다.'이지요.

(2) 과거형을 부정하려면 didn't를 사용하므로 주어 Sophia and John 뒤에 didn't를 쓰고, get up late를 써요. 해석은 'Sophia와 John은 늦게 일어나지 않았다.'이지요.

## Day 11 주어+일반동사+~에게+~을(1)

바로! 확인문제 01     본문 62쪽

(1) ② (2) ① (3) ② (4) ② (5) ① (6) ①

(1) 주어 I를 먼저 쓰고, 동사 give를 쓰고, 간접목적어 him을 쓰고, 직접목적어 a book을 써요.

(2) 주어 You를 먼저 쓰고, 동사 send를 쓰고, 간접목적어 me를 쓰고, 직접목적어 a letter를 써요.

(3) 주어 She를 먼저 쓰고, 동사 teaches를 쓰고, 간접목적어 us를 쓰고, 직접목적어 English를 써요.

(4) 주어 I를 먼저 쓰고, 동사 buy를 쓰고, 간접목적어 him을 쓰고, 직접목적어 a book을 써요.

(5) 주어 You를 먼저 쓰고, 동사 send를 쓰고, 간접목적어 us를 쓰고, 직접목적어 a letter를 써요.

(6) 주어 He를 먼저 쓰고, 동사 teaches를 쓰고, 간접목적어 me를 쓰고, 직접목적어 English를 써요.

바로! 확인문제 02     본문 63쪽

(1) ② (2) ① (3) ① (4) ② (5) ① (6) ②

(1) 주어 I를 먼저 쓰고, 부정을 나타내는 don't를 써요.

(2) 주어 She를 먼저 쓰고, 부정을 나타내는 doesn't를 써요.

(3) 간접목적어 us를 먼저 쓰고, 직접목적어 English를 써요.

(4) 간접목적어 him을 먼저 쓰고, 직접목적어 a book을 써요.

(5) 주어 He가 3인칭 단수이므로 부정을 나타내는 doesn't를 동사 앞에 써요.

(6) 주어 You가 2인칭이므로 부정을 나타내는 don't를 동사 앞에 써요.

## 기본문제     본문 64쪽

Ⓐ (1) ② (2) ② (3) ① (4) ① (5) ② (6) ①

Ⓑ (1) I give him a book. (2) You send me a letter.
(3) She teaches us English. (4) I don't give him a book.
(5) You don't send me a letter. (6) She doesn't teach us English.

**A**

(1) 부정을 나타내는 표현이 쓰이지 않았기 때문에 해석은 '나는 그에게 책을 준다.'이지요.

(2) 부정을 나타내는 don't가 쓰였기 때문에 해석은 '너는 나에게 편지를 보내 주지 않는다.'이지요.

(3) 부정을 나타내는 doesn't가 쓰였기 때문에 해석은 '그녀는 우리에게 영어를 가르쳐 주지 않는다.'이지요.

(4) 부정을 나타내는 표현이 쓰이지 않았기 때문에 해석은 '그는 나에게 책을 사 준다.'이지요.

(5) me가 간접목적어로 쓰였기 때문에 해석은 '그들은 나에게 사과를 주지 않는다.'이지요.

(6) her가 간접목적어로 쓰였기 때문에 해석은 '그는 그녀에게 영어를 가르쳐 준다.'이지요.

**B**

(1) 주어 I를 먼저 쓰고, 동사 give를 쓰고, 간접목적어 him을 쓰고, 직접목적어 a book을 쓰면 돼요. 해석은 '나는 그에게 책을 준다.'이지요.

(2) 주어 You를 먼저 쓰고, 동사 send를 쓰고, 간접목적어 me를 쓰고, 직접목적어 a letter를 쓰면 돼요. 해석은 '너는 나에게 편지를 보내 준다.'이지요.

(3) 주어 She를 먼저 쓰고, 동사 teaches를 쓰고, 간접목적어 us를 쓰고, 직접목적어 English를 쓰면 돼요. 해석은 '그녀는 우리에게 영어를 가르쳐 준다.'이지요.

(4) 주어 I를 먼저 쓰고, 부정을 나타내는 don't를 쓰고, 동사 give를 쓰고, 간접목적어 him을 쓰고, 직접목적어 a book을 쓰면 돼요. 해석은 '나는 그에게 책을 주지 않는다.'이지요.

(5) 주어 You를 먼저 쓰고, 부정을 나타내는 don't를 쓰고, 동사 send를 쓰고, 간접목적어 me를 쓰고, 직접목적어 a letter를 쓰면 돼요. 해석은 '너는 나에게 편지를 보내 주지 않는다.'이지요.

(6) 주어 She를 먼저 쓰고, 부정을 나타내는 doesn't를 쓰고, 동사 teach를 쓰고, 간접목적어 us를 쓰고, 직접목적어 English를 쓰면 돼요. 해석은 '그녀는 우리에게 영어를 가르쳐 주지 않는다.'이지요.

**A**

(1) '우리에게'를 뜻하는 간접목적어로 us를 써요. we는 주격대명사이므로 we 대신 목적격대명사 us를 써요.

(2) '나에게'를 뜻하는 간접목적어로 me를 써요. I는 주격대명사이므로 I 대신 목적격대명사 me를 써요.

(3) '그에게'를 뜻하는 간접목적어로 him을 써요. his는 소유격대명사이므로 his 대신 목적격대명사 him을 써요.

(4) 간접목적어 her를 먼저 쓰고, 직접목적어 a book을 써요.

**B**

주어 He를 먼저 쓰고, 부정을 나타내는 doesn't를 쓰고, 동사 send를 쓰고, 간접목적어 us를 쓰고, 직접목적어 a letter를 순서대로 써요.

**C**

⑤ 수여동사 teach가 쓰인 문장의 구조는 '주어＋동사＋간접목적어＋직접목적어'이기 때문에 간접목적어인 us를 먼저 쓰고, 직접목적어인 English를 써요.
① 나는 그에게 책을 준다.
② 너는 나에게 편지를 보내 주지 않는다.
③ Paul은 Mary에게 편지를 보내 준다.
④ 그들은 그녀에게 책을 사 준다.
⑤ 나의 엄마는 우리에게 영어를 가르쳐 주지 않는다.

**D**

(1) 주어 Mary가 3인칭 단수이므로 부정을 나타내는 doesn't를 쓰고, 뒤에 동사원형 teach를 써요.

(2) 주어가 You이므로 부정을 나타내는 don't를 쓰고, 뒤에 동사원형 buy를 써요.

(3) 주어 He가 3인칭 단수이므로 부정을 나타내는 doesn't를 쓰고, 뒤에 동사원형 send를 써요.

(4) 주어 My mom이 3인칭 단수이므로 부정을 나타내는 doesn't를 쓰고, 뒤에 동사원형 give를 써요.

(5) 주어가 I이므로 부정을 나타내는 don't를 쓰고, 뒤에 동사원형 show를 써요.

### 실전문제
본문 65쪽

**A** (1) us (2) me (3) him (4) her a book  **B** ③
**C** ⑤  **D** (1) Mary doesn't teach me English. (2) You don't buy us a book. (3) He doesn't send her a letter. (4) My mom doesn't give me a ball. (5) I don't show him a book.

## Day 12 주어+일반동사+~에게+~을(2)

본문 66쪽

**바로! 확인문제 01**

(1) ① (2) ② (3) ① (4) ② (5) ① (6) ②

(1) 간접목적어 him을 먼저 쓰고, 직접목적어 a book을 써요.

(2) 미래를 나타내기 위해서 조동사 will을 쓰고, 동사원형 teach를 써요.

(3) 현재진행형을 나타내기 위해서 주어 You에 어울리는 be동사의 현재형 are와 teaching을 써요.

(4) 과거진행형을 나타내기 위해서 주어 I에 어울리는 be동사의 과거형 was와 sending을 써요.

(5) 미래를 나타내기 위해서 조동사 will을 먼저 쓰고, 동사원형 send를 써요.

(6) 미래를 나타내기 위해서 조동사 will을 먼저 쓰고, 동사원형 buy를 써요.

**바로! 확인문제 02**

본문 67쪽

(1) ① (2) ② (3) ② (4) ② (5) ② (6) ①

(1) 과거형 문장을 부정할 때에는 일반동사 give 앞에 didn't를 써요.

(2) 과거진행형 문장을 부정할 때에는 주어 You에 어울리는 be동사의 과거형 were 다음에 not을 쓰고, sending을 써요.

(3) 현재진행형 문장을 부정할 때에는 주어 I에 어울리는 be동사의 현재형 am 다음에 not을 쓰고, sending을 써요.

(4) 미래형 문장을 부정할 때에는 will 다음에 not을 쓰고, 동사원형 teach를 써요.

(5) 과거형 문장을 부정할 때에는 일반동사 teach 앞에 didn't를 써요.

(6) 미래형 문장을 부정할 때에는 will 다음에 not을 쓰고, 동사원형 give를 써요.

## 기본문제

본문 68쪽

Ⓐ (1) ② (2) ① (3) ① (4) ② (5) ② (6) ①

Ⓑ (1) I gave him a book. (2) You are sending me a letter. (3) She will teach us English. (4) She didn't give him a book. (5) You were not sending me a letter. (6) She will not teach us English.

Ⓐ

(1) 과거동사 gave가 쓰였기 때문에 해석은 '나는 그에게 책을 주었다.'이지요.

(2) 부정을 나타내는 not이 쓰였기 때문에 해석은 '너는 나에게 편지를 보내는 중이 아니었다.'이지요.

(3) 현재진행형 문장이 쓰였기 때문에 해석은 '그녀는 우리에게 영어를 가르치는 중이다.'이지요.

(4) 부정을 나타내는 not이 쓰였기 때문에 해석은 '나는 너에게 책을 사 주지 않을 것이다.'이지요.

(5) 부정을 나타내는 표현이 쓰이지 않았기 때문에 해석은 '그는 그녀에게 편지를 보낼 것이다.'이지요.

(6) 부정을 나타내는 didn't가 쓰였기 때문에 해석은 '그들은 나에게 편지를 보내지 않았다.'이지요.

Ⓑ

(1) 주어 I를 먼저 쓰고, 일반동사의 과거형 gave를 쓰고, 간접목적어 him을 쓰고, 직접목적어 a book을 쓰면 돼요. 해석은 '나는 그에게 책을 주었다.'이지요.

(2) 주어 You를 먼저 쓰고, 주어와 어울리는 be동사의 현재형 are를 쓰고, sending을 쓰고, 간접목적어 me를 쓰고, 직접목적어 a letter를 쓰면 돼요. 해석은 '너는 나에게 편지를 보내는 중이다.'이지요.

(3) 주어 She를 먼저 쓰고, 미래를 나타내는 조동사 will을 쓰고, 동사 teach를 쓰고, 간접목적어 us를 쓰고, 직접목적어 English를 쓰면 돼요. 해석은 '그녀는 우리에게 영어를 가르칠 것이다.'이지요.

(4) 주어 She를 먼저 쓰고, 과거 부정을 나타내는 didn't를 쓰고, 동사 give를 쓰고, 간접목적어 him을 쓰고, 직접목적어 a book을 쓰면 돼요. 해석은 '그녀는 그에게 책을 주지 않았다.'이지요.

(5) 주어 You를 먼저 쓰고, 주어와 어울리는 be동사의 과거형 were를 쓰고, 부정을 나타내는 not을 쓰고, sending을 쓰고, 간접목적어 me를 쓰고, 직접목적어 a letter를 쓰면 돼요. 해석은 '너는 나에게 편지를 보내는 중이 아니었다.'이지요.

(6) 주어 She를 먼저 쓰고, 미래를 나타내는 조동사 will을 쓰고, 부정을 나타내는 not을 쓰고, 동사 teach를 쓰고, 간접목적어 us를 쓰고, 직접목적어 English를 쓰면 돼요. 해석은 '그녀는 우리에게 영어를 가르치지 않을 것이다.' 이지요.

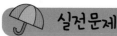 

**A** (1) teaching (2) send (3) buying (4) will not
**B** ⑤   **C** ④   **D** (1) She didn't give me a letter.
(2) You will not teach him English. (3) Mark is not sending her a letter. (4) My mom was not buying me a ball. (5) Tom will not give me a book.

**A**

(1) 현재진행형 문장이므로 be동사 are 뒤에 teaching을 써요.

(2) 과거형 문장을 부정하는 didn't 뒤에는 동사원형 send를 써요.

(3) 현재진행형 문장의 부정은 be동사 is 뒤에 not을 쓰고 buying을 써요.

(4) 미래형 문장의 부정은 조동사 will을 쓰고, 뒤에 not을 써요.

**B**

과거진행형이므로 주어 He를 먼저 쓰고, 주어에 어울리는 be동사의 과거형 was 다음에 부정을 나타내는 not을 쓰고, '일반동사+-ing' 형태인 sending을 쓰고, '나에게'를 뜻하는 간접목적어 me를 쓰고, '편지를'을 뜻하는 직접목적어 a letter를 쓰면 돼요.

**C**

④ 현재진행형을 부정할 때에는 주어 They에 어울리는 be동사 are 다음에 부정을 나타내는 not을 쓰고, giving을 써요.
① 나는 그에게 공 하나를 주었다.
② 너는 나에게 편지를 보내는 중이 아니었다.
③ 그녀는 나에게 영어를 가르쳐 주지 않을 것이다.
④ 그들은 우리에게 책을 주는 중이 아니다.
⑤ Tom은 Mary에게 편지를 보내지 않았다.

**D**

(1) 과거형 문장을 부정할 때에는 주어 She를 먼저 쓰고, didn't 다음에 동사원형 give를 써요.

(2) 미래형 문장을 부정할 때에는 조동사 will을 쓰고, not을 쓰고, 동사원형 teach를 써요.

(3) 현재진행형 문장을 부정할 때에는 be동사 is 다음에 not을 쓰고, sending을 써요.

(4) 과거진행형 문장을 부정할 때에는 be동사의 과거형 was 다음에 not을 쓰고, buying을 써요.

(5) 미래형 문장을 부정할 때에는 조동사 will 다음에 not을 쓰고, 동사원형 give를 써요.

---

## Day 13 주어+일반동사+~에게 +~을+수식

(1) ② (2) ② (3) ① (4) ①

(1) 간접목적어 her를 먼저 쓰고, 직접목적어 the story를 써요.

(2) 과거형 문장이기 때문에 과거동사 showed를 쓰고, 부사 happily는 문장의 마지막에 써요.

(3) 전치사구 in the kitchen은 문장의 마지막에 써요.

(4) '여기에서'의 뜻을 가진 부사 here는 문장의 마지막에 써요.

(1) ① (2) ① (3) ② (4) ① (5) ② (6) ①

(1) 주어 I는 3인칭 단수가 아니므로 부정을 나타내는 don't를 일반동사 앞에 써요.

(2) 간접목적어 me를 먼저 쓰고, 직접목적어 the story를 써요.

(3) 주어 She는 3인칭 단수이므로 부정을 나타내는 doesn't를 써요.

(4) 과거형 문장을 부정할 때에는 didn't를 써요.

(5) 전치사구 in the kitchen은 문장의 마지막에 써요.

(6) 현재진행형 문장을 부정할 때에는 be동사 is 다음에 not을 써요.

### 기본문제    본문 72쪽

**A** (1) ② (2) ② (3) ① (4) ②
**B** (1) I give him a book angrily. (2) She is telling me the story in the kitchen. (3) You showed me the picture happily. (4) I don't tell him the story angrily. (5) She is teaching us English here. (6) He didn't show me the picture happily.

**A**

(1) 현재동사 tell이 쓰였으므로 해석은 '나는 그녀에게 그 이야기를 화가 나서 말해 준다.'이지요.

(2) 과거 부정을 나타내는 didn't가 쓰였으므로 해석은 '그

---

는 너에게 행복하게 그 사진을 보여 주지 않았다.'이지요.

(3) '행복하게'를 나타내는 부사 happily가 쓰였으므로 해석은 '그녀는 나에게 그 사진을 행복하게 보여 주는 중이다.'이지요.

(4) '그에게'를 나타내는 간접목적어 him이 쓰였으므로 해석은 '그들은 그에게 그 이야기를 화가 나서 말해 주지 않는다.'이지요.

**Ⓑ**

(1) 주어 I를 먼저 쓰고, 동사 give를 쓰고, 간접목적어 him을 쓰고, 직접목적어 a book을 쓰고, 부사 angrily를 쓰면 돼요. 해석은 '나는 그에게 화가 나서 책을 준다.'이지요.

(2) 주어 She를 먼저 쓰고, 현재진행형을 표현한 동사 is telling을 쓰고, 간접목적어 me를 쓰고, 직접목적어 the story를 쓰고, 마지막으로 전치사구 in the kitchen을 쓰면 돼요. 해석은 '그녀는 나에게 부엌에서 그 이야기를 말해 주는 중이다.'이지요.

(3) 주어 You를 먼저 쓰고, 동사 showed를 쓰고, 간접목적어 me를 쓰고, 직접목적어 the picture를 쓰고, 마지막으로 부사 happily를 쓰면 돼요. 해석은 '너는 나에게 그 사진을 행복하게 보여 주었다.'이지요.

(4) 주어 I를 먼저 쓰고, 부정을 나타내는 don't를 쓰고, 동사 tell을 쓰고, 간접목적어 him을 쓰고, 직접목적어 the story를 쓰고, 부사 angrily를 쓰면 돼요. 해석은 '나는 그에게 그 이야기를 화가 나서 말해 주지 않는다.'이지요.

(5) 주어 She를 먼저 쓰고, 현재진행형 동사 is teaching을 쓰고, 간접목적어 us를 쓰고, 직접목적어 English를 쓰고, 부사 here를 쓰면 돼요. 해석은 '그녀는 여기에서 우리에게 영어를 가르쳐 주는 중이다.'이지요.

(6) 주어 He를 먼저 쓰고, 과거형 부정을 나타내는 didn't를 쓰고, 동사 show를 쓰고, 간접목적어 me를 쓰고, 직접목적어 the picture를 쓰고, 부사 happily를 쓰면 돼요. 해석은 '그는 나에게 행복하게 그 사진을 보여 주지 않았다.'이지요.

### 실전문제
본문 73쪽

**Ⓐ** (1) angrily (2) him (3) telling (4) happily  **Ⓑ** ④
**Ⓒ** ⑤  **Ⓓ** (1) I tell them the story fast. (2) She shows me the book here. (3) We told her the story there.
(4) My sister showed us the picture angrily. (5) Tom is telling me the story in the kitchen.

**Ⓐ**

(1) '화가 나서'를 나타내는 부사는 angrily를 써요.

(2) '그에게'를 나타내는 간접목적어는 목적격대명사 him

을 써요.

(3) 현재진행형은 'be동사＋일반동사＋-ing'이므로 telling을 써요.

(4) '행복하게'를 나타내는 부사는 happily를 써요.

**Ⓑ**

주어 Tom을 먼저 쓰고, 과거 부정을 나타내는 didn't를 쓰고, '말하다'를 뜻하는 동사 tell을 쓰고, '그녀에게'를 뜻하는 간접목적어 her를 쓰고, '이야기'를 뜻하는 직접목적어 the story를 쓰고, '화가 나서'를 뜻하는 부사 angrily를 쓰면 돼요.

**Ⓒ**

⑤ 간접목적어 me를 먼저 쓰고, 직접목적어 the letter를 써요.
① 나는 그에게 행복하게 그 이야기를 말해 준다.
② 그녀는 나에게 그 편지를 화가 나서 보내 준다.
③ Jacob은 나에게 그 이야기를 여기에서 말해 주는 중이 아니다.
④ 그들은 그에게 책을 행복하게 주지 않았다.
⑤ 나의 엄마는 부엌에서 나에게 그 편지를 보여 주고 있는 중이다.

**Ⓓ**

(1) '빠르게'의 뜻을 가진 fast를 문장의 마지막에 써요.

(2) '여기에서'의 뜻을 가진 here를 문장의 마지막에 써요.

(3) '저기에서'의 뜻을 가진 there를 문장의 마지막에 써요.

(4) '화가 나서'의 뜻을 가진 angrily를 문장의 마지막에 써요.

(5) '부엌에서'의 뜻을 가진 in the kitchen을 문장의 마지막에 써요.

### 혼공 종합문제 (4)
본문 74쪽

1 ② 2 ⑤ 3 ④ 4 ⑤ 5 ② 6 ④ 7 angrily 8 me, the, letter 9 teach, us 10 showing 11 (1) I don't send him a book happily. (2) I will send him a book happily.
12 (1) He will tell us the story here. (2) He is telling us the story here.

1 간접목적어로 her가 쓰인 현재형 문장이므로 해석은 '나는 그녀에게 책을 준다.'이지요.

2 부정의 표현이 쓰인 미래형 문장으로 해석은 '그녀는 우리에게 영어를 가르쳐 주지 않을 것이다.'이지요.

3 부정의 표현이 쓰인 과거형 문장으로 해석은 '너는 나

에게 그 사진을 행복하게 보여 주지 않았다.'이지요.

**4** ⑤ 문장의 주어 Jane and Peter는 3인칭 복수이기 때문에 동시에 s를 붙이지 않아요. 따라서 tells는 tell로 써요.
① 나의 여동생은 Tom에게 편지를 보낸다.
② 그녀는 우리에게 영어를 가르친다.
③ 나의 선생님은 그에게 책을 주신다.
④ 그는 여기서 우리에게 그 사진을 보여 준다.
⑤ Jane과 Peter는 나에게 그 이야기를 행복하게 말해 준다.

**5** ② 간접목적어로 목적격대명사 you를 써요. your는 you의 소유격이지요.
① 너는 나에게 편지를 보내 준다.
② 나는 너에게 편지를 보내 준다.
③ 그는 그녀에게 편지를 보내 준다.
④ 그녀는 우리에게 편지를 보내 준다.
⑤ 나의 아빠는 그들에게 편지를 보내 준다.

**6** ④ 미래 부정을 나타내는 will not 뒤에 동사원형 teach가 알맞게 쓰였어요.
① 과거 부정을 나타내는 didn't 뒤에는 동사원형 send를 써요.
② 과거 부정을 나타내는 didn't 뒤에는 동사원형 give를 써요.
③ 미래를 나타내는 조동사 will 뒤에는 동사원형 show를 써요.
⑤ 현재진행형의 부정을 나타내는 문장으로 are not 다음에 telling으로 써요.

**7** '화가 나서'의 뜻을 가진 부사 angrily를 문장의 마지막에 써요.

**8** 간접목적어 me를 쓰고, 직접목적어 the letter를 써요.

**9** 수여동사 teach를 쓰고, 간접목적어 us를 써요.

**10** 현재진행형의 부정을 나타내는 문장으로 is not 다음에는 showing을 써요.

**11** (1) 일반동사의 부정이므로 don't를 사용하여 I don't send him a book happily.라고 써요. 해석은 '나는 그에게 행복하게 책을 보내 주지 않는다.'이지요.
(2) 미래형 문장은 동사 앞에 will을 사용하여 I will send him a book happily.라고 써요. 해석은 '나는 그에게 행복하게 책을 보내 줄 것이다.'이지요.

**12** (1) 미래형 문장은 동사 앞에 will을 쓰고, 뒤에 동사원형 tell이 와서 He will tell us the story here.라고 써요. 해석은 '그는 여기에서 우리에게 그 이야기를 말해 줄 것이다.'이지요.
(2) 현재진행형 문장은 'be동사+일반동사+-ing' 형태이므로 주어 He와 함께 쓰는 be동사 is를 먼저 쓰고, telling을 써서 He is telling us the story here.라고 써요. 해석은 '그는 여기에서 우리에게 그 이야기를 말해 주는 중이다.'이지요.

**바로! 확인문제 01**     본문 78쪽

(1) ② (2) ② (3) ① (4) ① (5) ② (6) ①

(1) 주어 I를 먼저 쓰고, 동사 make를 쓰고, 목적어 her를 쓰고, 형용사 happy를 써요.
(2) 주어 You를 먼저 쓰고, 동사 make를 쓰고, 목적어 me를 쓰고, 형용사 sad를 써요.
(3) 주어 You를 먼저 쓰고, 동사 make를 쓰고, 목적어 him을 쓰고, 형용사 angry를 써요.
(4) 주어 She를 먼저 쓰고, 동사 makes를 쓰고, 목적어 them을 쓰고, 형용사 hungry를 써요.
(5) 주어 The movie를 먼저 쓰고, 동사 makes를 쓰고, 목적어 me를 쓰고, 형용사 bored를 써요.
(6) 주어 They를 먼저 쓰고, 동사 make를 쓰고, 목적어 her를 쓰고, 형용사 angry를 써요.

**바로! 확인문제 02**     본문 79쪽

(1) ① (2) ② (3) ② (4) ① (5) ① (6) ①

(1) 부정의 문장이기 때문에 주어 I 뒤에 부정을 나타내는 don't를 써요.
(2) 부정의 문장이기 때문에 주어 You 뒤에 부정을 나타내는 don't를 써요.
(3) 부정의 문장이기 때문에 주어 She 뒤에 3인칭 단수 주어와 어울리며 부정을 나타내는 doesn't를 써요.
(4) 부정의 문장이기 때문에 주어 They 뒤에 부정을 나타내는 don't를 써요.
(5) 부정 명령문이기 때문에 Don't를 써요.
(6) 부정 명령문이기 때문에 Don't를 써요.

**기본문제**     본문 80쪽

Ⓐ (1) ① (2) ② (3) ① (4) ② (5) ① (6) ②
Ⓑ (1) I make her happy. (2) You make me sad.
(3) She makes them hungry. (4) I don't make her happy. (5) You don't make me sad. (6) She doesn't make them hungry.

Ⓐ

(1) 부정을 나타내는 표현이 쓰이지 않았기 때문에 해석은 '나는 그녀를 행복하게 한다.'이지요.

(2) 부정을 나타내는 don't가 쓰였기 때문에 해석은 '너는 나를 슬프게 하지 않는다.'이지요.

(3) 부정을 나타내는 표현이 쓰이지 않았기 때문에 해석은 '너는 그를 화나게 한다.'이지요.

(4) 부정을 나타내는 doesn't가 쓰였기 때문에 해석은 '그녀는 그들을 배고프게 하지 않는다.'이지요.

(5) 부정을 나타내는 표현이 쓰이지 않았기 때문에 해석은 '그 영화는 나를 지루하게 한다.'이지요.

(6) 부정을 나타내는 Don't가 쓰였기 때문에 해석은 '그녀를 화나게 하지 마세요.'이지요.

Ⓑ

(1) 주어 I를 먼저 쓰고, 동사 make를 쓰고, 목적어 her를 쓰고, 형용사 happy를 쓰면 돼요. 해석은 '나는 그녀를 행복하게 한다.'이지요.

(2) 주어 You를 먼저 쓰고, 동사 make를 쓰고, 목적어 me를 쓰고, 형용사 sad를 쓰면 돼요. 해석은 '너는 나를 슬프게 한다.'이지요.

(3) 주어 She를 먼저 쓰고, 동사 makes를 쓰고, 목적어 them을 쓰고, 형용사 hungry를 쓰면 돼요. 해석은 '그녀는 그들을 배고프게 한다.'이지요.

(4) 주어 I를 먼저 쓰고, 부정을 나타내는 don't를 쓰고, 동사 make를 쓰고, 목적어 her를 쓰고, 형용사 happy를 쓰면 돼요. 해석은 '나는 그녀를 행복하게 하지 않는다.'이지요.

(5) 주어 You를 먼저 쓰고, 부정을 나타내는 don't를 쓰고, 동사 make를 쓰고, 목적어 me를 쓰고, 마지막으로 형용사 sad를 쓰면 돼요. 해석은 '너는 나를 슬프게 하지 않는다.'이지요.

(6) 주어 She를 먼저 쓰고, 부정을 나타내는 doesn't를 쓰고, 동사 make를 쓰고, 목적어 them을 쓰고, 형용사 hungry를 쓰면 돼요. 해석은 '그녀는 그들을 배고프게 하지 않는다.'이지요.

🌂 **실전문제** 본문 81쪽

Ⓐ (1) happy (2) Don't (3) sad (4) doesn't　Ⓑ ③
Ⓒ ②　Ⓓ (1) They don't make her sad. (2) I don't make him angry. (3) The book doesn't make me bored. (4) It doesn't make me happy. (5) She doesn't make me hungry.

Ⓐ

(1) 부사 happily가 아니라 형용사 happy를 써요.

(2) Doesn't가 아니라 부정 명령문에 어울리는 Don't를 써요.

(3) 부사 sadly가 아니라 형용사 sad를 써요.

(4) 주어 She가 3인칭 단수이므로 don't가 아니라 doesn't를 써요.

Ⓑ

주어 The movie를 먼저 쓰고, 주어가 3인칭 단수이므로 '~하게 하다'를 뜻하는 동사 make에 s를 붙여서 makes를 써요. 그 뒤에 목적어 me를 쓰고, 마지막으로 형용사 bored를 쓰면 돼요.

Ⓒ

② 주어 My grandpa가 3인칭 단수이므로 동사 make에 s를 붙여서 makes를 써요.
① 나를 슬프게 하지 마세요.
② 나의 할아버지는 나를 행복하게 한다.
③ 나는 그녀를 지루하게 하지 않는다.
④ 그들은 그를 화나게 한다.
⑤ Jane은 그들을 배고프게 한다.

Ⓓ

(1) 주어 They 뒤에 부정을 나타내는 don't를 써요.

(2) 주어 I 뒤에 부정을 나타내는 don't를 써요.

(3) 주어 The book 뒤에 3인칭 단수 주어와 어울리며 부정을 나타내는 doesn't를 쓰고, 동사원형 make를 써요.

(4) 주어 It 뒤에 3인칭 단수 주어와 어울리며 부정을 나타내는 doesn't를 쓰고, 동사원형 make를 써요.

(5) 주어 She 뒤에 3인칭 단수 주어와 어울리며 부정을 나타내는 doesn't를 쓰고, 동사원형 make를 써요.

## Day 15 주어+make+목적어+형용사(2)

 기본문제

본문 84쪽

Ⓐ ( 1 ) ② ( 2 ) ① ( 3 ) ② ( 4 ) ② ( 5 ) ① ( 6 ) ①

Ⓑ ( 1 ) I made her strong. ( 2 ) You should make me smart. ( 3 ) She will make me rich. ( 4 ) I didn't make her strong. ( 5 ) You should not make me smart. ( 6 ) She will not make me rich.

---

### 바로! 확인문제 01

본문 82쪽

( 1 ) ① ( 2 ) ② ( 3 ) ② ( 4 ) ① ( 5 ) ② ( 6 ) ①

( 1 ) 주어 I를 먼저 쓰고, 동사 make의 과거형 made를 쓰고, 목적어 her를 쓰고, 형용사 strong을 써요.

( 2 ) 주어 You를 먼저 쓰고, 조동사 should를 쓰고, 동사 make를 쓰고, 목적어 me를 쓰고, 형용사 smart를 써요.

( 3 ) 주어 You를 먼저 쓰고, 조동사 should를 쓰고, 동사 drive를 쓰고, 목적어 the car를 써요.

( 4 ) 주어 She를 먼저 쓰고, 조동사 will을 쓰고, 동사 make를 쓰고, 목적어 him을 쓰고, 형용사 rich를 써요.

( 5 ) 주어 He를 먼저 쓰고, 동사 make의 과거형 made를 쓰고, 목적어 us를 쓰고, 형용사 strong을 써요.

( 6 ) 주어 They를 먼저 쓰고, 조동사 must를 쓰고, 동사 take를 쓰고, 목적어 the pill을 써요.

---

### 바로! 확인문제 02

본문 83쪽

( 1 ) ② ( 2 ) ① ( 3 ) ① ( 4 ) ② ( 5 ) ② ( 6 ) ①

( 1 ) 주어 I 뒤에 과거 부정을 나타내는 didn't를 써요.

( 2 ) 조동사 should 뒤에 부정을 나타내는 not을 써요.

( 3 ) 주어 She 뒤에 미래 부정을 나타내는 will not을 써요.

( 4 ) 주어 He 뒤에 '~해서는 안 된다'를 나타내는 조동사 should와 not의 축약인 shouldn't를 써요.

( 5 ) 주어 They 뒤에 과거 부정을 나타내는 didn't를 써요.

( 6 ) 주어 Kevin 뒤에 미래 부정을 나타내는 will not을 써요.

---

Ⓐ

( 1 ) 부정을 나타내는 didn't가 쓰였기 때문에 해석은 '나는 그녀를 힘이 세지게 하지 않았다.'이지요.

( 2 ) 부정을 나타내는 표현이 쓰이지 않았기 때문에 해석은 '너는 나를 똑똑하게 만들어야 한다.'이지요.

( 3 ) 부정을 나타내는 shouldn't가 쓰였기 때문에 해석은 '그들은 자전거를 타서는 안 된다.'이지요.

( 4 ) 부정을 나타내는 didn't가 쓰였기 때문에 해석은 '그는 그녀를 힘이 세지게 하지 않았다.' 이지요.

( 5 ) 부정을 나타내는 표현이 쓰이지 않았기 때문에 해석은 'Mary는 그를 부자가 되게 할 것이다.'이지요.

( 6 ) 부정을 나타내는 표현이 쓰이지 않았기 때문에 해석은 '너는 반드시 그 알약을 복용해야 한다.'이지요.

---

Ⓑ

( 1 ) 주어 I를 먼저 쓰고, 동사 make의 과거형 made를 쓰고, 목적어 her를 쓰고, 형용사 strong을 쓰면 돼요. 해석은 '나는 그녀를 힘이 세지게 했다.'이지요.

( 2 ) 주어 You를 먼저 쓰고, '~해야 한다'라는 뜻을 가진 조동사 should를 쓰고, 동사 make를 쓰고, 목적어 me를 쓰고, 형용사 smart를 쓰면 돼요. 해석은 '너는 나를 똑똑하게 만들어야 한다.'이지요.

( 3 ) 주어 She를 먼저 쓰고, '~할 것이다'라는 뜻을 가진 조동사 will을 쓰고, 동사 make를 쓰고, 목적어 me를 쓰고, 형용사 rich를 쓰면 돼요. 해석은 '그녀는 나를 부자가 되게 할 것이다.'이지요.

( 4 ) 주어 I를 먼저 쓰고, didn't를 쓰고, 동사 make를 쓰고, 목적어 her를 쓰고, 형용사 strong을 쓰면 돼요. 해석은 '나는 그녀를 힘이 세지게 하지 않았다.'이지요.

( 5 ) 주어 You를 먼저 쓰고, '~해서는 안 된다'라는 뜻을 가진 should not을 쓰고, 동사 make를 쓰고, 목적어 me를 쓰고, 형용사 smart를 쓰면 돼요. 해석은 '너는 나를 똑똑하게 만들어서는 안 된다.'이지요.

( 6 ) 주어 She를 먼저 쓰고, '~하지 않을 것이다'라는 뜻을 가진 will not을 쓰고, 동사 make를 쓰고, 목적어 me를 쓰고, 형용사 rich를 쓰면 돼요. 해석은 '그녀는 나를 부자가 되게 하지 않을 것이다.'이지요.

Ⓐ ( 1 ) will not(won't) ( 2 ) made ( 3 ) ride ( 4 ) didn't
Ⓑ ④    Ⓒ ⑤    Ⓓ ( 1 ) He made me happy. ( 2 ) I made her rich. ( 3 ) My dad didn't make us hungry. ( 4 ) They didn't make him smart. ( 5 ) We made the children strong.

Ⓐ

( 1 ) 부정의 문장이기 때문에 조동사 will 뒤에 not을 써요. 축약해서 won't를 써도 돼요.

( 2 ) 과거형 문장이기 때문에 동사 make의 과거형 made 를 써요.

( 3 ) 조동사의 부정을 나타내는 should not 뒤에는 동사원형 ride를 써요.

( 4 ) 과거 부정의 문장이기 때문에 과거 부정을 나타내는 didn't를 써요.

Ⓑ

주어 We를 먼저 쓰고, '~할 것이다'라는 뜻을 가진 조동사 will을 쓰고, 동사 make를 쓰고, 목적어 them을 쓰고, 형용사 rich를 쓰면 돼요.

Ⓒ

⑤ 조동사 should가 쓰인 문장을 부정할 때에는 조동사 뒤에 not을 써요. 따라서 You should not make me smart. 로 써요.
① 그는 나를 행복하게 하지 않았다.
② 나는 그를 부자가 되게 할 것이다.
③ 그 선생님은 그녀를 힘이 세지게 했다.
④ 그 영화는 나를 지루하게 하지 않았다.
⑤ 너는 나를 똑똑하게 만들어서는 안 된다.

Ⓓ

( 1 ) make의 과거형 made를 써요.

( 2 ) make의 과거형 made를 써요.

( 3 ) 과거형 문장을 부정할 때 사용하는 didn't를 쓰고, 동사원형 make를 써요.

( 4 ) 과거형 문장을 부정할 때 사용하는 didn't를 쓰고, 동사원형 make를 써요.

( 5 ) make의 과거형 made를 써요.

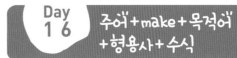

( 1 ) ① ( 2 ) ② ( 3 ) ① ( 4 ) ② ( 5 ) ① ( 6 ) ②

( 1 ) 빈도부사 always는 일반동사 make 앞에 써요.

( 2 ) 주어 You를 먼저 쓰고, 과거형 문장이므로 동사 made를 써요.

( 3 ) 주어 She를 먼저 쓰고, 과거형 문장이므로 동사 made를 쓰고 목적어 him, 목적격보어 sad 순으로 써요.

( 4 ) 빈도부사 usually는 일반동사 makes 앞에 써요.

( 5 ) 빈도부사 sometimes는 일반동사 make 앞에 써요.

( 6 ) 빈도부사 always는 일반동사 make 앞에 써요.

( 1 ) ② ( 2 ) ② ( 3 ) ① ( 4 ) ① ( 5 ) ② ( 6 ) ①

( 1 ) 빈도부사 always는 일반동사 make 앞에 써요.

( 2 ) 주어 I를 먼저 쓰고, 현재 부정을 나타내는 don't를 써요.

( 3 ) 주어 You를 먼저 쓰고, 과거 부정을 나타내는 didn't 를 써요.

( 4 ) 목적어에는 목적격대명사인 him을 써요.

( 5 ) 3인칭 단수인 주어 He에 어울리는 부정을 나타내는 doesn't를 써요.

( 6 ) be동사의 부정을 나타내는 isn't 다음에 빈도부사 always를 써요.

Ⓐ ( 1 ) ① ( 2 ) ② ( 3 ) ② ( 4 ) ① ( 5 ) ② ( 6 ) ①
Ⓑ ( 1 ) I always make her calm. ( 2 ) I don't always make her calm. ( 3 ) You didn't make me angry in the restaurant. ( 4 ) You made me angry in the restaurant. ( 5 ) She made him sad in front of me. ( 6 ) She didn't make him sad in front of me.

**Ⓐ**

(1) 부정을 나타내는 표현이 쓰이지 않았기 때문에 해석은 '나는 항상 그녀를 차분하게 한다.'이지요.

(2) 부정을 나타내는 don't와 빈도부사 always가 쓰였기 때문에 해석은 '내가 항상 햄버거를 먹는 것은 아니다.'이지요.

(3) 부정을 나타내는 didn't가 쓰였기 때문에 해석은 '너는 식당에서 나를 화나게 하지 않았다.'이지요.

(4) 부정을 나타내는 표현이 쓰이지 않았기 때문에 해석은 '너는 슈퍼마켓에서 나를 화나게 했다.'이지요.

(5) 부정을 나타내는 didn't가 쓰였기 때문에 해석은 '그녀는 내 앞에서 그를 슬프게 하지 않았다.'이지요.

(6) 부정을 나타내는 표현이 쓰이지 않았기 때문에 해석은 '우리는 때때로 그녀를 피곤하게 한다.'이지요.

**Ⓑ**

(1) 주어 I를 먼저 쓰고, 빈도부사 always를 쓰고, 동사 make를 쓰고, 목적어 her를 쓰고, 형용사 calm을 쓰면 돼요. 해석은 '나는 항상 그녀를 차분하게 한다.'이지요.

(2) 주어 I를 먼저 쓰고, 부정을 나타내는 don't를 쓰고, 빈도부사 always를 쓰고, 동사 make를 쓰고, 목적어 her를 쓰고, 형용사 calm을 쓰면 돼요. 해석은 '나는 항상 그녀를 차분하게 하지는 않는다.'이지요.

(3) 주어 You를 먼저 쓰고, 과거 부정을 나타내는 didn't를 쓰고, 동사 make를 쓰고, 목적어 me를 쓰고, 형용사 angry를 쓰고, 전치사구 in the restaurant을 쓰면 돼요. 해석은 '너는 식당에서 나를 화나게 하지 않았다.'이지요.

(4) 주어 You를 먼저 쓰고, 과거동사 made를 쓰고, 목적어 me를 쓰고, 형용사 angry를 쓰고, 전치사구 in the restaurant을 쓰면 돼요. 해석은 '너는 식당에서 나를 화나게 했다.'이지요.

(5) 주어 She를 먼저 쓰고, 과거동사 made를 쓰고, 목적어 him을 쓰고, 형용사 sad를 쓰고, 전치사구 in front of me를 쓰면 돼요. 해석은 '그녀는 내 앞에서 그를 슬프게 했다.'이지요.

(6) 주어 She를 먼저 쓰고, 과거 부정을 나타내는 didn't를 쓰고, 동사 make를 쓰고, 목적어 him을 쓰고, 형용사 sad를 쓰고, 전치사구 in front of me를 쓰면 돼요. 해석은 '그녀는 내 앞에서 그를 슬프게 하지 않았다.'이지요.

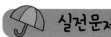 **실전문제**　　　　본문 89쪽

**Ⓐ** (1) don't (2) make (3) doesn't (4) make　**Ⓑ** ④
**Ⓒ** ④　**Ⓓ** (1) He always makes her happy. (2) You make me angry in the classroom. (3) She makes me sad in front of them. (4) My teacher usually makes me calm. (5) We sometimes make her tired.

---

**Ⓐ**

(1) 주어 I가 1인칭 단수이므로 동사 eat을 부정할 때는 don't를 써요.

(2) 과거형의 부정을 나타내는 didn't 뒤에는 동사원형 make를 써요.

(3) 주어 My dad가 3인칭 단수이므로 동사 make를 부정할 때 doesn't를 써요.

(4) 주어 We가 1인칭 복수이므로 동사에 s를 붙이지 않고 동사원형 make를 써요.

**Ⓑ**

주어 She를 먼저 쓰고, 빈도부사 always를 쓰고, 동사 makes를 쓰고, 목적어 them을 쓰고, 형용사인 bored를 쓰면 돼요.

**Ⓒ**

④ 빈도부사 sometimes는 동사 make 앞에 써요. 따라서 We sometimes make her tired.로 써야 해요.
① 내가 항상 그녀를 차분하게 하는 것은 아니다.
② 너는 식당에서 나를 화나게 했다.
③ 그는 보통 우리를 행복하게 한다.
④ 우리는 가끔 그녀를 피곤하게 한다.
⑤ Tom과 Jane이 항상 그를 슬프게 하는 것은 아니다.

**Ⓓ**

(1) 주어가 3인칭 단수이므로 made의 현재형 make에 s를 붙여서 써요.

(2) made의 현재형 make를 써요.

(3) 주어가 3인칭 단수이므로 made의 현재형 make에 s를 붙여서 써요.

(4) 주어가 3인칭 단수이므로 made의 현재형 make에 s를 붙여서 써요.

(5) made의 현재형 make를 써요.

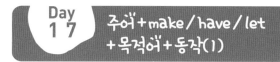

**Day 17** 주어 + make / have / let + 목적어 + 동작(1)

(1) ① (2) ② (3) ② (4) ① (5) ① (6) ②

(1) 사역동사 make 뒤에 목적어 her를 써요.

(2) 사역동사 have 뒤에 목적어 me를 써요.

(3) 주어는 He를 쓰고, 목적어 자리에 '그녀에게'를 뜻하는 목적격대명사 her를 써요.

(4) 사역동사 have 다음에 동작을 나타내는 표현에 반드시 동사원형이 와요. 따라서 동사 앞에 to를 사용하지 않은 clean을 써요.

(5) 주어 She가 3인칭 단수이고 현재형이므로 동사 let에 s를 붙인 lets를 써요.

(6) 목적어 자리에는 '그들에게'를 뜻하는 목적격대명사 them을 써요.

(1) ① (2) ② (3) ② (4) ② (5) ① (6) ②

(1) 주어 I 뒤에 부정을 나타내는 don't를 써요.

(2) 주어 You 뒤에 부정을 나타내는 don't를 써요.

(3) 목적어인 '나에게'를 나타내기 위해 목적격대명사 me를 써요.

(4) 목적어인 '그에게'를 나다내기 위해 목직격대명사 him을 써요.

(5) 사역동사 have 뒤에 동작을 나타내는 표현에는 동사원형 clean을 써요.

(6) 주어 Tom이 3인칭 단수이므로 주어와 어울리는 부정를 나타내는 doesn't를 써요.

### 🚀 기본문제    본문 92쪽

Ⓐ (1) ① (2) ① (3) ① (4) ② Ⓑ (1) I make her wash her hands. (2) You have me clean the room. (3) She lets us use her computers. (4) He doesn't have me clean the room. (5) I don't make her wash her hands. (6) She doesn't let us use her computers.

Ⓐ

(1) 부정을 나타내는 표현이 쓰이지 않았기 때문에 해석은 '나는 그녀에게 그녀의 손을 씻게 한다.'이지요.

(2) 부정을 나타내는 don't가 쓰였기 때문에 해석은 '너는 나에게 그 방을 청소하게 하지 않는다.'이지요.

(3) 부정을 나타내는 표현이 쓰이지 않았기 때문에 해석은 '그녀는 우리에게 그녀의 컴퓨터를 사용하게 허락한다.'이지요.

(4) 부정을 나타내는 doesn't가 쓰였기 때문에 해석은 'Jane은 Tom에게 그녀의 컴퓨터를 사용하게 허락하지 않는다.'이지요.

Ⓑ

(1) 주어 I를 먼저 쓰고, 사역동시 make를 쓰고, 목적어 her를 쓰고, 동작을 표현하는 wash her hands를 쓰면 돼요. 해석은 '나는 그녀에게 그녀의 손을 씻게 한다.'이지요.

(2) 주어 You를 먼저 쓰고, 사역동사 have를 쓰고, 목적어 me를 쓰고, 동작을 표현하는 clean the room을 쓰면 돼요. 해석은 '너는 나에게 그 방을 청소하게 한다.'이지요.

(3) 주어 She를 먼저 쓰고, 사역동사 lets를 쓰고, 목적어 us를 쓰고, 동작을 표현하는 use her computers를 쓰면 돼요. 해석은 '그녀는 우리에게 그녀의 컴퓨터들을 사용하게 허락한다.'이지요.

(4) 주어 He를 먼저 쓰고, 부정을 나타내는 doesn't를 쓰고, 사역동사 have를 쓰고, 목적어 me를 쓰고, 동작을 표현하는 clean the room을 쓰면 돼요. 해석은 '그는 나에게 그 방을 청소하게 하지 않는다.'이지요.

(5) 주어 I를 먼저 쓰고, 부정을 나타내는 don't를 쓰고, 사역동사 make를 쓰고, 목적어 her를 쓰고, 동작을 표현하는 wash her hands를 쓰면 돼요. 해석은 '나는 그녀에게 그녀의 손을 씻게 하지 않는다.' 이지요.

(6) 주어 She를 먼저 쓰고, 부정을 나타내는 doesn't를 쓰고, 사역동사 let를 쓰고, 목적어 us를 쓰고, 동작을 표현하는 use her computers를 쓰면 돼요. 해석은 '그녀는 우리에게 그녀의 컴퓨터들을 사용하게 허락하지 않는다.' 이지요.

Ⓐ (1) me (2) her (3) clean (4) let　Ⓑ ⑤
Ⓒ ⑤　Ⓓ (1) I don't make her wash her hands.
(2) She doesn't let me use her computer. (3) They don't
have me clean the room. (4) My mom doesn't have me
clean the table. (5) My brother doesn't make me wash
my hands.

Ⓐ

(1) '나에게'라는 뜻의 목적어는 목적격대명사 me를 써
요.

(2) '그녀에게'라는 뜻의 목적어는 목적격대명사 her를 써
요.

(3) 사역동사 have 다음에 나오는 목적격보어는 동사원
형 clean을 써요.

(4) 부정을 나타내는 doesn't 뒤에는 동사원형 let을 써요.

Ⓑ

주어 She를 먼저 쓰고, 3인칭 단수 주어인 She에 어울리
는 부정을 나타내는 doesn't를 쓰고, 사역동사 have를 쓰
고, 목적어는 him을 쓰고, 뒤의 동작은 clean the room을
써요.

Ⓒ

⑤ 사역동사 has 뒤에 목적격보어는 동사원형 clean을 써
요.
① 그녀는 너에게 그녀의 컴퓨터를 사용하게 허락한다.
② 그는 나에게 나의 손을 씻게 한다.
③ 나의 아빠는 나에게 그의 컴퓨터를 사용하게 허락한다.
④ 그들은 그녀에게 방을 청소하게 한다.
⑤ 나의 선생님은 Tom에게 그의 책상을 청소하게 한다.

Ⓓ

(1) 주어 I 뒤에 부정을 나타내는 don't를 쓰고, 뒤에 오는
동사는 동사원형 make를 써요.

(2) 3인칭 단수인 주어 She에 어울리는 부정을 나타내
는 doesn't를 쓰고, 뒤에 오는 사역동사는 동사원형 let을
써요.

(3) 주어 They 뒤에 부정을 나타내는 don't를 쓰고, 뒤에
오는 동사는 동사원형 have를 써요.

(4) 3인칭 단수인 주어 My mom에 어울리는 부정을 나
타내는 doesn't를 쓰고, 뒤에 오는 사역동사는 동사원형
have를 써요.

(5) 3인칭 단수인 주어 My brother에 어울리는 부정을 나
타내는 doesn't를 쓰고, 뒤에 오는 사역동사는 동사원형
make를 써요.

 Day 18　주어+make / have / let +목적어+동작(2)

(1) ① (2) ② (3) ① (4) ② (5) ① (6) ②

(1) 사역동사 made 뒤에는 목적어인 목적격대명사 you
를 써요.

(2) 사역동사 had 뒤에는 목적어인 목적격대명사 me를
써요.

(3) 조동사 will 뒤에는 동사원형 have를 써요.

(4) 미래를 나타내므로 조동사 will을 사역동사 make 앞
에 써요.

(5) 주어 She가 3인칭 단수이지만 과거 문장이므로 사역
동사는 s를 붙이지 않은 let을 써요..

(6) 미래를 나타내므로 조동사 will을 사역동사 let 앞에
써요.

(1) ① (2) ② (3) ② (4) ① (5) ① (6) ②

(1) 주어 I 뒤에 과거 부정을 나타내는 didn't를 써요.

(2) 주어 You 뒤에 과거 부정을 나타내는 didn't를 써요.

(3) 주어 She 뒤에 과거 부정을 나타내는 didn't를 써요.

(4) 주어 We 뒤에 과거 부정을 나타내는 didn't를 써요.

(5) 주어 He 뒤에 미래 부정을 나타내는 will not을 써요.

(6) 주어 Tom 뒤에 미래 부정을 나타내는 will not을 써요.

기본문제　본문 96쪽

Ⓐ (1) ② (2) ① (3) ② (4) ② (5) ② (6) ①
Ⓑ (1) I made her wash her hands. (2) You had me
clean the room. (3) I didn't make her wash her hands.
(4) She didn't let us use her computers. (5) You will
have me clean the room. (6) She will not let us use her
computers.

Ⓐ

(1) 과거를 나타내는 사역동사 made가 쓰였으므로 해석
은 '나는 그녀에게 그녀의 손을 씻게 했다.'이지요.

(2) 부정을 나타내는 didn't가 쓰였으므로 해석은 '너는 나에게 그 방을 청소하게 하지 않았다.'이지요.

(3) 과거를 나타내는 사역동사 let이 쓰였으므로 해석은 '그녀는 우리에게 그녀의 컴퓨터를 사용하게 허락했다.'이지요.

(4) 부정을 나타내는 didn't가 쓰였으므로 해석은 '그들은 나에게 그 방을 청소하게 하지 않았다.'이지요.

(5) 미래 부정을 나타내는 will not이 쓰였으므로 해석은 '그는 나에게 그 방을 청소하게 하지 않을 것이다.'이지요.

(6) 미래 부정을 나타내는 will not이 쓰였으므로 해석은 'Tom은 나에게 그의 컴퓨터를 사용하게 허락하지 않을 것이다.'이지요.

**B**

(1) 주어 I를 먼저 쓰고, 사역동사의 과거형 made를 쓰고, 목적어 her를 쓰고, 동작을 나타내는 wash her hands를 쓰면 돼요. 해석은 '나는 그녀에게 그녀의 손을 씻게 했다.'이지요.

(2) 주어 You를 먼저 쓰고, 사역동사의 과거형 had를 쓰고, 목적어 me를 쓰고, 동작을 나타내는 clean the room을 쓰면 돼요. 해석은 '너는 나에게 그 방을 청소하게 했다.'이지요.

(3) 주어 I를 먼저 쓰고, 과거 부정을 나타내는 didn't를 쓰고, 사역동사 make를 쓰고, 목적어 her를 쓰고, 동작을 나타내는 wash her hands를 쓰면 돼요. 해석은 '나는 그녀에게 그녀의 손을 씻게 하지 않았다.'이지요.

(4) 주어 She를 먼저 쓰고, 과거 부정을 나타내는 didn't를 쓰고, 사역동사 let을 쓰고, 목적어 us를 쓰고, 동작을 나타내는 use her computers를 쓰면 돼요. 해석은 '그녀는 우리에게 그녀의 컴퓨터들을 사용하게 허락하지 않았다.'이지요.

(5) 주어 You를 먼저 쓰고, 미래를 나타내는 조동사 will을 쓰고, 사역동사 have를 쓰고, 목적어 me를 쓰고, 동작을 나타내는 clean the room을 쓰면 돼요. 해석은 '너는 나에게 그 방을 청소하게 할 것이다.'이지요.

(6) 주어 She를 먼저 쓰고, 미래 부정을 나타내는 will not을 쓰고, 사역동사 let을 쓰고, 목적어 us를 쓰고, 동작을 나타내는 use her computers를 쓰면 돼요. 해석은 '그녀는 우리에게 그녀의 컴퓨터들을 사용하게 허락하지 않을 것이다.'이지요.

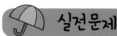 

**A** (1) them (2) him (3) have (4) make **B** ④
**C** ① **D** (1) She didn't make me wash my hands. (2) My mom didn't let me use her computer. (3) I will not let him use my pencil. (4) My brother didn't have me clean the table. (5) Mark will not make us wash our hands.

**A**

(1) 사역동사 made 뒤에는 목적어로 목적격대명사 them을 써요.

(2) 사역동사 let 뒤에는 목적어로 목적격대명사 him을 써요.

(3) 부정을 나타내는 didn't 뒤에는 동사원형 have를 써요.

(4) 조동사 will 뒤에는 동사원형 make를 써요.

**B**

'그녀는'을 뜻하는 주어 She를 먼저 쓰고, 과거형 문장이므로 사역동사의 과거형 let을 쓰고, '나에게'를 뜻하는 목적격대명사 me를 써요. 이어서 동작을 나타내는 use her computer를 써요.

**C**

① 주어가 3인칭 단수 Mary이므로 사역동사 have는 has로 써요.
① Mary는 Tom에게 그 방을 청소하게 한다.
② Mary는 Tom에게 그 방을 청소하게 하지 않는다.
③ Mary는 Tom에게 그 방을 청소하게 했다.
④ Mary는 Tom에게 그 방을 청소하게 하지 않았다.
⑤ Mary는 Tom에게 그 방을 청소하게 하지 않을 것이다.

**D**

(1) 주어 She 뒤에 과거 부정을 나타내는 didn't를 쓰고, 이어서 동사원형 make를 써요.

(2) 주어 My mom 뒤에 과거 부정을 나타내는 didn't를 쓰고, 이어서 동사원형 let을 써요.

(3) 주어 I 뒤에 미래 부정을 나타내는 will not을 쓰고, 이어서 동사원형 let을 써요.

(4) 주어 My brother 뒤에 과거 부정을 나타내는 didn't를 쓰고, 이어서 동사원형 have를 써요.

(5) 주어 Mark 뒤에 미래 부정을 나타내는 will not을 쓰고, 이어서 동사원형 make를 써요.

(1) ① (2) ② (3) ① (4) ②

(1) 전치사구 in the classroom은 문장의 마지막에 써요.

(2) 전치사구 in the classroom은 문장의 마지막에 써요.

(3) 전치사구 in the morning은 문장의 마지막에 써요.

(4) 주어 He가 3인칭 단수이고 현재형 문장이므로 사역동사 let 뒤에 s를 붙여 lets로 써요.

(1) ① (2) ① (3) ② (4) ②

(1) 주어 You 뒤에 과거 부정을 나타내는 didn't를 써요.

(2) 전치사구 in the classroom은 문장 마지막에 써요.

(3) 과거 부정을 나타내는 didn't 뒤에는 동사원형 let을 써요.

(4) 현재 부정을 나타내는 doesn't 뒤에는 동사원형 let을 써요.

### 기본문제
본문 100쪽

Ⓐ (1) ① (2) ② (3) ① (4) ②
Ⓑ (1) I make her clean the room in the morning.
(2) She let them use her computers in the classroom.
(3) I had Tom do his homework hard. (4) He didn't make us speak in English in the classroom. (5) Tom doesn't let the children go outside in the morning.
(6) They don't have me study English hard.

Ⓐ

(1) 과거 부정을 나타내는 didn't가 쓰였기 때문에 해석은 '그녀는 아이들에게 교실에서 영어로 말하게 하지 않았다.'이지요.

(2) 현재 부정을 나타내는 don't가 쓰였기 때문에 해석은 '너는 나에게 영어를 열심히 공부하게 하지 않는다.'이지요.

(3) in the classroom은 '교실에서'라는 뜻이므로 해석은 '그들은 우리에게 교실에서 우리의 숙제를 하게 했다.'이지요.

(4) in the morning은 '아침에'라는 뜻이므로 해석은 'Tom은 그녀에게 아침에 그의 컴퓨터를 사용하게 허락하지 않는다.'이지요.

Ⓑ

(1) 주어 I를 먼저 쓰고, 사역동사 make를 쓰고, 목적어 her를 쓰고, 목적어가 하는 동작 clean the room을 쓰고, 전치사구 in the morning을 쓰면 돼요. 해석은 '나는 그녀에게 아침에 그 방을 청소하게 한다.'이지요.

(2) 주어 She를 먼저 쓰고, 사역동사 let을 쓰고, 목적어 them을 쓰고, 목적어가 하는 동작 use her computer를 쓰고, 전치사구 in the classroom을 쓰면 돼요. 해석은 '그녀는 그들에게 교실에서 그녀의 컴퓨터를 사용하게 허락했다.'이지요.

(3) 주어 I를 먼저 쓰고, 사역동사 had를 쓰고, 목적어 Tom을 쓰고, 목적어가 하는 동작 do his homework를 쓰고, 부사 hard를 쓰면 돼요. 해석은 '나는 Tom에게 그의 숙제를 열심히 하게 했다.'이지요.

(4) 주어 He를 먼저 쓰고, 과거 부정을 나타내는 didn't를 쓰고, 사역동사 make를 쓰고, 목적어 us를 쓰고, 목적어가 하는 동작 speak in English를 쓰고, 전치사구 in the classroom을 쓰면 돼요. 해석은 '그는 우리에게 교실에서 영어로 말하게 하지 않았다.'이지요.

(5) 주어 Tom을 먼저 쓰고, 현재 부정을 나타내는 doesn't를 쓰고, 사역동사 let을 쓰고, 목적어 the children을 쓰고, 목적어가 하는 동작 go outside를 쓰고, 전치사구 in the morning을 쓰면 돼요. 해석은 'Tom은 아이들에게 아침에 밖으로 나가게 허락하지 않는다.'이지요.

(6) 주어 They를 먼저 쓰고, 현재 부정을 나타내는 don't를 쓰고, 사역동사 have를 쓰고, 목적어 me를 쓰고, 목적어가 하는 동작 study English를 쓰고, 부사 hard를 쓰면 돼요. 해석은 '그들은 나에게 영어를 열심히 공부하게 하지 않는다.'이지요.

### 실전문제
본문 101쪽

Ⓐ (1) hard (2) us (3) let (4) speak  Ⓑ ⑤
Ⓒ ④  Ⓓ (1) They didn't have me clean the room in the morning. (2) We don't make Tom do his homework hard. (3) Mary didn't let them go outside yesterday.
(4) You don't have us speak in English in the classroom.

Ⓐ

(1) '열심히'라는 뜻의 부사는 hard를 써요. hardly는 부사로 '거의 ~아니다'라는 뜻을 가지고 있어요.

(2) '우리에게'를 뜻하는 목적어를 표현하기 위해서는 목적격대명사 us를 써요.

(3) doesn't 뒤에는 동사원형이 와야 하기 때문에 let을 써요.

(4) 사역동사 have의 목적어가 하는 동작은 동사원형 speak를 써요.

**Ⓑ**

주어 Tom을 먼저 쓰고, 3인칭 주어의 현재 부정을 나타내는 doesn't를 쓰고, 그 다음에 동사원형인 사역동사 have를 써요. 이어서 목적어 us와 동작을 나타내는 speak in English를 쓰고, 마지막으로 '교실에서'를 뜻하는 전치사구 in the classroom을 쓰면 돼요.

**Ⓒ**

④ 사역동사 let 다음에 목적어의 동작을 나타내기 위해서는 동사원형 use를 써요.
① 그는 Mary에게 그녀의 숙제를 열심히 하게 했다.
② 나는 아이들에게 아침에 밖으로 나가게 허락한다.
③ 너는 우리에게 저녁에 그 방을 청소하게 하지 않았다.
④ 그들은 그녀에게 교실에서 그들의 컴퓨터를 사용하게 허락하지 않는다.
⑤ 그녀는 그들에게 교실에서 영어로 말하게 하지 않는다.

**Ⓓ**

(1) 주어 They 뒤에 과거 부정을 나타내는 didn't를 쓰고, 동사원형 have를 써요.

(2) 주어 We 뒤에 현재 부정을 나타내는 don't를 쓰고, 동사원형 make를 써요.

(3) 주어 Mary 뒤에 과거 부정을 나타내는 didn't를 쓰고, 동사원형 let을 써요.

(4) 주어 You 뒤에 현재 부정을 나타내는 don't를 쓰고, 동사원형 have를 써요.

## 혼공 종합문제 (5)

본문 102쪽

1 ⑤  2 ②  3 ③  4 ②  5 ④  6 ④  7 should, make
8 speak, in, English  9 let, go, outside  10 made
11 (1) The song doesn't always make me excited.
(2) The song always made me excited.  12 (1) Peter has the children do their homework hard.  (2) Peter will have the children do their homework hard.

**1** 주어 You는 '너는', 동사 make는 '~하게 한다', 목적어 me는 '나를', 목적격보어 sad는 '슬픈'을 의미해요. 따라서 해석은 '너는 나를 슬프게 한다.'이지요.

**2** 주어 She는 '그녀는', 미래형 동사 will let은 '~하게 허락할 것이다', 목적어 the children은 '아이들에게', 동작을 나타내는 use her computer는 '그녀의 컴퓨터를 사용하다'를 의미해요. 따라서 해석은 '그녀는 아이들에게 그녀의 컴퓨터를 사용하게 허락할 것이다.'이지요.

**3** 주어 You는 '너는', 과거 부정을 나타내는 동사 didn't make는 '~하게 하지 않았다', 목적어 me는 '나를', 목적격보어 angry는 '화난', 전치사구 in the restaurant은 '식당에서'를 의미해요. 따라서 해석은 '너는 식당에서 나를 화나게 하지 않았다.'이지요.

**4** ② 주어가 목적어를 어떤 감정이나 상태로 만드는 것을 나타내는 문장에서 목적격보어 자리에는 형용사 sad를 써요.
① 나는 그녀를 행복하게 한다.
② 너는 나를 슬프게 하지 않는다.
③ 그녀는 그들을 배고프게 한다.
④ 그들은 그를 화나게 하지 않는다.
⑤ 그 영화는 나를 지루하게 한다.

**5** ④ 사역동사가 쓰인 문장에서 목적어 뒤에 나오는 목적격보어 자리에는 동사원형 clean을 써요.
① 그는 Tom에게 그의 숙제를 열심히 하게 한다.
② 너는 Mary에게 그녀의 손을 씻게 한다.
③ 나의 언니는 나에게 그녀의 컴퓨터를 사용하게 허락할 것이다.
④ 나는 그녀에게 방을 청소하게 하지 않았다.
⑤ Peter는 그들에게 교실에서 영어로 말하게 하지 않는다.

**6** 미래형 문장을 부정할 때에는 will 다음에 not을 쓰고, 동사원형 have를 써야 하므로 ④는 올바른 문장이지요.
① 과거 부정을 나타내는 didn't 뒤에는 동사원형 have를 써요.
② 사역동사 let 뒤의 목적어 자리에는 목적격대명사 us를 써요.
③ 사역동사 make가 쓰인 문장에서 목적어 뒤에 나오는 목적격보어 자리에는 동사원형 do를 써요.
⑤ 사역동사 make가 쓰인 문장에서 목적어 뒤에 나오는 목적격보어 자리에는 동사원형 go를 써요.

**7** '~하게 만들어야 한다'를 표현하기 위해서는 조동사 should를 쓰고, '~하게 만들다'를 의미하는 동사 make를 써요.

**8** '영어로 말하다'를 뜻하는 동작인 speak in English를 써요.

**9** '허락하다'를 뜻하는 사역동사 let을 첫 번째 빈칸에 쓰고, 목적어 the children이 하는 동작인 '밖으로 나가다'를 뜻하는 go outside를 다음 빈칸들에 써요.

**10** 과거형 문장이므로 make의 과거형인 made를 써요.

**11** (1) 주어 The song이 3인칭 단수이므로 부정하려면 주어 뒤에 doesn't를 쓰고, 빈도부사 always를 쓴 다음, 동사원형 make를 써요. 해석은 '그 노래는 나를 항상 신나게 만들지는 않는다.'이지요.

(2) 일반동사 make의 과거형은 made를 써요. 해석은 '그 노래는 나를 언제나 신나게 만들었다.'이지요.

**12** (1) 주어 Peter가 3인칭 단수이므로 사역동사 have는 has를 써요. 이때, 목적어가 하는 동작을 나타내는 목적 격보어 자리에는 반드시 동사원형을 써요. 해석은 'Peter 는 아이들이 그들의 숙제를 열심히 하게 한다.'이지요.

(2) 미래를 표현할 때에는 조동사 will을 쓰고, 사역동사 는 동사원형 have를 써요. 이때, 목적어가 하는 동작을 나타내는 목적격보어 자리에는 반드시 동사원형을 써요. 해석은 'Peter는 아이들이 그들의 숙제를 열심히 하게 할 것이다.'이지요.

## Day 20 주어+get/help+목적어 +동작(1)

### 바로! 확인문제 01
본문 106쪽

(1) ① (2) ② (3) ① (4) ① (5) ② (6) ②

(1) 목적어 him을 쓰고, 목적격보어 to stand up을 써요.

(2) 목적어 you를 쓰고, 목적격보어 to cook을 써요.

(3) 목직어 us를 쓰고, 목적격보이 dance를 써요.

(4) 목적어 him을 쓰고, 목적격보어 to stand up을 써요.

(5) 목적어 me를 쓰고, 목적격보어 to go를 써요.

(6) 목적어 her를 쓰고, 목적격보어 read를 써요.

### 바로! 확인문제 02
본문 107쪽

(1) ① (2) ② (3) ② (4) ① (5) ② (6) ①

(1) 목적어 him을 쓰고, 목적격보어 to stand up을 써요.

(2) 목적어 me를 쓰고, 목적격보어 to cook을 써요.

(3) 목적어 us를 쓰고, 목적격보어 dance를 써요.

(4) 목적어 them을 쓰고, 목적격보어 to sleep을 써요.

(5) 목적어 her를 쓰고, 목적격보어 to jump를 써요.

(6) 목적어 them을 쓰고, 목적격보어 to sing을 써요.

### 기본문제
본문 108쪽

Ⓐ (1) ① (2) ① (3) ① (4) ② (5) ② (6) ①
Ⓑ (1) I get him to stand up. (2) You help me to cook.
(3) She helps us dance. (4) I don't get him to stand up.
(5) You don't help me to cook. (6) She doesn't help us dance.

Ⓐ

(1) 부정을 나타내는 표현이 쓰이지 않은 문장이므로 해석은 '나는 그가 일어서게 한다.'이지요.

(2) 부정을 나타내는 표현이 쓰이지 않은 문장이므로 해석은 '그는 그녀가 읽는 것을 도와준다.'이지요.

(3) 부정을 나타내는 표현이 쓰이지 않은 문장이므로 해석은 '그는 우리가 춤추는 것을 도와준다.'이지요.

(4) 부정을 나타내는 doesn't가 쓰인 문장이므로 해석은 '그녀는 내가 요리하는 것을 도와주지 않는다.'이지요.

(5) 부정을 나타내는 don't가 쓰인 문장이므로 해석은 '너는 그가 일어서게 하지 않는다.'이지요.

(6) 부정을 나타내는 표현이 쓰이지 않은 문장이므로 해석은 '너는 그들에게 자라고 말한다.'이지요.

**B**

(1) 주어 I를 먼저 쓰고, 동사 get을 쓰고, 목적어 him을 쓰고, 목적격보어 to stand up을 써요. 해석은 '나는 그가 일어서게 한다.'이지요.

(2) 주어 You를 먼저 쓰고, 동사 help를 쓰고, 목적어 me를 쓰고, 목적격보어 to cook을 써요. 해석은 '너는 내가 요리하는 것을 도와준다.'이지요.

(3) 주어 She를 먼저 쓰고, 동사 helps를 쓰고, 목적어 us를 쓰고, 목적격보어 dance를 써요. 해석은 '그녀는 우리가 춤추는 것을 도와준다.'이지요.

(4) 주어 I를 먼저 쓰고, 부정을 나타내는 don't를 쓰고, 동사 get을 쓰고, 목적어 him을 쓰고, 목적격보어 to stand up을 써요. 해석은 '나는 그가 일어서게 하지 않는다.'이지요.

(5) 주어 You를 먼저 쓰고, 부정을 나타내는 don't를 쓰고, 동사 help를 쓰고, 목적어 me를 쓰고, 목적격보어 to cook을 써요. 해석은 '너는 내가 요리하는 것을 도와주지 않는다.'이지요.

(6) 주어 She를 먼저 쓰고, 부정을 나타내는 doesn't를 쓰고, 동사 help를 쓰고, 목적어 us를 쓰고, 목적격보어 dance를 써요. 해석은 '그녀는 우리가 춤추는 것을 도와주지 않는다.'이지요.

## 실전문제
본문 109쪽

**A** (1) her go 또는 her to go  (2) to stand  (3) help us
(4) to sing  **B** ③  **C** ⑤  **D** (1) I don't get you to sleep.  (2) You don't help me dance.  (3) Jun doesn't help me to cook.  (4) They don't ask me to jump.
(5) David doesn't teach her to sing.

**A**

(1) 목적어 her를 먼저 쓰고, help의 목적격보어로는 go 또는 to go를 써요.

(2) get의 목적격보어 자리에는 'to+동사원형'이 와야 하므로 to stand를 써요.

(3) 동사 help, 목적어 us 순으로 써요.

(4) teach의 목적격보어 자리에는 'to+동사원형'이 와야 하므로 to sing을 써요.

**B**

주어, 동사, 목적어, 목적격보어의 순서에서 부정을 나타내는 don't는 동사 앞에 써요. 따라서 주어 You, 현재 부정을 나타내는 don't, 동사 help, 목적어 me, 목적격보어 to cook을 순서대로 써요.

**C**

⑤ help의 목적격보어 자리에는 'to+동사원형'이나 동사원형 둘 다 쓸 수 있어요. 따라서 I help them go. 또는 I help them to go.라고 써요.
① Jenny는 그를 일어서게 한다.
② 너는 우리가 춤추는 것을 도와주지 않는다.
③ 그녀는 우리에게 노래하는 것을 가르친다.
④ James는 내가 읽는 것을 도와준다.
⑤ 나는 그들이 가는 것을 도와준다.

**D**

(1) 주어 I 뒤에 부정을 나타내는 don't를 써요.

(2) 주어 You 뒤에 부정을 나타내는 don't를 써요.

(3) 주어 Jun이 3인칭 단수이므로 주어와 어울리는 부정을 나타내는 doesn't를 쓰고, 뒤에는 동사원형 help를 써요.

(4) 주어 They 뒤에 부정을 나타내는 don't를 써요.

(5) 주어 David가 3인칭 단수이므로 주어와 어울리는 부정을 나타내는 doesn't를 쓰고, 뒤에는 동사원형 teach를 써요.

(1) ① (2) ① (3) ② (4) ① (5) ② (6) ①

(1) 목적어 him을 쓰고, 목적격보어 to stand up을 써요.

(2) 목적어 him을 쓰고, 목적격보어 to dance를 써요.

(3) 현재진행형 문장이므로 주어 You에 어울리는 be동사 are와 동사 help에 -ing를 붙인 helping을 써요.

(4) 미래를 나타내는 조동사 will을 먼저 쓰고, 동사원형 help를 써요.

(5) 가능을 나타내는 조동사 can을 먼저 쓰고, 동사원형 help를 써요.

(6) 가능을 나타내는 조동사 can을 먼저 쓰고, 동사원형 help를 써요.

(1) ① (2) ② (3) ② (4) ② (5) ② (6) ①

(1) 목적어 him을 쓰고, 목적격보어 to stand up을 써요.

(2) 목적어 you를 쓰고, 목적격보어 to study를 써요.

(3) 목적어 me를 쓰고, 목적격보어 to go out을 써요.

(4) 현재진행형 문장의 부정은 be동사 뒤에 not을 써요.

(5) 미래형 문장의 부정은 조동사 will 뒤에 not을 써요.

(6) 목적어 us를 쓰고, 목적격보어 stand up을 써요.

Ⓐ (1) ① (2) ② (3) ① (4) ① (5) ② (6) ②
Ⓑ (1) I got him to stand up. (2) You are helping me to cook. (3) She will help us dance. (4) I didn't get him to stand up. (5) You are not helping me to cook. (6) She will not help us dance.

Ⓐ

(1) 부정을 나타내는 표현이 쓰이지 않은 문장이므로 해석은 '나는 그녀가 일어서게 했다.'이지요.

(2) 부정을 나타내는 didn't가 쓰인 문장이므로 해석은 '그녀는 그가 일어서게 하지 않았다.'이지요.

(3) 부정을 나타내는 표현이 쓰이지 않은 문장이므로 해석은 '너는 내가 춤추는 것을 도와줄 것이다.'이지요.

(4) 부정을 나타내는 표현이 쓰이지 않은 문장이므로 해석은 '너는 그들이 요리하는 것을 도와주는 중이다.'이지요.

(5) 부정을 나타내는 not이 쓰인 문장이므로 해석은 '그녀는 그들이 춤추는 것을 도와주는 중이 아니다.'이지요.

(6) 부정을 나타내는 not이 쓰인 문장이므로 해석은 '그는 내가 밤에 밖에 나가는 것을 도와주지 않을 것이다.'이지요.

Ⓑ

(1) 주어 I를 먼저 쓰고, 동사 got을 쓰고, 목적어 him을 쓰고, 목적격보어 to stand up을 써요. 해석은 '나는 그가 일어서게 했다.'이지요.

(2) 주어 You를 먼저 쓰고, 현재진행형 동사 are helping을 쓰고, 목적어 me를 쓰고, 목적격보어 to cook을 써요. 해석은 '너는 내가 요리하는 것을 도와주는 중이다.'이지요.

(3) 주어 She를 먼저 쓰고, 조동사 will을 쓰고, 동사 help를 쓰고, 목적어 us를 쓰고, 목적격보어 dance를 써요. 해석은 '그녀는 우리가 춤추는 것을 도와줄 것이다.'이지요.

(4) 주어 I를 먼저 쓰고, 과거 부정을 나타내는 didn't를 쓰고, 동사 get을 쓰고, 목적어 him을 쓰고, 목적격보어 to stand up을 써요. 해석은 '나는 그가 일어서게 하지 않았다.'이지요.

(5) 주어 You를 먼저 쓰고, 현재진행형의 부정 문장을 쓰기 위해 be동사의 부정 are not을 쓰고, helping을 쓰고, 목적어 me를 쓰고, 목적격보어 to cook을 써요. 해석은 '너는 내가 요리하는 것을 도와주는 중이 아니다.'이지요.

(6) 주어 She를 먼저 쓰고, 미래 부정을 나타내는 will not을 쓰고 동사원형 help를 쓰고, 목적어 us를 쓰고, 목적격보어 dance를 써요. 해석은 '그녀는 우리가 춤추는 것을 도와주지 않을 것이다.'이지요.

Ⓐ (1) to stand (2) to cook 또는 cook (3) dance 또는 to dance (4) to study  Ⓑ ②  Ⓒ ⑤  Ⓓ (1) She will not help us dance. (2) You didn't get me to read a book. (3) He is not helping me to learn English. (4) I will not get him to stand up. (5) You are not helping me to cook.

Ⓐ

(1) get의 목적격보어 자리에는 'to＋동사원형'인 to stand

를 써요.

(2) help의 목적격보어 자리에는 'to+동사원형'인 to cook 또는 동사원형 cook을 써요.

(3) help의 목적격보어 자리에는 'to+동사원형'인 to dance 또는 동사원형 dance를 써요.

(4) want의 목적격보어 자리에는 'to+동사원형'인 to study를 써요.

**B**

주어 She를 먼저 쓰고, '~하게 하지 않았다'는 과거의 부정을 나타내는 didn't를 쓰고, 동사 get을 쓰고, 목적어 him을 쓰고, get은 목적격보어로 'to+동사원형'인 to stand up을 쓰므로, She didn't get him to stand up.이 알 맞아요.

**C**

⑤ help의 목적격보어 자리에는 'to+동사원형'인 to cook 또는 동사원형 cook을 써요.
① Lily는 우리가 춤추는 것을 도와줬다.
② 우리는 그가 밤에 책 한 권을 읽게 했다.
③ 나의 아빠는 내가 열심히 공부하는 것을 원한다.
④ 너는 내가 일어서게 하지 않았다.
⑤ 그녀는 내가 요리하는 것을 도와주는 중이다.

**D**

(1) 조동사 will의 부정은 will 뒤에 not을 쓰고, 동사원형 help를 써요.

(2) 주어 You를 먼저 쓰고, 과거 부정을 나타내는 didn't 를 쓰고, got의 동사원형 get을 써요.

(3) 현재진행형의 부정은 be동사 is 뒤에 not을 써요.

(4) 조동사 will의 부정은 will 뒤에 not을 쓰고, 동사원형 get을 써요.

(5) 현재진행형의 부정은 be동사 are 뒤에 not을 써요.

---

**Day 2 2** 주어+get/help+목적어 +동작+수식

**바로! 확인문제 01** 본문 114쪽

(1) ① (2) ① (3) ① (4) ② (5) ① (6) ②

---

(1) 부사 fast는 문장의 마지막에 써요.

(2) 전치사구 in the kitchen은 문장의 마지막에 써요.

(3) 목적어 us 다음에 목적격보어 dance를 써요.

(4) 목적어 me 다음에 목적격보어 to learn을 써요.

(5) 목적어 him 다음에 목적격보어 to read를 써요.

(6) 목적어 me 다음에 목적격보어 to cook을 써요.

**바로! 확인문제 02** 본문 115쪽

(1) ② (2) ② (3) ② (4) ① (5) ① (6) ①

---

(1) 과거 부정을 나타내는 didn't를 쓰고, 동사 help를 쓰고, 목적어 me를 쓰고, 목적격보어 to cook을 쓰고, 전치사구 in the kitchen을 써요.

(2) 부정을 나타내는 don't를 쓰고, 동사 help를 쓰고, 목적어 me를 쓰고, 목적격보어 to cook을 쓰고, 전치사구 in the kitchen을 써요.

(3) 3인칭 단수 주어와 어울리는 부정을 나타내는 doesn't를 쓰고, 동사 help를 쓰고, 목적어 me를 쓰고, 목적격보어 to cook을 쓰고, 전치사구 in the kitchen을 써요.

(4) 과거 부정을 나타내는 didn't를 쓰고, 동사 get을 쓰고, 목적어 him을 쓰고, 목적격보어 to read a book을 쓰고, 부사구 last night을 써요.

(5) 과거 부정을 나타내는 didn't를 쓰고, 동사 help를 쓰고, 목적어 us를 쓰고, 목적격보어 dance를 쓰고, 부사구 last week를 써요.

(6) 부정을 나타내는 don't를 쓰고, 동사 get을 쓰고, 목적어 him을 쓰고, 목적격보어 to stand up을 쓰고, 부사 fast를 써요.

Ⓐ ( 1 ) ① ( 2 ) ① ( 3 ) ① ( 4 ) ②

Ⓑ ( 1 ) I get him to stand up fast. ( 2 ) You help me to cook in the kitchen. ( 3 ) She helped us dance last week. ( 4 ) I don't get him to stand up fast. ( 5 ) You don't help me to cook in the kitchen. ( 6 ) She didn't help us dance last week.

Ⓐ

( 1 ) 부정을 나타내는 표현이 쓰이지 않은 문장이므로 해석은 '나는 네가 빠르게 일어서게 한다.'이지요.

( 2 ) 부정을 나타내는 표현이 쓰이지 않은 문장이므로 해석은 '너는 내가 어젯밤 책을 읽게 했다.'이지요.

( 3 ) 부정을 나타내는 표현이 쓰이지 않은 문장이므로 해석은 '그는 그들이 영어를 배우는 것을 작년에 도와주었다.'이지요.

( 4 ) 부정을 나타내는 don't가 쓰인 문장이므로 해석은 '너는 내가 부엌에서 요리하는 것을 도와주지 않는다.'이지요.

Ⓑ

( 1 ) 주어 I를 먼저 쓰고, 동사 get을 쓰고, 목적어 him을 쓰고, 목적격보어 to stand up을 쓰고, 부사 fast를 써요. 해석은 '나는 그가 빠르게 일어서게 한다.'이지요.

( 2 ) 주어 You를 먼저 쓰고, 동사 help를 쓰고, 목적어 me를 쓰고, 목적격보어 to cook을 쓰고, 전치사구 in the kitchen을 써요. 해석은 '너는 내가 부엌에서 요리하는 것을 도와준다.'이지요.

( 3 ) 주어 She를 먼저 쓰고, 동사 helped를 쓰고, 목적어 us를 쓰고, 목적격보어 dance를 쓰고, 부사구 last week를 써요. 해석은 '그녀는 우리가 춤추는 것을 지난주에 도와주었다.'이지요.

( 4 ) 주어 I를 먼저 쓰고, 부정을 나타내는 don't를 쓰고, 동사 get을 쓰고, 목적어 him을 쓰고, 목적격보어 to stand up을 쓰고, 부사 fast를 써요. 해석은 '나는 그가 빠르게 일어서게 하지 않는다.'이지요.

( 5 ) 주어 You를 먼저 쓰고, 부정을 나타내는 don't를 쓰고, 동사 help를 쓰고, 목적어 me를 쓰고, 목적격보어 to cook을 쓰고, 전치사구 in the kitchen을 써요. 해석은 '너는 내가 부엌에서 요리하는 것을 도와주지 않는다.'이지요.

( 6 ) 주어 She를 먼저 쓰고, 부정을 나타내는 didn't를 쓰고, 동사 help를 쓰고, 목적어 us를 쓰고, 목적격보어 dance를 쓰고, 부사구 last week를 써요. 해석은 '그녀는 우리가 춤추는 것을 지난주에 도와주지 않았다.'이지요.

Ⓐ ( 1 ) to stand ( 2 ) to learn 또는 learn ( 3 ) helped ( 4 ) got

Ⓑ ④ Ⓒ ④ Ⓓ ( 1 ) I don't get her to stand up fast. ( 2 ) You didn't help me dance last week. ( 3 ) They don't help him to cook in the kitchen. ( 4 ) We didn't help her to learn English last year. ( 5 ) Jason didn't get me to read a book last night.

Ⓐ

( 1 ) 동사 get의 목적격보어 자리에는 'to＋동사원형'인 to stand를 써요.

( 2 ) 동사 help의 목적격보어 자리에는 'to＋동사원형'인 to learn 또는 동사원형 learn을 써요.

( 3 ) 부정을 나타내는 표현이 쓰이지 않은 과거형 문장이므로 helped를 써요.

( 4 ) 과거형 문장이므로 동사는 get의 과거형 got을 써요.

Ⓑ

주어 They를 먼저 쓰고, 현재 부정을 나타내는 don't를 쓰고, 동사 help를 쓰고, 목적어 her를 쓰고, 목적격보어 to cook을 쓰고, 전치사구 in the kitchen을 순서대로 쓰면 돼요.

Ⓒ

④ 동사 help의 목적어에 her가 오고, 목적격보어 자리에는 'to＋동사원형'인 to dance 또는 동사원형 dance를 써요. 즉, He didn't help her (to) dance last week.로 쓰면 돼요.
① 너는 그녀가 책을 읽게 한다.
② 나는 그들이 영어를 배우는 것을 돕는다.
③ 그녀는 네가 빠르게 일어서게 하지 않는다.
④ 그는 그녀가 춤추는 것을 지난주에 도와주지 않았다.
⑤ 그들은 내가 부엌에서 요리하는 것을 돕지 않는다.

Ⓓ

( 1 ) 부정을 나타내는 don't를 쓰고, 동사원형 get을 써요.

( 2 ) 과거 부정을 나타내는 didn't를 쓰고, 동사원형 help를 써요.

( 3 ) 부정을 나타내는 don't를 쓰고, 동사원형 help를 써요.

( 4 ) 과거 부정을 나타내는 didn't를 쓰고, 동사원형 help를 써요.

( 5 ) 과거 부정을 나타내는 didn't를 쓰고, 동사원형 get을 써요.

(1) ② (2) ① (3) ② (4) ② (5) ② (6) ②

(1) What 감탄문은 형용사 nice를 먼저 쓰고, 명사 car를 써요.

(2) What 감탄문은 형용사 exciting을 먼저 쓰고, 명사 game을 써요. 형용사 exciting의 발음이 모음으로 시작되므로 앞에 an을 써요.

(3) What 감탄문은 형용사 lovely를 먼저 쓰고, 명사 baby를 써요.

(4) What 감탄문은 형용사 young을 먼저 쓰고, 명사 students를 써요.

(5) What 감탄문은 형용사 tall을 먼저 쓰고, 명사 trees를 써요.

(6) What 감탄문은 형용사 good을 먼저 쓰고, 명사 dogs를 써요.

(1) ② (2) ① (3) ② (4) ② (5) ① (6) ②

(1) How 감탄문은 주어 I를 먼저 쓰고, be동사 am을 써요.

(2) How 감탄문은 주어 you를 먼저 쓰고, be동사 are를 써요.

(3) How 감탄문은 주어 he를 먼저 쓰고, be동사 is를 써요.

(4) 주어, 동사를 생략하지 않는 what 감탄문은 주어 it을 먼저 쓰고, be동사 is를 써요.

(5) 주어, 동사를 생략하지 않는 what 감탄문은 주어 they를 먼저 쓰고, be동사 are를 써요.

(6) 주어, 동사를 생략하지 않는 what 감탄문은 주어 it을 먼저 쓰고, be동사 is를 써요.

## 기본문제                                본문 120쪽

Ⓐ (1) ① (2) ① (3) ① (4) ② (5) ① (6) ②
Ⓑ (1) What a nice car! (2) What an exciting game!
(3) What a lovely baby! (4) How handsome I am!
(5) How tall you are! (6) How smart he is!

Ⓐ

(1) 부정의 표현이 쓰이지 않은 감탄문이므로 해석은 '진짜 흥미진진한 게임이다!'이지요.

(2) 부정의 표현이 쓰이지 않은 감탄문이므로 해석은 '진짜 사랑스러운 아기다!'이지요.

(3) 부정의 표현이 쓰이지 않은 감탄문이므로 해석은 '진짜 어린 학생들이다!'이지요.

(4) 부정의 표현이 쓰이지 않은 감탄문이므로 해석은 '나는 얼마나 잘생겼는지!'이지요.

(5) 부정의 표현이 쓰이지 않은 감탄문이므로 해석은 '너는 얼마나 키가 큰지!'이지요.

(6) 의문의 표현이 쓰이지 않은 감탄문이므로 해석은 '그는 얼마나 똑똑한지!'이지요.

Ⓑ

(1) What을 먼저 쓰고, a를 쓰고, 형용사 nice를 쓰고, 명사 car를 써요. 해석은 '진짜 멋진 차다!'이지요.

(2) What을 먼저 쓰고, an을 쓰고, 형용사 exciting을 쓰고, 명사 game을 써요. 해석은 '진짜 흥미진진한 게임이다!'이지요.

(3) What을 먼저 쓰고, a를 쓰고, 형용사 lovely를 쓰고, 명사 baby를 써요. 해석은 '진짜 사랑스러운 아기다!'이지요.

(4) How를 먼저 쓰고, 형용사 handsome을 쓰고, 주어 I를 쓰고, be동사 am을 써요. 해석은 '나는 얼마나 잘생겼는지!'이지요.

(5) How를 먼저 쓰고, 형용사 tall을 쓰고, 주어 you를 쓰고, be동사 are를 써요. 해석은 '너는 얼마나 키가 큰지!'이지요.

(6) How를 먼저 쓰고, 형용사 smart를 쓰고, 주어 he를 쓰고, be동사 is를 써요. 해석은 '그는 얼마나 똑똑한지!'이지요.

## 실전문제                                본문 121쪽

Ⓐ (1) What (2) students (3) How (4) are   Ⓑ ④
Ⓒ ④   Ⓓ (1) What an interesting game! (2) How nice they are! (3) What a smart girl! (4) How lovely she is!
(5) What a big car!

Ⓐ

(1) 부정관사 an, 형용사, 명사가 순서대로 쓰인 What을 활용한 감탄문이에요. 따라서 How가 아니라 What을 써요.

(2) 명사 자리에 복수가 오면 부정관사 a나 an을 쓰지 않

아요. 이 문장에는 a나 an이 없으므로 student가 아니라 students를 써요.

(3) 형용사, 주어, 동사가 순서대로 쓰인 How를 활용한 감탄문이에요. 따라서 What이 아니라 How를 써요.

(4) 형용사, 주어, 동사가 순서대로 쓰인 How를 활용한 감탄문이에요. 주어 you 다음에 be동사는 are가 와야 하므로 is가 아니라 are를 써요.

**B**

How를 활용한 감탄문은 How, 형용사, 주어, be동사의 순서로 쓰므로 How, 형용사 handsome, 주어 he, 동사 is를 순서대로 써요.

**C**

④ How를 활용한 감탄문에서 주어 he는 3인칭 단수이므로 주어에 어울리는 be동사는 is를 써요.
① 진짜 흥미진진한 게임이다!
② 정말 큰 나무들이다!
③ 진짜 큰 고양이들이다!
④ 그는 얼마나 멋진지!
⑤ 너는 얼마나 똑똑한지!

**D**

(1) What을 활용한 감탄문은 What, an, 형용사 interesting, 명사 game의 순서로 써요.

(2) How를 활용한 감탄문은 How, 형용사 nice, 주어 they, be동사 are의 순서로 써요.

(3) What을 활용한 감탄문은 What, a, 형용사 smart, 명사 girl의 순서로 써요.

(4) How를 활용한 감탄문은 How, 형용사 lovely, 주어 she, be동사 is의 순서로 써요.

(5) What을 활용한 감탄문은 What, a, 형용사 big, 명사 car의 순서로 써요.

---

**혼공 종합문제 (6)**

본문 122쪽

1 ⑤   2 ④   3 ②   4 ①   5 ③   6 ⑤   7 help, us   8 to, stand   9 an, game   10 to, cook   11 (1) I got him to stand up fast.   (2) I don't get him to stand up fast.
12 (1) They will want me to go out at night.   (2) They don't want me to go out at night.

**1** help는 '~하는 것을 도와준다'라는 뜻이므로 알맞은 해석은 '그는 내가 일어서는 것을 도와준다.'이지요.

**2** will not은 '~하지 않을 것이다', get은 '~하게 하다'라는 뜻이므로 알맞은 해석은 '너는 그가 부엌에서 요리하

게 하지 않을 것이다.'이지요.

**3** How를 활용한 감탄문은 '~가 얼마나 ~한지!'라는 의미이므로 알맞은 해석은 '그는 얼마나 사랑스러운지!'이지요.

**4** ① 동사 get의 목적격보어 자리에는 'to + 동사원형'인 to stand를 써요.
① 그녀는 내가 빠르게 일어서게 한다.
② 그녀는 내가 부엌에서 요리하는 것을 도왔다.
③ 그는 내가 춤추는 것을 돕는 중이다.
④ 그는 우리가 춤추게 하지 않을 것이다.
⑤ 그들은 그가 요리하는 것을 지난주에 돕고 있었다.

**5** ③ 동사 ask의 목적격보어 자리에는 'to + 동사원형'인 to jump를 써요.
① 그는 그녀가 노래하기를 원한다.
② 그녀는 우리에게 자라고 말하지 않았다.
③ 너는 그녀에게 점프하라고 요청했다.
④ 너는 우리가 아이들을 가르치는 것을 돕지 않을 것이다.
⑤ 나는 그가 요리하게 하지 않았다.

**6** How를 활용한 감탄문은 How, 형용사 lovely, 주어 they, be동사 are의 순서로 써서 ⑤가 올바른 문장이지요.
① a가 쓰였으므로 단수 명사인 game을 써요.
② a가 쓰였으므로 단수 명사인 baby를 써요.
③ a가 쓰이지 않았으므로 복수 명사인 students를 써요.
④ she에 어울리는 be동사 is를 써요.

**7** '~하는 것을 도와준다'의 help와 목적어 '우리'를 뜻하는 목적격대명사 us를 순서대로 써요.

**8** 동사 get의 목적격보어 자리에는 'to + 동사원형'이 오므로 to stand를 써요.

**9** What을 활용한 감탄문은 What, a/an, 형용사, 명사의 순서이므로 빈칸에는 an과 명사 game을 써요. exciting은 발음이 모음으로 시작하므로 앞에 an을 써요.

**10** 동사 get의 목적격보어 자리에는 'to + 동사원형'인 to cook을 써요.

**11** (1) 동사 get의 과거형 got을 써요. 해석은 '나는 그가 빨리 일어서게 했다.'이지요.

(2) 부정을 나타내는 don't를 동사 get 앞에 써요. 해석은 '나는 그가 빨리 일어서게 하지 않는다.'이지요.

**12** (1) 미래를 나타내는 조동사 will을 동사 want 앞에 써요. 해석은 '그들은 내가 밤에 나가길 원할 것이다.'이지요.

(2) 부정을 나타내는 don't를 동사 want 앞에 써요. 해석은 '그들은 내가 밤에 나가길 원하지 않는다.'이지요.

(1) ① (2) ① (3) ② (4) ① (5) ② (6) ①

(1) 조동사 Can 뒤에는 동사원형이 와야 하므로 come을 써요.

(2) 현재형 문장이므로 동사의 현재형 come을 써요.

(3) 과거형 문장이므로 동사의 과거형 came을 써요.

(4) 현재형 문장이므로 동사의 현재형 come을 써요.

(5) 과거 의문문이므로 의문문을 나타내는 did를 쓰고, 뒤에는 동사원형 come을 써요.

(6) 현재형 문장이므로 동사의 현재형인 come을 써요.

(1) ① (2) ① (3) ② (4) ① (5) ① (6) ②

(1) Let's 뒤에 동사원형 go를 써요.

(2) 과거 의문문이므로 의문문을 나타내는 did를 쓰고, 뒤에는 동사원형 go를 써요.

(3) 과거형 문장이므로 동사의 과거형 went를 써요.

(4) 현재형 문장이므로 동사의 현재형 go를 써요.

(5) 현재형 문장이므로 동사의 현재형 go를 써요.

(6) 과거형 문장이므로 동사의 과거형 went를 써요.

Ⓐ (1) ① (2) ① (3) ① (4) ② (5) ② (6) ② (7) ①
(8) ② Ⓑ (1) Can you come to the festival?
(2) Dreams come true. (3) Let's go outside. (4) I went shopping with my mother.

**Ⓐ**

(1) come은 '오다'라는 뜻이지요.

(2) front는 '앞'이라는 뜻이지요.

(3) come은 '오다'라는 뜻이지요.

(4) come은 상태가 점점 바뀔 때도 쓸 수 있어요. 꿈이 '사실인'이라는 단어를 뜻하는 true로 이동하는 것이니 come true는 '이루어진다'는 뜻이지요.

(5) outside는 '밖으로'라는 뜻이지요.

(6) 과거 의문문을 나타내는 Did로 시작한 문장이므로 Did you go는 '너는 갔었니?'라는 뜻이지요.

(7) by 다음에 교통수단을 쓰면 '~로 간다'라는 뜻이지요.

(8) go의 과거형 went -ing는 '~하러 갔다'라는 뜻이지요.

**Ⓑ**

(1) 조동사 Can을 먼저 쓰고, 주어 you를 쓰고, 동사 come을 쓰고, 전치사구 to the festival을 써요. 해석은 '너는 그 축제에 올 수 있니?'이지요.

(2) 주어 Dreams를 먼저 쓰고, 동사 come을 쓰고, 형용사 true를 써요. 해석은 '꿈은 이루어진다.'이지요.

(3) Let's를 먼저 쓰고, 동사 go를 쓰고, 부사 outside를 써요. 해석은 '밖으로 나가자.'이지요.

(4) 주어 I를 먼저 쓰고, 동사 went를 쓰고, 목적어 shopping을 쓰고, 전치사구 with my mother를 써요. 해석은 '나는 나의 어머니와 함께 쇼핑하러 갔다.'이지요.

Ⓐ (1) Come (2) came (3) go (4) went Ⓑ ②
Ⓒ ③ Ⓓ (1) She goes to school by car. (2) Dad goes to work by subway. (3) Mom goes to work by taxi. (4) We go to school by bus. (5) His brothers go to school on foot.

**Ⓐ**

(1) '오다'는 come을 써요.

(2) '오다'는 come을 써요. 과거형 문장이므로 come의 과거형 came을 써요.

(3) '가다'는 go를 써요.

(4) '~하러 갔다'는 go의 과거형 went 다음에 -ing를 써서 went hiking을 써요.

**Ⓑ**

'캠핑하러 갔다'는 go의 과거형 went 다음에 -ing를 써서 went camping을 써요.

**Ⓒ**

③ came true의 came은 '오다'가 아닌 '이루어지다'라는 뜻이지요.
① 너는 여기에 올 수 있니?
② 너는 캐나다에서 왔다.
③ 너의 꿈은 이루어졌다.
④ 그녀는 학교에 왔었다.

⑤ 너는 몇 시에 올 거니?

**D**

(1) by 다음에 교통수단을 쓰면 '~로 간다'라는 표현이 되므로 '차로 간다'는 by car를 써요.

(2) by 다음에 교통수단을 쓰면 '~로 간다'라는 표현이 되므로 '지하철로 간다'는 by subway를 써요.

(3) by 다음에 교통수단을 쓰면 '~로 간다'라는 표현이 되므로 '택시로 간다'는 by taxi를 써요.

(4) by 다음에 교통수단을 쓰면 '~로 간다'라는 표현이 되므로 '버스로 간다'는 by bus를 써요.

(5) '걸어서'라는 표현은 on foot을 써요.

## Day 25 start / take

본문 130쪽

**바로! 확인문제 01**

(1) ① (2) ① (3) ② (4) ② (5) ② (6) ②

(1) Let's 다음에는 동사원형 start를 써요.

(2) 조동사 can 다음에는 동사원형 start를 써요.

(3) 과거형 문장이므로 start의 과거형 started를 써요.

(4) 과거형 문장이므로 start의 과거형 started를 써요.

(5) 과거형 문장이므로 start의 과거형 started를 쓰고, 뒤에 to dance를 써요.

(6) 과거형 문장이므로 start의 과거형 started를 쓰고, 뒤에 studying을 써요.

**바로! 확인문제 02**

본문 131쪽

(1) ① (2) ② (3) ① (4) ① (5) ② (6) ②

(1) 미래를 나타내는 조동사 will 뒤에는 동사원형 take를 써요.

(2) 과거형 문장이므로 take의 과거형 took를 써요.

(3) 현재형 문장이므로 동사의 현재형 take를 써요.

(4) May 뒤에는 동사원형 take를 써요.

(5) 과거형 문장이므로 take의 과거형 took를 써요.

(6) 과거형 문장이므로 take의 과거형 took를 써요.

## 기본문제

본문 132쪽

**Ⓐ** (1) ① (2) ① (3) ② (4) ② (5) ① (6) ① (7) ① (8) ② **Ⓑ** (1) Let's start the game. (2) The phone started to ring. (3) I will take him. (4) I took the bus to school.

**Ⓐ**

(1) 제안을 나타내는 Let's 다음에 동사원형 start가 쓰였으므로 해석은 '그 게임을 시작하자.'이지요.

(2) 조동사 can 다음에 동사원형 start가 쓰였으므로 해석은 '너는 월요일에 시작할 수 있니?'이지요.

(3) 동사의 과거형 started가 쓰였으므로 해석은 '그 파티는 9시에 시작했다.'이지요.

(4) 동사의 과거형 started가 쓰였으므로 해석은 '그녀는 공부하기 시작했다.'이지요.

(5) 동사의 현재형 Take가 쓰인 명령문이므로 해석은 '그들을 학교에 데리고 가라.'이지요.

(6) 동사의 현재형 takes가 쓰였으므로 해석은 '그는 그녀를 병원에 데리고 간다.'이지요.

(7) 동사의 현재형 take가 쓰인 명령문이므로 해석은 '이 약을 먹어라.'이지요.

(8) 동사의 과거형 took가 쓰였으므로 해석은 '나는 기차를 타고 학교에 갔다.'이지요.

**Ⓑ**

(1) Let's를 먼저 쓰고, 동사 start를 쓰고, 목적어 the game을 써요. 해석은 '그 게임을 시작하자.'이지요.

(2) 주어 The phone을 먼저 쓰고, 동사 started를 쓰고, to ring을 써요. 해석은 '전화가 울리기 시작했다.'이지요.

(3) 주어 I를 먼저 쓰고, 조동사 will을 쓰고, 동사 take를 쓰고, 목적어 him을 써요. 해석은 '나는 그를 데리고 갈 것이다.'이지요.

(4) 주어 I를 먼저 쓰고, 동사 took를 쓰고, 목적어 the bus를 쓰고, 전치사구 to school을 써요. 해석은 '나는 버스를 타고 학교에 갔다.'이지요.

Ⓐ (1) start (2) dance (3) took (4) take   Ⓑ ④
Ⓒ ②   Ⓓ (1) We start singing. (2) Tom starts working.
(3) My sister started coming. (4) Mary started eating.
(5) He started running.

---

Ⓐ

(1) 조동사 can 다음에는 동사원형이 와야 하므로 start를 써요.

(2) 'start to ~' 뒤에는 동사원형이 와야 하므로 dance를 써요.

(3) 과거형 문장이므로 동사의 과거형 took를 써요.

(4) 조동사 May 다음에는 동사원형이 와야 하므로 take를 써요.

Ⓑ

'누가'라는 뜻의 who와 '가져갔다'라는 뜻의 과거형 took를 사용한 Who took it?으로 써요.

Ⓒ

② '~하는 것을 시작했다'를 표현할 때에는 'started to+동사원형' 또는 'started 일반동사+-ing'를 쓸 수 있어요. 따라서 They started to come.이나 They started coming.이 알맞아요.
① 나는 춤추기 시작한다.
② 그들은 오기 시작했다.
③ 그녀는 노래하기 시작했다.
④ 우리는 가기 시작했다.
⑤ 너는 공부하기 시작한다.

Ⓓ

(1) sing에 -ing를 붙여 singing을 써요.

(2) work에 -ing를 붙여 working을 써요.

(3) come에 e를 빼고 -ing를 붙여 coming을 써요.

(4) eat에 -ing를 붙여 eating을 써요.

(5) run에 -ing를 붙이되, 끝에 자음 n을 하나를 더 써서 running을 써요.

---

## Day 26 talk / stop

(1) ② (2) ② (3) ② (4) ② (5) ② (6) ②

---

(1) '~할 수 있다'라는 뜻을 지닌 can을 먼저 쓰고, 동사원형 talk를 써요.

(2) 과거형 문장이므로 talk의 과거형 talked를 써요.

(3) 과거형 문장이므로 talk의 과거형 talked를 써요.

(4) 과거형 문장이므로 talk의 과거형 talked를 써요.

(5) 과거형 문장이므로 talk의 과거형 talked를 써요.

(6) 과거형 문장이므로 talk의 과거형 talked를 써요.

(1) ① (2) ① (3) ② (4) ② (5) ② (6) ②

---

(1) Let's 뒤에는 동사원형 stop을 써요.

(2) 조동사 Can 뒤에는 동사원형 stop을 써요.

(3) 과거형 문장이므로 stop의 과거형인 stopped를 써요.

(4) 과거형 문장이므로 stop의 과거형인 stopped를 써요.

(5) '~을 멈출 수 없다'라는 표현은 can't stop -ing를 쓰므로 eat에 -ing를 붙인 eating을 써요.

(6) '~을 멈출 수 없었다'라는 과거형 문장은 can't의 과거형인 couldn't를 활용하여 couldn't stop -ing로 쓰므로 dance에 e를 빼고 -ing를를 붙인 dancing을 써요.

Ⓐ (1) ① (2) ② (3) ② (4) ② (5) ① (6) ② (7) ②
(8) ②   Ⓑ (1) I can talk quietly. (2) You talked about the book. (3) Let's stop the car. (4) I can't stop running.

Ⓐ

(1) 부사 quietly는 '조용히'라는 뜻이므로 해석은 '나는 조용히 말할 수 있다.'이지요.

(2) talk의 과거형 talked가 쓰였으므로 해석은 '그는 나에게 말했다.'이지요.

(3) talk의 과거형 talked가 쓰였으므로 해석은 '누가 너에게 말했니?'이지요.

(4) talk의 과거형 talked가 쓰였으므로 해석은 '나의 선생님은 그 시험에 대해 말했다.'이지요.

(5) Let's 다음에 동사원형 stop이 쓰였으므로 해석은 '그 차를 멈추자.'이지요.

(6) stop의 과거형 stopped가 쓰였으므로 해석은 '그는 그 문에서 멈췄다.'이지요.

(7) '~을 멈출 수 없다'를 의미하는 can't stop -ing가 쓰였으므로 해석은 '나는 먹는 것을 멈출 수 없다'이지요.

(8) '~을 멈출 수 없다'를 의미하는 can't stop -ing의 과거형인 couldn't stop -ing가 쓰였으므로 해석은 '그들은 춤추는 것을 멈출 수 없었다.'이지요.

**B**

(1) 주어 I를 먼저 쓰고, 조동사 can과 동사 talk을 쓰고, 부사 quietly를 써요. 해석은 '나는 조용히 말할 수 있다.'이지요.

(2) 주어 You를 먼저 쓰고, 동사 talked about을 쓰고, 목적어 the book을 써요. 해석은 '너는 그 책에 대해 말했다.'이지요.

(3) Let's를 먼저 쓰고, 동사 stop을 쓰고, 목적어 the car를 써요. 해석은 '그 차를 멈추자.'이지요.

(4) 주어 I를 먼저 쓰고, 동사 can't stop을 쓰고, 목적어 running을 써요. 해석은 '나는 달리는 것을 멈출 수 없다.'이지요.

## ☂ 실전문제     본문 137쪽

**Ⓐ** ( 1 ) talk  ( 2 ) talked  ( 3 ) stopped  ( 4 ) dancing
**Ⓑ** ③    **Ⓒ** ⑤    **Ⓓ** ( 1 ) You can't stop thinking.
( 2 ) Mom can't stop crying.  ( 3 ) Mary can't stop going.
( 4 ) We can't stop running.  ( 5 ) They can't stop cleaning.

**Ⓐ**

(1) want to 뒤에는 동사원형이 와야 하므로 talk를 써요.

(2) 과거형 문장이므로 talk의 과거형 talked를 써요.

(3) 과거형 문장이므로 stop의 과거형 stopped를 써요.

(4) '~을 멈출 수 없다'를 의미하는 문장으로 can't stop -ing를 쓰므로 dancing을 써요.

**Ⓑ**

'~을 멈출 수 없다'를 의미하는 문장으로 can't stop -ing를 쓰는데, 과거형 문장이므로 can't 대신 couldn't를 써요. 따라서 She couldn't stop thinking.이 알맞아요.

**Ⓒ**

⑤ 주어 The police officer는 3인칭 단수이므로 현재형에서는 stop에 s를 붙인 stops를 써요. 과거형으로 쓰려면 stopped를 써요.
① 김 선생님은 그 시험을 멈췄다.
② 그는 그 음악을 멈추지 않았다.
③ 나의 아버지는 그녀를 멈춰 세웠다.
④ 그들은 그 차를 멈춘다.
⑤ 그 경찰관은 택시를 멈춘다.

**Ⓓ**

(1) think는 -ing를 붙여 thinking으로 써요.

(2) cry는 -ing를 붙여 crying으로 써요.

(3) go는 -ing를 붙여 going으로 써요.

(4) run은 -ing를 붙이되, 끝에 자음 n을 하나 더 써서 running으로 써요.

(5) clean은 -ing를 붙여 cleaning으로 써요.

# Day 27  watch(see) / walk

## 바로! 확인문제 01
본문 138쪽

(1) ② (2) ② (3) ① (4) ① (5) ① (6) ②

(1) 과거진행형 문장이므로 be동사의 과거형 were를 써요.

(2) 현재진행형 문장이므로 be동사 다음에 watching을 써요.

(3) 과거형 문장이므로 watch의 과거형 watched를 써요.

(4) 미래형 문장이므로 조동사 will 다음에 동사원형 watch를 써요.

(5) 현재형 문장으로 주어 She가 3인칭 단수이므로 동사 watch 뒤에 es를 붙여 watches를 써요.

(6) watch는 일정 시간 동안 계속 볼 때 쓰는 동사이고, see는 내 눈에 들어오는 것을 자연스럽게 볼 때 쓰는 동사이므로 see를 써요.

## 바로! 확인문제 02
본문 139쪽

(1) ① (2) ② (3) ② (4) ② (5) ① (6) ①

(1) 현재형 문장이므로 동사의 현재형 walk를 써요.

(2) 조동사 can 뒤에는 동사원형 walk를 써요.

(3) 조동사 shall 뒤에는 동사원형 walk를 써요.

(4) 조동사 can't 뒤에는 동사원형 walk를 써요.

(5) 과거형 문장이므로 동사의 과거형 walked를 써요.

(6) 현재형 문장이므로 동사의 현재형 walk를 써요.

## 기본문제
본문 140쪽

Ⓐ (1) ② (2) ① (3) ② (4) ① (5) ① (6) ② (7) ①
(8) ② Ⓑ (1) They were watching TV. (2) I can't see anything. (3) I walk to school. (4) I walk my dog every day.

Ⓐ

(1) 과거진행형 were watching이 쓰였으므로 해석은 '그들은 TV를 보고 있는 중이었다.'이지요.

(2) 부정을 나타내는 표현이 쓰이지 않았으므로 해석은 '그는 어젯밤에 그 연극을 봤다.'이지요.

(3) 현재진행형 am watching이 쓰였으므로 해석은 '나는 이 비디오를 보는 중이다.'이지요.

(4) 미래를 나타내는 조동사 will이 쓰였으므로 해석은 '우리는 하루 종일 그 쇼를 볼 것이다.'이지요.

(5) 조동사 can't가 쓰였으므로 해석은 '나는 그렇게 멀리는 걸을 수 없다.'이지요.

(6) walk의 과거형 walked가 쓰였으므로 해석은 '그는 천천히 걸었다.'이지요.

(7) 조동사 shall이 쓰였으므로 해석은 '우리 걸어갈까요 아니면 버스로 갈까요?'이지요.

(8) 조동사 can이 쓰였으므로 해석은 '너는 걸을 수 있니?'이지요.

Ⓑ

(1) 주어 They를 먼저 쓰고, 과거진행형 동사 were watching을 쓰고, 목적어 TV를 쓰면 돼요. 해석은 '그들은 TV를 보고 있는 중이었다.'이지요.

(2) 주어와 조동사 I can't를 먼저 쓰고, 동사 see를 쓰고, 목적어 anything을 쓰면 돼요. 해석은 '나는 아무것도 볼 수 없다.'이지요.

(3) 주어 I를 먼저 쓰고, 동사 walk를 쓰고, to school을 쓰면 돼요. 해석은 '나는 학교에 걸어간다.'이지요.

(4) 주어 I를 먼저 쓰고, 동사 walk를 쓰고, 목적어 my dog를 쓰고, every day를 쓰면 돼요. 해석은 '나는 내 개를 매일 산책시킨다.'이지요.

## 실전문제
본문 141쪽

Ⓐ (1) see (2) watch (3) walk (4) walked  Ⓑ ③
Ⓒ ④  Ⓓ (1) watch (2) saw (3) watching (4) see

Ⓐ

(1) watch는 일정 시간 동안 계속 볼 때 쓰는 동사이고, see는 내 눈에 들어오는 것을 자연스럽게 볼 때 쓰는 동사이므로 see를 써요.

(2) 조동사 will 다음에는 동사원형 watch를 써요.

(3) 조동사 can 다음에는 동사원형 walk를 써요.

(4) 과거형 문장이므로 동사의 과거형 walked를 써요.

Ⓑ

주어 You를 먼저 쓰고, 현재형 문장이므로 동사의 현재형 watch를 쓰고, 목적어 TV를 쓰고, '너무 많이'를 뜻하는 too much를 써요.

**C**

④ walk는 뒤에 사람이나 사물이 오면 '걷게 하다(산책시키다)'라는 뜻으로 쓰여요.
① 나는 학교에 걸어간다.
② 그는 천천히 걷는다.
③ 너는 걸을 수 있니?
④ 나는 나의 개를 매일 걷게 한다(산책시킨다).
⑤ 나는 그렇게 멀리는 걸을 수 없다.

**D**

(1) 문장의 해석이 '본다(시청한다)'라는 현재형이므로 동사의 현재형인 watch를 써요.

(2) 문장의 해석이 '봤다'라는 과거형이므로 see의 과거형인 saw를 써요.

(3) 문장의 해석이 '보는 중이었다'라는 과거진행형이므로 동사의 진행형인 watching을 써요.

(4) 문장의 해석이 '볼 수 없다'이므로 조동사 can't 뒤에 동사원형 see를 써요.

## 혼공 종합문제 (7)

1 ② 2 ③ 3 ③ 4 ② 5 ④ 6 ④ 7 stop 8 walk
9 see 10 (1) by (2) to 11 She started studying.
12 He starts running.

1 조동사 can이 의문문에서 쓰였으므로 '~할 수 있니?'를 의미해요. 따라서 알맞은 해석은 '너는 그 축제에 올 수 있니?'이지요.

2 과거형 동사 started는 '시작했다'를 의미해요. 따라서 알맞은 해석은 '그 파티는 9시에 시작했다.'이지요.

3 조동사 can은 '~할 수 있다'를 의미하고, 부사 quietly는 '조용하게'를 의미해요. 따라서 알맞은 해석은 '나는 조용하게 말할 수 있다.'이지요.

4 ② 주어가 3인칭 단수일 때 현재형 동사 뒤에는 s나 es를 붙이는데, 동사 watch는 뒤에 es를 붙여 watches로 써요.
① 나는 이 비디오를 보는 중이다.
② 그녀는 TV를 너무 많이 본다.
③ 그녀는 어젯밤에 그 연극을 봤다.
④ 그는 이 비디오를 볼 것이다.
⑤ Jane과 Peter는 그 쇼를 행복하게 본다.

5 ④ '~하러 가다'를 의미하는 표현은 go -ing이므로 camp 뒤에 -ing를 붙여 camping이라고 써요.
① 밖으로 나가자.
② 나는 그 파티에 갔다.
③ 나는 쇼핑하러 갔다.

④ 캠핑하러 가자.
⑤ 나는 공원에 가는 중이다.

6 과거형 문장에서는 주어가 3인칭 단수여도 과거형 동사 뒤에 s나 es를 붙이지 않으므로 ④가 올바른 문장이지요.
① 조동사 will 뒤에는 동사원형 take를 써요. 해석은 '나는 그를 데리고 갈 것이다.'이지요.
② 조동사 can 뒤에는 동사원형 take를 써요. 해석은 '나는 사진을 찍을 수 있다.'이지요.
③ 주어가 3인칭 단수이고 현재형 문장일 때에는 동사 뒤에 s나 es를 붙이므로 takes를 써요. 해석은 '그녀는 버스를 타고 학교에 간다.'이지요.
⑤ 주어 Tom and Mary는 3인칭 단수가 아니므로 동사 뒤에 s를 붙이지 않아야 해요. 해석은 'Tom과 Mary는 나를 학교에 데리고 간다.'이지요.

7 '멈추자'를 표현하기 위해서는 Let's 다음에 동사원형 stop을 써요.

8 '걷게 하다(산책시키다)'를 의미하는 동사 walk를 써요.

9 '아무것도 볼 수 없다'를 표현하기 위해서는 내 눈에 들어오는 것을 자연스럽게 볼 때 사용하는 동사 see를 써요.

10 (1) '~로 간다'는 표현은 by 다음에 교통수단을 써요. 학교에 지하철을 타고 가는 것이므로 subway 앞에 by를 써요.

(2) '~을 타다'라는 표현은 take 다음에 교통수단을 쓰고, 향하는 목적지 앞에 to를 쓰면 돼요. 버스를 타고 학교로 가므로 school 앞에 to를 써요.

11 '~하는 것을 시작하다'를 표현은 'start to ~'와 'start -ing'을 모두 쓸 수 있어요. 따라서 She started to study.를 She started studying.으로 써요.

12 '~하는 것을 시작하다'를 표현은 'start to ~'와 'start -ing'을 모두 쓸 수 있어요. 따라서 He starts to run.을 He starts running.으로 써요.

58 정답과 해설

(1) ① (2) ② (3) ② (4) ① (5) ① (6) ①

(1) 현재형 문장이므로 동사의 현재형 like를 써요.

(2) 주어가 3인칭 단수 He이므로 일반동사 like 뒤에 s를 붙인 likes를 써요.

(3) 조동사 will 뒤에는 동사원형 like를 써요.

(4) 의문문을 만드는 조동사 do 뒤에는 동사원형 like를 써요.

(5) 과거형 문장이므로 동사의 과거형 liked를 써요.

(6) '~처럼'이라는 표현의 like는 동사가 아니므로 주어가 3인칭 단수여도 s나 es를 붙이지 않아요.

(1) ① (2) ① (3) ② (4) ② (5) ② (6) ①

(1) 현재형 문장이므로 동사의 현재형 think를 써요.

(2) 의문문을 만드는 조동사 do 뒤에는 동사원형 think를 써요.

(3) 부정을 나타내는 don't 뒤에는 동사원형 think를 써요.

(4) 주어가 3인칭 단수 He이므로 동사 think 뒤에 s를 붙인 thinks를 써요.

(5) 과거형 문장이므로 동사의 과거형 thought를 써요.

(6) 현재형 문장이므로 동사의 현재형 think를 써요.

### 기본문제 본문 148쪽

Ⓐ (1) ① (2) ① (3) ① (4) ② (5) ② (6) ① (7) ②
(8) ② Ⓑ (1) I like chicken. (2) Do you like pizza?
(3) I think it is delicious. (4) She thought it was difficult.

Ⓐ

(1) '좋아하다'를 의미하는 동사 like가 쓰였으므로 해석은 '너는 피자를 좋아하니?'이지요.

(2) 현재형 동사 likes가 쓰였으므로 해석은 '그는 Jane을 좋아한다.'이지요.

(3) like가 동사가 아닌 '~처럼'이라는 뜻으로 쓰였으므로 해석은 '나는 오리처럼 걷는다.'이지요.

(4) 과거형 동사 liked가 쓰였으므로 해석은 '그들은 노래하는 것과 춤추는 것을 좋아했다.'이지요.

(5) 상대방의 의견을 묻는 What do you think?가 쓰였으므로 해석은 '너는 어떻게 생각하니?'이지요.

(6) 현재형 동사 think가 쓰였으므로 해석은 '나는 그녀에 대해서 생각한다.'이지요.

(7) 부정을 나타내는 don't가 쓰였으므로 해석은 '나는 그렇게 생각하지 않는다.'이지요.

(8) 현재형 동사 thinks가 쓰였으므로 해석은 '그는 그것이 비싸다고 생각한다.'이지요.

Ⓑ

(1) 주어 I를 먼저 쓰고, 동사 like를 쓰고, 명사 chicken을 쓰면 돼요. 해석은 '나는 닭고기를 좋아한다.'이지요.

(2) 의문문을 만드는 조동사 Do를 먼저 쓰고, 주어 you를 쓰고, 동사 like를 쓰고, 명사 pizza를 쓰면 돼요. 해석은 '너는 피자를 좋아하니?'이지요.

(3) 주어 I를 먼저 쓰고, 동사 think를 쓰고, it is와 delicious를 쓰면 돼요. 해석은 '나는 그것이 맛있다고 생각한다.'이지요.

(4) 주어 She를 먼저 쓰고, 동사 thought를 쓰고, it was와 difficult를 쓰면 돼요. 해석은 '그녀는 그것이 어렵다고 생각했다.'이지요.

### 실전문제 본문 149쪽

Ⓐ (1) likes (2) like (3) thinks (4) thought Ⓑ ④
Ⓒ ⑤ Ⓓ (1) I like reading. (2) You liked thinking.
(3) They like eating. (4) Mary likes watching TV.
(5) We like singing and dancing.

Ⓐ

(1) 현재형 문장이고 주어가 3인칭 단수 He이므로 동사 like 뒤에 s를 붙인 likes를 써요.

(2) 미래를 나타내는 조동사 will 다음에는 동사원형이 와야 하므로 like를 써요.

(3) 현재형 문장이고 주어가 3인칭 단수 He이므로 동사 think 뒤에 s를 붙인 thinks를 써요.

(4) 과거형 문장이므로 think의 과거형 thought를 써요.

## B

주어 I를 먼저 쓰고, 과거형 문장이므로 과거동사 thought를 쓰고, 대명사 it을 쓰고, be동사의 과거형 was를 쓰고, 형용사 difficult를 써요.

## C

⑤ like가 동사일 때에는 '좋아하다'라는 뜻을 가지고 있지만 동사로 쓰이지 않으면 '~처럼'을 의미해요.
① 나는 피자를 좋아한다.
② 너는 닭고기를 좋아하니?
③ Tom은 이 식당을 좋아한다.
④ 그들은 노래부르는 것을 좋아하다.
⑤ 나는 오리처럼 걷는다.

## D

(1) read에 -ing를 붙여 reading으로 써요.

(2) think에 -ing를 붙여 thinking으로 써요.

(3) eat에 -ing를 붙여 eating으로 써요.

(4) watch에 -ing를 붙여 watching으로 써요.

(5) sing과 dance에 -ing를 붙여 singing과 dancing으로 써요.

### Day 29 make / want

바로! 확인문제 01     본문 150쪽

(1) ② (2) ① (3) ② (4) ① (5) ① (6) ②

(1) 미래형 문장이므로 조동사 will 뒤에 동사원형 make를 써요.

(2) Let's 뒤에는 동사원형 make를 써요.

(3) 과거형 문장이므로 make의 과거형 made를 써요.

(4) 과거 부정을 나타내는 didn't 뒤에는 동사원형 make를 써요.

(5) 현재진행형 문장이므로 be동사 뒤에는 making을 써요.

(6) 의문문을 만드는 did 뒤에는 동사원형 make를 써요.

바로! 확인문제 02     본문 151쪽

(1) ① (2) ① (3) ② (4) ① (5) ① (6) ①

(1) 의문문을 만드는 do 뒤에는 동사원형 want를 써요.

(2) 현재형이고 주어 He가 3인칭 단수이므로 동사 want에 s를 붙인 wants를 써요.

(3) 과거형 문장이므로 동사의 과거형 wanted를 써요.

(4) 의문문을 만드는 do 뒤에는 동사원형 want를 써요.

(5) 의문문을 만드는 do 뒤에는 동사원형 want를 써요.

(6) 현재형 문장이므로 동사의 현재형 want를 써요.

### 기본문제     본문 152쪽

Ⓐ (1) ① (2) ① (3) ② (4) ① (5) ② (6) ① (7) ① (8) ①    Ⓑ (1) I will make a sandwich. (2) Did you make the bed this morning? (3) Do you want some ice cream? (4) I want to be a singer.

## Ⓐ

(1) 동사 make는 '만들다'라는 뜻이므로 해석은 '눈사람을 만들자.'이지요.

(2) make the bed는 '이부자리를 정리하다'라는 뜻이므로 해석은 '너는 오늘 아침에 이부자리를 정리했니?'이지요.

(3) 동사 make는 '만들다'라는 뜻이므로 해석은 '나는 저녁을 만들고 있는 중이다.'이지요.

(4) 동사 make가 '만들다'라는 뜻이므로 해석은 '나는 쿠키를 만들지 않았다.'이지요.

(5) 동사 eat은 '먹다'라는 뜻이므로 해석은 '너는 무엇을 먹고 싶니?'이지요.

(6) 부정을 나타내는 표현이 쓰이지 않았기 때문에 해석은 '그녀는 해외로 여행을 가고 싶었다.'이지요.

(7) 명사 singer는 '가수'라는 뜻이므로 해석은 '나는 가수가 되고 싶다.'이지요.

(8) 동사 want는 '원하다'라는 뜻이므로 해석은 '아이스크림 좀 먹을래?'이지요.

## Ⓑ

(1) 주어 I를 먼저 쓰고, 조동사 will을 쓰고, 동작을 나타내는 make a sandwich를 쓰면 돼요. 해석은 '나는 샌드위치를 만들 것이다.'이지요.

(2) 의문문을 만들기 위해 Did you를 쓰고, 동작을 나타내는 make the bed를 쓰고, 부사구 this morning을 쓰면 돼요. 해석은 '너는 오늘 아침에 이부자리를 정리했니?'이

지요.

(3) 의문문을 만들기 위해 Do you를 쓰고, 동사 want를 쓰고, some ice cream을 쓰면 돼요. 해석은 '아이스크림 좀 먹을래?'이지요.

(4) 주어 I를 먼저 쓰고, want to be를 쓰고, a singer를 쓰면 돼요. 해석은 '나는 가수가 되고 싶다.'이지요.

 **실전문제**　　　　　　본문 153쪽

Ⓐ (1) made (2) want to see (3) make (4) be
Ⓑ ③　　Ⓒ ④　　Ⓓ (1) make (2) want to (3) wanted (4) to be (5) made

Ⓐ

(1) 과거형 문장이므로 make의 과거형 made를 써요.

(2) '~하고 싶다'를 뜻하는 want to 뒤에는 동사원형이 와야 하므로 want to see라고 써요.

(3) 과거 부정을 나타내는 didn't 뒤에는 동사원형 make를 써요.

(4) '~하고 싶다'를 뜻하는 want to 뒤에는 동사원형이 와야 하므로 want to be라고 써요.

Ⓑ

주어 We를 먼저 쓰고, '~하고 싶지 않았다'를 뜻하는 didn't want to를 쓰고, '해외로 여행을 가다'를 뜻하는 travel abroad를 쓰면 돼요.

Ⓒ

④ 의문문의 과거형을 만드는 Did you 뒤에는 동사원형을 써야 하기 때문에 make가 알맞지요.
① 눈사람을 만들자.
② 그는 샌드위치를 만들 것이다.
③ 그녀는 초콜릿 케이크를 만들었다.
④ 너는 이부자리를 정리했니?
⑤ 제빵사들은 쿠키를 만들고 있는 중이다.

Ⓓ

(1) 미래형 문장이므로 조동사 will 뒤에는 '만들다'를 뜻하는 make를 써요.

(2) 과거 부정의 문장으로 didn't 뒤에는 '~하고 싶다'를 뜻하는 want to를 써요.

(3) 과거형 문장이므로 '원했다'를 뜻하는 wanted를 써요.

(4) 과거형 문장이므로 '~이 되고 싶었다'를 뜻하도록 wanted 다음에는 to be를 써요.

(5) 과거형 문장이므로 '만들었다'를 뜻하는 made를 써요.

**바로! 확인문제 01**　　　　　　본문 154쪽

(1) ①　(2) ②　(3) ②　(4) ②　(5) ①　(6) ①

(1) Can으로 시작하는 의문문이므로 Can I 뒤에는 동사원형 ask를 써요.

(2) '~하고 싶다'를 뜻하는 'want to ~' 뒤에는 동사원형 ask를 써요.

(3) 과거형 문장이므로 ask의 과거형 asked를 써요.

(4) 과거형 문장이므로 ask의 과거형 asked를 써요.

(5) 과거형 문장이므로 ask의 과거형 asked를 써요.

(6) Can으로 시작하는 의문문이므로 Can I 뒤에는 동사원형 ask를 써요.

**바로! 확인문제 02**　　　　　　본문 155쪽

(1) ①　(2) ②　(3) ①　(4) ①　(5) ②　(6) ②

(1) 현재형 문장이므로 동사의 현재형 feel을 써요.

(2) 과거형 문장이므로 feel의 과거형 felt를 써요.

(3) 현재형 문장이므로 동사의 현재형 feel을 써요.

(4) 부정을 나타내는 don't 뒤에는 동사원형 feel을 써요.

(5) 현재형 문장이므로 동사의 현재형 feel을 써요.

(6) feel like -ing는 '~하고 싶다'는 표현으로 feel like 다음에는 crying을 써요.

**기본문제**　　　　　　본문 156쪽

Ⓐ (1) ①　(2) ②　(3) ①　(4) ①　(5) ①　(6) ②　(7) ②
(8) ②　　Ⓑ (1) Can I ask you a favor? (2) Can I ask you a question? (3) I feel safe now. (4) I feel like watching a movie.

Ⓐ

(1) '요청하다'라는 뜻을 지닌 ask의 과거형 asked가 쓰였으므로 해석은 '우리는 도움을 요청했다.'이지요.

(2) '묻다'라는 뜻을 지닌 ask의 과거형 asked가 쓰였으므로 해석은 '그는 나에게 나의 여동생에 대해 물었다.'이지요.

(3) '묻다'라는 뜻을 지닌 ask의 과거형 asked가 쓰였으므로 해석은 '이것은 무엇인가요? 그녀가 물었다.'이지요.

(4) '묻다'라는 뜻을 지닌 ask 뒤에 간접목적어 you가 쓰였으므로 해석은 '나는 너에게 뭔가 물어보고 싶다.'이지요.

(5) '추운'이라는 뜻을 지닌 cold가 쓰였으므로 해석은 '나는 춥다고 느낀다.'이지요.

(6) '느끼다'라는 뜻을 지닌 feel의 과거형 felt가 쓰였으니 해석은 '그녀는 정말 행복하다고 느꼈다.'이지요.

(7) '몸이 좀 안 좋다'라는 뜻을 지닌 don't feel good이 쓰였으므로 해석은 '나는 몸이 좀 안 좋다.'이지요.

(8) '느끼다'라는 뜻을 지닌 feel이 쓰였으므로 해석은 '나는 지금 안전하다고 느낀다.'이지요.

**B**

(1) 의문문을 만드는 Can을 먼저 쓰고, 주어 I를 쓰고, '당신에게 묻다'를 뜻하는 ask you를 쓰고, '부탁'을 뜻하는 a favor을 쓰면 돼요. 해석은 '제가 당신에게 부탁 좀 해도 될까요?'이지요.

(2) 의문문을 만드는 Can을 먼저 쓰고, 주어 I를 쓰고, '당신에게 묻다'를 뜻하는 ask you를 쓰고, '질문'을 뜻하는 a question을 쓰면 돼요. 해석은 '제가 당신에게 질문해도 되나요?'이지요.

(3) 주어 I를 먼저 쓰고, '느끼다'를 뜻하는 feel을 쓰고, '안전한'을 뜻하는 safe를 쓰고, '지금'을 뜻하는 now를 쓰면 돼요. 해석은 '나는 지금 안전하다고 느낀다.'이지요.

(4) 주어 I를 먼저 쓰고, '~하고 싶다'를 뜻하는 feel like를 쓰고, '영화를 보다'를 뜻하는 watching a movie를 쓰면 돼요. 해석은 '나는 영화를 보고 싶다.'이지요.

## ☂ 실전문제

본문 157쪽

**A** (1) asked (2) feel (3) feeling (4) ask **B** ⑤
**C** ④ **D** (1) She feels like studying. (2) My mom felt like going for a walk. (3) My brother feels like crying.
(4) Do you feel like watching a movie? (5) They don't feel like going for a walk.

**A**

(1) 과거형 문장이므로 ask의 과거형 asked를 써요.

(2) '~하고 싶다'는 feel like -ing로 표현하므로 ask가 아니라 feel을 써요.

(3) 현재진행형 문장이므로 be동사 are 다음에는 feel이 아니라 feeling을 써요.

(4) '부탁을 하다'는 ask a favor로 표현하므로 feel이 아니라 ask를 써요.

**B**

주어 I를 먼저 쓰고, '몸이 안 좋다'를 뜻하는 don't feel good을 쓰고, '오늘'을 뜻하는 today를 쓰면 돼요.

**C**

④ 주어 Mr. Kim을 먼저 쓰고, 동사 asked를 쓴 다음에, 간접목적어 me를 쓰고, 직접목적어 some questions를 차례대로 써요.
① 제가 당신에게 부탁 좀 해도 될까요?
② 그들은 돈을 더 달라고 요청했다.
③ 그녀는 계산서를 달라고 요청했다.
④ 김 선생님은 나에게 몇 개의 질문을 했다.
⑤ 노인은 나에게 나의 부모님에 대해 물었다.

**D**

(1) 주어 She는 3인칭 단수이므로 동사에 s를 붙인 feels를 써요. studies의 동사원형은 study이므로 study에 -ing을 붙인 studying을 활용하여 feels like studying으로 써요.

(2) went는 과거형이므로 feel의 과거형인 felt를 써요. went의 동사원형은 go이므로 go에 -ing를 붙인 going을 활용하여 felt like going으로 써요.

(3) 주어 My brother는 3인칭 단수이므로 동사에 s를 붙인 feels를 써요. cries의 동사원형은 cry이므로 cry에 -ing을 붙인 crying을 활용하여 feels like crying으로 써요.

(4) Do를 사용한 의문문이므로 동사원형 feel을 써요. watch에 -ing를 붙인 watching을 활용하여 feel like watching으로 써요.

(5) don't를 사용한 부정문이므로 don't 다음에 feel을 써요. go에 -ing를 붙인 going을 활용하여 don't feel like going으로 써요.

## Day 31  get / play

### 바로! 확인문제 01
본문 158쪽

(1) ②  (2) ①  (3) ②  (4) ①  (5) ①  (6) ①

(1) 과거형 문장이므로 get의 과거형 got을 써요.

(2) 의문문을 만드는 did 뒤에는 동사원형 get을 써요.

(3) 과거형 문장이므로 get의 과거형 got을 써요.

(4) 과거형 문장이므로 get의 과거형 got을 써요.

(5) 과거형 문장이므로 get의 과거형 got을 써요.

(6) 현재 부정을 나타내는 문장이므로 don't 뒤에는 동사원형 get을 써요.

### 바로! 확인문제 02
본문 159쪽

(1) ①  (2) ①  (3) ②  (4) ②  (5) ①  (6) ①

(1) '~하자'를 뜻하는 Let's 뒤에는 동사원형 play를 써요.

(2) 현재진행형 문장이므로 be동사 am 뒤에는 playing을 써요.

(3) 과거형 문장이므로 play의 과거형 played를 써요.

(4) 과거형 문장이므로 want의 과거형 wanted를 써요.

(5) 운동 이름 앞에는 the를 붙이기 않기 때문에 play soccer를 써요.

(6) 조동사 can 뒤에는 동사원형 play를 써요.

### 기본문제
본문 160쪽

Ⓐ (1) ②  (2) ②  (3) ①  (4) ②  (5) ①  (6) ②  (7) ②
(8) ②   Ⓑ (1) I got a new coat.  (2) I don't get it.
(3) Let's play outside.  (4) I can play the piano.

Ⓐ

(1) 이 문장에서 got은 '얻었다'라는 뜻이므로 해석은 '그는 오늘 새로운 직장을 얻었다.'이지요.

(2) 이 문장에서 get은 '얻다(사다)'라는 뜻이므로 해석은 '너는 그것을 어디서 샀어?'이지요.

(3) 이 문장에서 got은 '얻었다'라는 뜻이므로 해석은 '좋은 생각이 났다.'이지요.

(4) 이 문장에서 got은 '얻었다'라는 뜻이므로 해석은 '그녀는 생일 선물을 받았다.'이지요.

(5) 부정의 표현이 쓰이지 않은 문장이므로 해석은 '나는 그들과 놀고 싶었다.'이지요.

(6) us는 '우리들'이라는 뜻이므로 해석은 '그는 항상 우리들과 놀았다.'이지요.

(7) 이 문장에서 play는 '놀다'라는 뜻이므로 해석은 '나는 내 친구들과 놀고 있는 중이다.'이지요.

(8) 이 문장에서 soccer는 '축구'라는 뜻이므로 해석은 '너는 축구를 할 수 있니?'이지요.

Ⓑ

(1) 주어 I를 먼저 쓰고, '샀다'를 뜻하는 got을 쓰고, '새 코트'를 뜻하는 a new coat를 쓰면 돼요. 해석은 '나는 새 코트를 샀다.'이지요.

(2) 주어 I를 먼저 쓰고, 현재의 부정을 나타내는 don't를 쓰고, '이해하다'를 뜻하는 get을 쓰고, 목적어 it을 쓰면 돼요. 해석은 '나는 그것을 이해하지 못한다.'이지요.

(3) Let's를 먼저 쓰고, '놀다'를 뜻하는 play를 쓰고, '밖에서'를 뜻하는 outside를 쓰면 돼요. 해석은 '밖에서 놀자.'이지요.

(4) 주어 I를 먼저 쓰고, 조동사 can을 쓰고, '연주하다'를 뜻하는 play를 쓰고, 목적어 the piano를 쓰면 돼요. 해석은 '나는 피아노를 연주할 수 있다.'이지요.

### 실전문제
본문 161쪽

Ⓐ (1) play  (2) played  (3) get  (4) playing   Ⓑ ⑤
Ⓒ ④   Ⓓ (1) played  (2) get  (3) got  (4) playing
(5) play

Ⓐ

(1) 'want to ~' 뒤에는 동사원형 play를 써요.

(2) 과거형 문장이므로 play의 과거형 played를 써요.

(3) Where로 시작하는 의문문이므로 did 뒤에는 동사원형 get을 써요.

(4) 현재진행형 문장이므로 be동사 are 뒤에는 playing을 써요.

Ⓑ

'~할 수 있니'를 뜻하는 의문문이므로 Can을 먼저 쓰고, 주어 you를 쓰고, '연주하다'를 뜻하는 play를 쓰고, 목적어 the violin을 쓰면 돼요.

**C**

④ a new job이 '새 직장'을 의미하므로 Jacob will get a new job.은 'Jacob은 새 직장을 얻을 것이다.'이지요. 따라서 이 문장의 get은 '얻다'라는 의미로 쓰였어요.
① 나는 이제 그것을 이해한다.
② 너는 그것을 이해했니?
③ 나는 그것을 이해하지 못한다.
④ Jacob은 새 직장을 얻을 것이다.
⑤ 그들은 그 농담을 이해하지 못했다.

**D**

(1) 과거형 문장이므로 '운동을 하다'를 의미하는 동사 play의 과거형인 played를 써요.

(2) Did 뒤에는 '이해하다'를 의미하는 동사원형 get을 써요.

(3) 과거형 문장이므로 '얻다'를 의미하는 동사 get의 과거형인 got을 써요.

(4) 현재진행형 문장이므로 '놀다'를 의미하는 동사 play에 -ing를 붙인 playing을 써요.

(5) 조동사 can 뒤에 '운동을 하다'를 의미하는 동사원형 play를 써요.

### 혼공 종합문제 (8)

본문 162쪽

1 ③  2 ②  3 ③  4 ④  5 ⑤  6 ③  7 get  8 like  9 play
10 (1) asked  (2) to  11 She feels like going for a walk.  12 He doesn't feel like studying.

1  I(나는), think(생각하다), it's delicious(그것은 맛있다)이므로 올바른 해석은 '나는 그것이 맛있다고 생각한다.'이지요.

2  Do you(너는 ~하니), feel like crying(울고 싶다)이므로 올바른 해석은 '너는 울고 싶니?'이지요.

3  Did you(너는 ~했니), make the bed(이부자리를 정리하다), this morning(오늘 아침에)이므로 올바른 해석은 '너는 오늘 아침에 이부자리를 정리했니?'이지요.

4  ④ Do로 시작하는 의문문이므로 동사원형 like를 써요.
① 나는 TV 보는 것을 좋아한다.
② 그들은 이 식당을 좋아할 것이다.
③ 그녀는 Mark를 좋아한다.
④ 너는 피자를 좋아하니?
⑤ 그는 고양이처럼 걷는다.

5  ⑤ Do you(너는 ~하니)를 먼저 쓰고, 동사 want(원하다)를 쓰고, 마지막으로 some ice cream(아이스크림 좀)을 쓰면 돼요. 그러므로 want to가 아니라 want를 써요.

① 나는 밖에 나가서 놀고 싶다.
② 그녀는 해외로 여행을 가고 싶었다.
③ 그들은 떠나고 싶지 않았다.
④ 그녀는 너를 보고 싶어 한다.
⑤ 아이스크림 좀 먹을래?

6  ③ 과거형 문장이므로 ask의 과거형 asked가 올바르게 쓰였어요.
① Can으로 시작하는 의문문 뒤에는 동사원형이 와야 하므로 asked가 아니라 ask를 써요.
② 현재형 문장으로 주어 We가 단수가 아니므로 asks가 아니라 ask를 써요.
④ Can으로 시작하는 의문문 뒤에는 동사원형이 와야 하므로 asks가 아니라 ask를 써요.
⑤ 주어 She 뒤에는 ask의 현재형 asks나 과거형 asked를 써요.

7  '이해하다'를 뜻하는 get을 써요.

8  '~처럼'을 뜻하는 like를 써요.

9  '악기 연주를 하다'를 뜻하는 play를 써요.

10 (1) 주어 Jane 뒤에는 '요청했다'를 뜻하는 ask의 과거형 asked를 써요.

(2) '~하고 싶었다'를 뜻하는 wanted 다음에는 'to+동사원형'을 써요. 따라서 to go를 써요.

11 주어 She가 3인칭 단수이므로 일반동사 feel에 s를 붙여서 feels를 써요. 이어서 like를 쓰고, goes(가다)의 동사원형인 go에 -ing를 붙여 going을 써요. 따라서 알맞은 문장은 She feels like going for a walk.이지요.

12 doesn't를 사용한 부정문이므로 doesn't 다음에 feel을 써요. 이어서 like를 쓰고, study에 -ing를 붙여 studying을 써요. 따라서 알맞은 문장은 He doesn't feel like studying.이지요.

책 속 (Day별)
영단어장 & 정답과 해설